THE CREDENTIAL SOCIETY
A Historical Sociology of Education and Stratification

Randall Collins

文凭社会

教育与分层的历史社会学

[美] 兰德尔·柯林斯 著   刘冉 译   纪东杰 校

著作权合同登记号　图字：01-2017-1845

图书在版编目（CIP）数据

文凭社会：教育与分层的历史社会学／（美）兰德尔·柯林斯（Randall Collins）著；刘冉译．—北京：北京大学出版社，2018.5
（雅努斯思想文库）
ISBN 978-7-301-29268-6

Ⅰ.①文… Ⅱ.①兰…②刘… Ⅲ.①教育社会学 Ⅳ.① G40-052

中国版本图书馆 CIP 数据核字 (2018) 第 034259 号

The Credential Society: A Historical Sociology of Education and Stratification by Randall Collins
Copyright © Randall Collins
Simplified Chinese Edition © 2018 Peking University Press
Published by arrangement with the author, Randall Collins
All Rights Reserved.

书　　　名	文凭社会：教育与分层的历史社会学 Wenping Shehui
著作责任者	[美] 兰德尔·柯林斯（Randall Collins）著　刘冉 译　纪东杰 校
责任编辑	徐文宁　于海冰
标准书号	ISBN 978-7-301-29268-6
出版发行	北京大学出版社
地　　　址	北京市海淀区成府路 205 号　100871
网　　　址	http://www.pup.cn　新浪微博:@北京大学出版社 @阅读培文
电子信箱	编辑部 pkupw@pup.cn　总编室 zpup@pup.cn
电　　　话	邮购部 62752015　发行部 62750672　编辑部 62750883
印　刷　者	天津光之彩印刷有限公司
经　销　者	新华书店
	880 毫米 ×1230 毫米　32 开本　12.5 印张　200 千字 2018 年 6 月第 1 版　2023 年 9 月第 9 次印刷
定　　　价	59.00 元

未经许可，不得以任何方式复制或抄袭本书之部分或全部内容。
版权所有，侵权必究
举报电话：010-62752024　电子信箱：fd@pup.pku.edu.cn
图书如有印装质量问题，请与出版部联系，电话：010-62756370

目　录

中文版序 / V

推荐序 / IX

第一章　技术管治的迷思　1

第二章　组织中的事业　38

第三章　文化的政治经济学　84

第四章　历史上的美国　124

第五章　文凭系统的兴起　152

第六章　专业的政治学　223

第七章　闲职社会的政治学　312

参考文献　350

译后记　377

中文版序

文凭的通货膨胀指的是,随着越来越多的人获得更高的学位,工作职位对教育水平的要求也在水涨船高。当有越来越多的人获得某一教育文凭或学位时,其价值也就随之下降。在美国,高中文凭(即接受12年教育)在1940年之前还相对罕见;而现如今,高中学位已是家常便饭,在找工作时几乎一文不值。大学入学率在年轻人中超过了60%,大学学位也面临着如高中学位一样的命运。现在,当学位已经发生通货膨胀,它们的主要价值就是重新投入教育市场,用来获得更高的学位。理论上,这是一个无穷无尽的过程。我们完全有可能成为中国明清两朝时那样,学子们不停地参加科举考试,一直到三四十岁;只不过现在这种情况影响到的可能是绝大部分人,而不再仅仅是少数精英。不同国家教育通胀的速度也有所不同,但自20世纪后半叶以来,它们不约而同地都走上了这条道路。

教育学位是一种体现社会地位的通货,可以用来交换获得工作的机会;与所有通货一样,当供给不断增加而货物却有限时，价格就会飞升(或购买力下降)。在这里，人们追求的是不断减少的中产阶级工作职位。教育通胀基于自身而发展；在每一个攻读学位的个体看来，面对学位贬值，最好的回应就是获得更多的教育。

这就是教育扩张的主要机制；不过，它同时还因盛行的技术管治意识形态而变得愈发严重。这一论点宣称，工作职位不断提升的技术要求赶走了非技术劳工，而当今对高技术工作的需求则逐步提升了教育水平。大约四十年前，我在出版于1979年的《文凭社会》中收集了证据，证明技术变革并不是文凭要求提高的推动力。教育的内容主要并不是由技术需求决定的；大部分技能——包括最高级的技能——都是在工作中或通过非正式网络学到的，而教育官僚组织最多也只是试图将其他地方学到的技能标准化而已。在后来对文凭通胀和技术变革的研究中，我也并未看到任何证据能够推翻我1979年发表的结论。没错，确实有一小部分工作受益于科学和技术教育，但这并不是推动教育大规模扩张的动力。未来，大部分人都成为科学家或技术人员是不可能的。事实上，发达国家里增长最快的工作职位是低技能的服务业工作，在这些行业，雇佣人类劳动力比自动化更廉价。

教育文凭的通货膨胀是基于错误的前提发生的，那就是更多的教育能够生产出更平等的机会、更高科技的经济表现和更多的好工作。不过，面对全世界发达经济体中一个日益明显的严重问题，它的确提供了可能的解决方案；这个问题就是随着计算机和人工智能对非体力劳动的威胁日益迫近，中产阶级即将被科技替代。二十到三十年内，如果商业公司试图取消大部分拿薪酬的工作岗位，导致没人买得起资本主义产品，那么资本主义社会就有可能因此垮台。文凭通胀有助于缓和这一问题，因为它把更多人都留在了劳动力市场之外；如果学生能获得财政补助，不管是直接补助还是通过低息贷款（最终甚至可能无需返还），这都是一种隐藏的转移支付。在福利国家的意识形态不受欢迎的地方，例如美国，是教育的神话支撑起了隐藏的福利国家。再加上小学、中学和高等学府里的数百万教师及行政人员，教育通胀背后隐藏的凯恩斯主义也许能保证资本主义经济的巨轮不会沉没。当然，教育也面临技术化的威胁，例如教师被电脑替代；如果这一趋势发展下去，教育也许就无法阻挡科技替代的发生。不过，如果不考虑这一点，那么不断扩张的教育是否能成为科技替代的一种凯恩斯主义解决方案呢？

　　教育是政府的重要支出，这可能会限制它在未来的进一步扩张。随着成本提升，会出现私有化的压力，将政府的财政负担转移到学生或家长身上；但随着中产阶级在经济上遭受挤压，这种方式也有其局限。文凭通胀推动下的教育系统扩张，可能会引爆教育系统内部的危机。但这并不一定是最终结局。我们可以想象一系列平台期：随着我们对教育作为一种救赎的俗世信仰不断破灭又不断重建，教育膨胀也会随之停步又再度启动。

对我们大学教师来说，这一影响将格外明显。尽管教育系统是基于错误的前提而发展起来的，但我仍然因为发表了对教育通胀的批评而感到不安，因为我的大部分同事都得靠它吃饭。1979年本书出版后，我曾一度从大学辞职，成为一名全职作家；但教书毕竟报酬更高，因此，几年之后我又回到了校园。任何事物都需要从某处获得资源，社会学自身的存在也是如此。具有讽刺意味的是，这个错误的前提保护了社会学自身的物质基础，却也正是由社会学来揭露的。如果大众在政治观点上不再对教育怀有乌托邦般的信仰，他们是否还会继续支持教育呢？再过二十到三十年，我们将会看到答案。

兰德尔·柯林斯

宾夕法尼亚大学荣休教授

推荐序

李银河

柯林斯的《文凭社会》是一部十分怪异的社会学著作。这部著作思想犀利，出人意表，其中既有常人见不到的洞见，又有不少偏激之处。作者是一位冲突论学派社会学家，冲突论的思想是全书的基调。由于其论点惊世骇俗，不论同意还是反对其论点的人都常常加以引用，作为一派思想的代表作。

关于教育的种种神话

柯林斯的著作一上来就猛烈地揭发关于教育的种种神话。其中首当其冲的是现代化理论中关于西方社会正在从一个看重继承（ascription）的社会转变为一个看重成绩（achievement）的社会的说法。此种理论认为，教育和后天的努力在现代社会中成为社会流动的阶梯，甚至认为教育是迄今为止人类借以达到社会平等的最重要手段。柯林斯却认为，这种所谓现代古代之区别在现实中并不存在，不过是一种神话而已。教育在19世纪中期的急剧膨胀并未增加社会流动的机会，社会中人并没有变得更加机会均等；相反，来自不同社会阶级或种族群体的人们的生存机会与他们的父辈大体相同。不论在拥有大型教育体系、中型教育体系还是根本没有教育体系的社会中，父辈与子辈在职业上的相关程度都是相似的。

作者是以美国的现实为研究资料来源的。他指出，在美国，人们平均受教育的时间越来越长，人口中25岁以上者在校学习年限的中位值在1940年为8.6年，1950年为9.3年，1960年为10.5年，1970年为12.2年。然而，教育的发展与技术、经济和生产的发展并无直接关系，人在学校的成绩与他事业的成功与否也没有直接的关系。

第一，从技术方面看，劳动者教育水平的增长并未带来高技术工作比重增加、低技术工作比重下降这样的转变；第二，从经济增长看，扫盲程度以上的教育对经济发展并没有明显的贡献；第三，从生产效率角度看，教育水平与工作效率并不如想象中是线性正相关关系，教育水平在实际工作中不但往往起不到提高生产效率的作用，有时反而会起到降低生产效率的作用，因为据统计，在教育程度高到某一程度的人们中，对工作的满意程度同其教育水平呈反比关系，即教育水平越高的人对自己的职业越不满意，由对工作的不满导致工作效率的降低；第四，各种专门技能的职业训练往往是从工作实践中得到的，而不是从学校中得到的；第五，学生在校成绩与事业成功程度的微弱关系表明，学校对实际工作技能的训练是极其无效的。"学校对于学习来说是个极其无效的所在。"这句话听上去实在可笑，柯林斯式的幽默令人不寒而栗。

教育的作用实际上是什么？

那么教育为什么还会不断发展，它实际上在起什么作用呢？根据柯林斯的研究，教育的基本功能是作为文化证书（cultural credentials）和社会流动的障碍（mobility barriers）——他又来了，教育非但不是社会流动的阶梯反而是其障碍！教育是管理人员与体力劳动者之间的关卡，是脑力劳动与体力劳动之间的关卡，要想过关必须付出代价。

对西方社会的观察发现，教育水平与事业的成功有明显的正相关关系，那些实业界精英与社会的中下层人士比较往往有更高的教育水平。但是，柯斯林指出，教育是家庭背景的依变量，而不是事业成功的自变量。这种关系很像教统计学的人常举的一个例子：将火灾的损失大小与出动的救火车数量相比，表面上看二者有互相关关系，即，某次火灾出动的救火车数量越多，火灾造成的损失也越大。其实这两个变量并无因果关系，而二者同是另一因素——火灾规模的依变量。在柯林斯看来，教育与事业成功之间表面的正相关关系是虚假的，在二者背后有一个共同的自变量——家庭背景。家庭背景与能够提供的学费成正比，能够决定人是否得到文凭，得到什么质量的文凭，从而决定了其事业的成功与否。

柯林斯在其著作中将劳动分为生产性劳动和政治性劳动（这一区分与凡伯伦在《有闲阶级论》中对生产性工作和非生产性工作所做的区分十分相似）。生产性劳动创造物质财富，政治性劳动规定财富分配的标准。社会上的两大主要阶级由此区别开来：工人阶级进行生产性劳动，统治阶级进行政治性劳动。虽然两大阶级都在耗费着精力，但生产物质财富的是被统治阶级，决定财富分配的则是统治阶级。

作者创造了一个新概念：职业地位财产（property in occupational position）。随着社会总财富的增长，在物质的或财物上的有形财产之外，又产生了一种职业地位上的无形财产，即闲职（sinecure sector）。拥有职业地位财产的人不一定有钱，但却脱离了生产性劳动。生产和社会总财富的增长使可以进入政治上层建筑的相对人数和绝对人数都增加了,在职业结构内部闲职的相对数量和绝对数量也增加了。问题是谁有资格得到这些闲职,即社会凭什么标准选拔这批人?按照柯林斯的说法,在过去是凭公开的等级身份,而在现今社会则是凭文凭(证书)。说得露骨一些,人们花钱上学校并不真是为了学什么,而是为了买一个更好的社会地位——一个闲散职业。

总而言之,教育虽然不能增加社会流动的机会,不能改变父子两辈职业的相关程度,甚至也无法提供职业所需技能,但教育水平的证书却实实在在地成为换取较优受雇机会和挑选较优职业条件的通货。它对一些人是获得闲职的凭证,而使另一些人不得不从事生产性劳动,绝了往上爬的念头。

怎么办?

鉴于教育证书的通货性质,人们应当采取何种对策呢?柯林斯将可能性概括为七种:

(1)文凭资本主义——不加管束,让人们自由竞争。

(2)文凭社会主义——倡导平等的受教育机会。

(3)文凭族裔世袭主义——使某些优秀种族独享教育机会。

（4）文凭法西斯主义——将某些种族排斥于教育机会之外。

（5）文凭激进主义——免费教育或取消教育。

（6）文凭凯恩斯主义——承认教育的人为的经济的性质。

（7）文凭废除主义——通过立法将证书全部废除。

柯林斯本人赞成（6）和（7），以为文凭凯恩斯主义至少是诚实的，而文凭废除主义也是可行的。他设想通过立法禁止在雇人时以文凭为依据，认为只有如此才能最终防止收入的不平等，从而在不必涉及现行物质和金融资本制度的情况下，打破"文凭社会"的旧秩序。这就是作者为社会变革开的药方。

《文凭社会》一书不乏卓见。对于教育尤其是文科教育来说，用教育投资换取社会地位的意味确实很重。人们所受教育的很大部分在工作中实际上是用不到的，如果这是一个普遍的现象，为什么人们还要辛辛苦苦地学习，不厌其烦地考试呢？这种社会行为必定有其存在的理由。按照作者的分析就是为了获得一份闲职、一份职业地位的财产了。这一论断的真理成分是很明显的。我们因此大可不必迷信教育，迷信文凭(证书)，而是应该把它放到它应有的位置，即文化通货的位置上去。

但是，这项研究在我看来有两个地方值得商榷。首先，它对教育的概括在理工科方面不完全符合事实。事实是理工科教育对基础科学的研究不是在工厂、研究所的实践研究完全可以取代的。现代一些高精尖的科技发展往往是由教育系统纯理论方面的发现为其先导的，以为由于大部分技能都可以在生产过程中学到因而可以取消大学的基础研究，那是站不住脚的。此外，许多理工科教育正在同实践生产发生越来越多的直接联系，因而很难下结论说，学生在那里的学习不是为了获得生产技能，而只是为了一纸证书。

其次，取消证书的设想具有空想性质。我们即使退一步，承认作者对教育性质的分析完全正确，即教育只是为了提供文化证书和设置社会流动的障碍，它仍然是难以废除也不应当废除的。因为除此之外没有更好的办法确定那些应当得到闲职的人选。如果说在西方社会由于上学需要大量投资，由教育进行的选拔实际上是由金钱和社会背景进行的选拔因而不大合理的话，那么在中国这种九年制义务教育(不必由个人投资)的体制下，根据教育(证书)来选拔却可以说是一种比根据其他标准选拔更合理的方法。"文化大革命"

中教育革命实验的惨败对柯林斯来说应是一个很好的教训。"文革"废除大学教育几年之后，比柯林斯浪漫气质更加浓厚的毛泽东不得不承认"大学还是要办的"。即使完全不考虑整个民族知识水平的问题，仅就柯林斯提出的"提供据以选择闲职人选的标准"这一理由，也使得教育的必要性顽固地显示出来。教育革命于是实验了另一个标准——由工农兵推荐，使获得闲职的人换成了一批初中水平的大队支部书记和团委书记。错误并不在于由一般工人、农民和士兵占据社会的非生产性职务，而在于它是根据什么标准选择的：它是根据权力选择的。"文革"后恢复的统考虽然并非无可指摘，但用学习成绩为标准作选择，当比仅仅用权力为标准作选择更公平了一些。诚然，统考在条文上的机会均等并不是在实际上的机会均等——农家子弟由于劳动负担重和乡村教育水平低，在实际上并未得到同等的机会，但这条文上的机会均等比起"文革"中连条文上的机会均等也没有总是强了许多。因此，在社会只能选择一部分人进入闲职的情况下，证书作为通货的作用是不可避免的，也是唯一可行的。到社会财富极大丰富，人人都可以只用极少劳动获得舒适生活时，或许证书的通货价值将自行消亡。在这一天到来之前，我们除了继续生活在一个文凭社会中，似乎别无选择。

第一章　技术管治的迷思

关于社会史,有一种天真的观念颇为流行。秉持不同视角的人们会各自有所偏重,但万变不离其宗。主角名为科技,有时也叫科学;有经验的作者讲故事时则会让科学和科技担任双主角。他们是戏码中活跃的角色。在某些版本里,他们是英雄;在另外一些故事里,他们是反派。在所有故事里,他们都被赋予了压倒性的力量。

故事里也有其他角色。其中一个名叫现代社会,她或多或少扮演着兢兢业业的妻子,跟随科技指引的方向。在有些故事里,她拖了他的后腿;在另外一些故事里,她推动着他前行。但这并没有什么区别,因为他们是一对眷侣,祸福与共。另外还有一个类似继子的角色,名叫个体。他的工作是尽可能融入这个家庭。这要求他必须勤勉而熟练。由于家庭在不断变化,变得愈来愈科学化、技术化且日益复杂,这可不是一桩易事。

这其中有许多戏剧性的可能,而我们的作者们已经穷尽了一切。

如果这是个励志故事,它会讲述好男孩在学校里努力学习并获得回报,而坏男孩则得到应得的报应。[1]这个故事有时候会跟在一条历史脉络之后:在黑暗的旧时代,社会尚未遇到科技;好男孩不会获得回报,因为其他人已经继承了他们。学术界的故事作者们把这称为从"出身"到"成就"的转变。

如果这是一曲悲歌,我们会听到住在这个摆满了现代器具的家里是多么孤独和残酷,人与人之间是多么疏远。

对空想社会改良家和杞人忧天者来说,这个故事令人不安,但结局却是满怀希望:有些继子可能没有得到机会表现自己是好男孩,只因为他们没能以正确的方式被抚养长大,或者在他们居住的地方没有好学校,又或者出于某种原因没能学会社会对他们的要求。这个故事已经变得格外流行,因为在听完故事之后,人们看到了发泄的出口和改良的可能。

另一方面,有些观察者注意到,机会并没有变得更加平

---

[1] 然而,这个故事从来不会讲述好女孩在学校里努力学习并获得回报。这尽管是一种性别歧视,但是否也是对经验现实的让步?

等；无论人们多么努力地想要让所有人都能得到更多教育，同一社会阶级和种族的孩子总是会与他们的父母得到差不多相同的回报。这带来了一种新兴的"科学"种族主义和遗传论的复兴，因为如果系统是公平公正和任人唯才的，那么失败一定是基因的错。

更新奇的故事中还会有一个转折：技术已经变得如此发达，能够独自引领社会前行，继子们根本不用出场。当然，这尚未发生。有些作者说我们需要的只是一场革命，其他人则说我们只需要等待聪明的孩子们长大来接管一切。

对那些认为自己被不公平地忽视了的权力追求者来说，很显然，社会已经不能再被老牌政治家和商界大亨统治，是时候让技术专家们从实验室和象牙塔里崛起并接管指挥权了。至于他们为什么还没能做到这一点，实在有点神秘，毕竟现代社会中其他方面的故事都已经照本宣科地发生了。

从文学角度来看，技术管治主义并不是一个好故事。自从18世纪孔多塞和法国启蒙运动者们发明这个概念以来，它已经被重复了太多次，以至于开始变得令人厌烦。它之所以流行，显然除了娱乐价值还有别的原因。其中一个理由可能是技术管治主义的故事是真的。但问题是事情并非如此。我们将会看到，社会学的证据强烈地反对这种理论，尝试对社会分层进行哲学思考的社会学理论也是如此。因此，支撑技术管治故事的并不是真相，而是虚构故事的感染力。

但是，的确有一些事实支持技术管治的故事，看清楚它们的含义是很重要的。其中一个事实是，过去两个世纪以来（事实上是从更久之前开始）发生了十分重大的技术变革，特别是在20世纪的经济生产力和工作组织上体现得尤为明显。另外一个事实是，教育在我们的生活中日益重要。关心社会分层的美国社会学家曾关注过社会流动，他们的研究发现了一个重要事实：在今天的世界里，教育是能够决定一个人走多远的最重要因素。此外，教育的日益重要还体现在每一代美国人都花愈来愈多的时间待在学校里，他们的工作对教育水平的要求也愈来愈高。由于学校被定义为一种择优机构，教育的日益重要也就强有力地证明着技术管治的存在。

在所有容易测量的变量中，我们发现教育（通常只是简单地由受教育年限来衡量）是能够预测事业成功与否的最重要因素之一；同等重要的因素还有父母的职业本身，但父母职业地位的效果似乎也是通过影响子女的教育来实现的。十分详细的全国调查发现，职业地位与受教育年限之间的相关度是0.60；相比之下，父亲职业与儿子职业之间的相关度是0.40，而父亲职业与儿子教育之间的相关度则是0.44（Blau and Duncan，1967：202）。这项研究能够解释职业成就中42%的差异；其中，24%能够用教育来解释，18%能够用父亲的地位来解释，后者既有直接效果，也有通过影响儿子的教育机会产生的间接效果。另外一项方法严密的研究对威斯康星州1957年的高中毕业生进行了七年的跟踪调查，结果发现教育与职业地位之间的相关度是0.62，而父亲职业地位与儿子职业地位之间的相关度则是0.33（Sewell et al.，1970）。不计其数的其他研究都支持了这一结果（Lipset and Bendix，1959：189-192；Eckland，1965；Sewell and Hauser，1975）。

对律师（Smigel，1964：39，73-74；Ladinsky，1967）和科学家（Hargens and Hagstrom，1967）等更加专业化的职业群体进行的研究发现，教育比父亲职业造成的背景影响更加重要。基于这些发现，研究流动性的学者们开始主要关注能决定受教育程度的因素。许多证据都证明了阶级和种族带来的优势与劣势如何起作用，以及当前的压力能够带来怎样的相对影响；这些压力可能来自于同侪、老师的行为，以及教育官僚体系的组织结构（Coleman，1966；Boudon，1973；Cicourel et al.，1974；Useem and Miller，1975）。更有甚者，这些模式已经存在良久。20世纪美国教育机会的扩张并没有对不同社会阶级利用这些机会的方式造成太大影响；在过去50年里，一个人的受教育程度与其父亲的职业及受教育程度之间的相关性未曾改变（B. Duncan，1967）。考虑到我们在克服阶级和种族差异上的失败，有些研究者再次提出了这一问题：是否存在先天内在能力的不同，从而影响了人们的受教育水平（Block and Dworkin，1976）。

历史趋势表明，教育在人们生活中的重要程度与日俱增。表1.1列出了过去一百年间学龄人群的入校率。1870年，2%的适龄人群高中毕业，1.7%进入大学；1920年，17%高中毕业，9%进入大学；到1970年，已经上升到77%高中毕业，53%进入大学，21%获得大学学位。受教育水平的提高通常可以用以下理由解释：工业社会是通过将科学进步应用到新技术上来发展的（Kerr et al.，1960；Clark，1962；Galbraith，1967；Bell，1973）。因此，工作对教育水平的要求发生了改变。非技术岗位大大减少，首先是农业的衰退，接着是重体力劳动的减少；技术岗位变得更加常见，对熟练技工、文书和专业人士的需求日益增加。在更加复杂、大型和技术上更加创新的现代组织中，对行政领导职位的要求也升级了。根据这种解释，精英必须依赖技术而不是家庭背景或政治纽带。结果，现代社会从重视出身转向重视成就，从特权系统转向技术精英管理。

表 1.1　美国受教育水平，1870—1970 年 [a]

年份	高中生/14—17岁（%）	高中毕业/17岁（%）	大学生/18—21岁（%）	本科或第一职业学位/21岁（%）	硕士或第二职业学位/25岁（%）	博士学位/30岁（%）	受教育年限中位数/25岁（%）
1870	2.1	2.0	1.7				
1880	2.4	2.5	2.7				
1890	3.6	3.5	3.0				
1900	7.9	6.4	4.0	1.7	0.12	0.03	
1910	11.4	8.8	5.1	1.9	0.13	0.02	
1920	26.4	16.8	8.9	2.3	0.24	0.03	
1930	44.3	29.0	12.4	4.9	0.78	0.12	
1940	62.4	50.8	15.6	7.0	1.24	0.15	8.6
1950	66.0	59.0	29.6	14.8（1949）	2.43	0.27	9.3
1960	87.8	65.1	34.9	14.3	3.25	0.42	10.5
1970	92.9	76.5	52.8	21.1	7.83	1.04	12.2

数据来源：*Historical Statistics of the United States*，Series A28-29，H223-223，H327-338；*Statistical Abstract of the United States*，*1971*，Tables 6，24，149，151，153，164，192，205。

a. 所有数字都是基于现有数据的某种估算，特别是1900年之前的年份。请注意这些数字是某一年的在校人数或获得学位的人数在同年某一年龄人群中的比例（最后一列除外）；它们并不是这一年龄人群中的在校人数比例或获得学位的人数比例。Hamilton and Wright（1975）提供的数据显示，大学入学率是被高估的。

这种分析意味着工作对教育水平的要求是随时间改变的。不过，这一论点往往并没有提供系统性的证据，因此"要求"的改变到底意味着什么，也有许多含糊之处。就像我们将会看到的，对工作来说**真正需要**的教育水平有多高，这方面的证据未必支持以上论述。不过，我们能够展示不同时期的**雇主**对工作设立的门槛（参见表 1.2）。由于样本较为多元，精确的数字估算不太可能，但大体趋势却很明显。1937—1938 年间，11% 的雇主要求技术工人有高中文凭；1945—1946 年间，这一数字已经上升到 19%，1967 年则上升到 32%。对文书职位来说，要求高中以上文凭的比例则上升得慢一些：1937—1938 年间是 57%，1945—1946 年间是 56%—72%，1967 年则是 72%。管理职位的要求在战后迅速提高，从 1937—1938 年间只有 12% 的雇主要求大学学位（1945—1946 年间是 68%），到 1967 年已经上升到 44%。

表 1.2　雇主中对雇员最低教育水平不同要求的比例，按职业等级区分，1937—1938 年，1945—1946 年，以及 1967 年

教育水平要求	非技术	半技术	技术	文书	管理	专业
全国调查，1937—1938 年 [a]						
高中以下	99	97	89	33	32	9

续表

教育水平要求	非技术	半技术	技术	文书	管理	专业
高中文凭	1	3	11	63	54	16
大学经历				1	2	23
大学学位				3	12	52
总数(%)	100	100	100	100	100	100
纽黑文，1945—1946年 [b]						
高中以下	96	96		81	44	43
高中文凭	4	4		17	50	40
职业训练高中以上				2	4	1
大学经历					2	10
大学学位						6
总数(%)	100	100	100	100	100	100
调查人数	62	74		78	123	107
夏洛特，北卡罗来纳州，1945—1946年 [c]						
高中以下	100	86		81	28	30
高中文凭		14		18	65	50
职业训练高中以上					4	3
大学经历				1	3	9
大学学位						8
总数(%)	100	100		100	100	100
调查人数	67	91		99	104	104

续表

教育水平要求	非技术	半技术	技术	文书	管理	专业
洛杉矶湾区，1967年[d]						
高中以下	83	76	62	29	27	10
高中文凭	16	24	28	68	14	4
职业训练高中以上	1	1	10	2	2	4
大学经历				2	12	7
大学学位					41	70
研究生学位					3	5
总数（%）	100	101	100	101	99	100
调查人数	244	237	245	306	288	240

a. 数据来源：Bell（1940：264），分析来自 Thomas（1956：346）。Bell并没有公布样本中的雇主人数，但这个数字显然很大。由于四舍五入，总数可能不是100%。

b. 数据来源：基于 Noland and Bakke（1949：194-195）计算。

c. Ibid.

d. 数据来源：加州大学伯克利分校产业关系研究所1967年的调查。

对更早的时期我们只能估算。19世纪中期，正式的学校教育似乎并不重要。即使对专业人士来说也是如此，他们那时更流行的是学徒制训练。到19世纪后期，对主流的专业人士来说，大学教育已经不可或缺；高中学历在商人和教师等低级专业人员中也变得常见。一战之后，专业人员已经建立起了对高等教育的严格要求;在主流商人中,某一领域的大学教育已成为标准,而高中学历则成为文书工作的标准。这时,要想在中小学教书也需要有大学学历了。大萧条时期经历了教育系统的大扩张;二战之后,这些标准已经不再是优先考虑的条件,而是严格的准入门槛。传统精英职业开始要求研究生培训;在工程师和商业管理人员中,研究生也变得常见。大型商业和政府机构中的管理人员则必须有大学学历。文书工作变得大部分由女性担任,标准仍然停留在高中学历,但实际上这些工作人员的教育水平已经不止于此。体力劳动也开始要求高中毕业,有时还要求职业培训;这在技术工种中更为普遍,但偶尔也见于低层级工作中。例如,1967年,17%非技术工人的雇主要求工人有高中学历,今天这一数字可能更高。

与此同时,对教育水平的要求也变得更加专业化。1900年,几乎没人听说过针对管理人员的工商管理训练;到1920年代,这种培训也只是零星存在。然而,随着二战后大学入学率的跃升和雇员对教育水平要求的提高,工商管理获得了前所未有的重要性。加州大学伯克利分校产业关系研究所在1967年进行了一次调查(参见表1.2),研究人员发现,在要求大学学历的雇主中,38%更青睐工商管理专业的学生，15%则更青睐工程师。如果有更新的数据，我们也许会看到更多对专业性的强调。

　　对这些趋势的解释常被视为显而易见：教育会帮助学生准备好工作所需的技能，技能则是决定事业成功与否的主要因素。也就是说，教育水平的分层被预设为技能的分层，而工作的分层也是如此。因此，教育决定了成功与否，且随着现代经济中高技术职位日益成为主流而愈发如此。

　　在本章和下一章中，我会将这一理论分割成若干组成部分，并用实证证据来一一检验它们。尽管大部分论点都有丰富的证据，但却几乎从未有人做过这件事；只有一部分学术研究收集过这些证据，但它们过于专门化，也很难比较。一旦用实证证据去细细验证，我们就会发现技术管治模型几乎浑身都是漏洞。它的支柱是教育管治主义，但这更像是官僚系统中的大话，而并不是在生产真正的技能。无论我们如何看待它——比较教育水平不同的人们在工作中的表现，搞清楚职业技能究竟在哪里习得，检验学生们在教室里能学会什么和能记住多久，检验分数与成功之间的关联——技术管治模型对教育的解释都很难得到任何支持。如果我们检验社会分层的功能主义理论，结果也是一样的；技术论只是其中的一个特殊应用。

我们不得不去寻找另一个派得上用场的解释理论。我们如何解释现代美国社会实现了基于教育文凭系统的分层,且在此之中职业机会成为关键?为什么会出现经不住推敲的技术管治意识形态?

过去几年,有一股暗流一直在激烈地质疑主流的技术管治模型。但是批评者并未废弃技术管治模型,因为他们并不是真的反对它。对作为技术管治理论基础的事实,他们提供了其他可能的阐释,有时还会加入新的证据和理论框架。这些激进的批评之所以不是决定性的,还有另外一个原因:在对教育分层现象提供的替代性解释中,他们无法就具体的机制达成一致。

最具局限性的批评来自詹克斯等人(Jencks et al., 1972)。基于整合的普查和调查数据,他们展示了职业分层中有相当一部分都并非由教育产生(60%左右的方差未能得到解释,他们认为也可以归因于运气)。他们分析了历史趋势和假设的未来发展,认为教育水平分布的改变并未导致回报分布的改变,因此教育改革并不是降低经济不平等的灵丹妙药,反而会南辕北辙。

他们的主要研究结果似乎是准确的,但在分析中却也留下了一些重要问题未能解答:为什么**一部分**职业分层确实与教育水平相关，并且可以推测是教育水平的结果？尽管人们在总体社会分层中的位置并未改变，但却有越来越多的人追求越来越高的教育水平，这种总体分层结构为什么能够存在？这些问题并非微不足道，因为如果我们能够理解教育如何影响分层，哪怕它只能解释分层模式中的一小部分，也能为更普遍的模型提供一种范例，而这种普遍模型将能解释分层中的绝大部分因素，而不是将大部分职业成就都归因于不清不楚的"运气"。

另一方面，伊里奇（Illich，1970）则认为教育的确是经济分层的关键。他强调，教育并不是技能的基础，但它的确是垄断某些工作机会的方式，因此也就限定了在工作中能实际获得的技能。对他来说，高度文凭化的职业是现代分层的缩影。对于促进平等，他提供的解决方案是"去学校化"（deschooling）：取消目前存在的正式义务教育，代之以在任何想要的职业领域进行实际工作的机会。认为教育是一种工具，用来垄断回报高的职业机会，这种论点貌似是合理的；"去学校化"也许确实能在经济不平等方面带来切实的改变。在这两个方面，这一理论都比詹克斯等人提出了更加有力的论点。但它却未能回答以下解释性的问题：如果教育与技能无关，那么它究竟靠什么来垄断工作机会？为什么雇主会接受它？这其中包含了怎样的普遍机制？

马克思主义方向的社会学家和经济学家们提供了更加系统的解释。不幸的是，对于教育分层的机制，他们提供了两个相反的版本。[1]

一方面，法国思想家中有这样一种立场，认为教育被用来再生产资本主义下的阶级关系。阿尔都塞（Althusser，1971）提供了一个特别抽象的论点，认为教育被用来再生产社会生产关系（相对于物质生产资料而言），特别是通过为阶级统治提供意识形态上的正当性来达成这一点。[2]布迪厄及其同僚（Bourdieu and Passeron，1964，1977；Bourdieu et al.，1974）为阶级再生产的论点提供了一个实证版本。他们提供了不同社会阶级中孩子的教育成就数据，从而得以描述阶级优势如何通过精英主义的教育系统本身传递下去。这其中的关键概念是"文化资本"（cultural capital），亦即孩子们从他们的家庭环境中获得、并投入到正式教育中去的一系

---

[1] 不过，并不是所有马克思主义和左翼理论都拒绝承认技术管治模型。奥康纳（O'Connor，1973）接受了对于教育的技术管治解释；教育据称提供的技能是现代国家为资本家提供的基础设施支持之一，因此也是导致财政危机的支出之一。吉登斯（Giddens，1973）的折衷路线则认为，基于教育的工作技能是分层的基础之一。

[2] 类似地，在马克思主义哲学社会学中，阿尔都塞在德国的对应学者哈贝马斯（Habermas，1970）也提出，科学和技术都是意识形态的一部分，现代分层通过它们正当化，而真正的阶级利益基础则被掩藏。这一论点并不是实证主义的，而是以对"科学"和"技术"这些概念本身的研究为基础。

列文化观念与倾向。文化资本决定了学生在学校中的成就；在教育系统中，当不同层级和种类的学校教育进行到下一个阶段，文化资本都会基于之前的积累而增强或减弱。因此，直接继承物质财富的旧系统被替换为一个新系统：通过直接继承和投资文化财富来间接继承物质财富。

布迪厄的再生产论点中的细节看似很有道理。但是，这一模型并未直接反驳技术管治对于基于教育的工作技能的阐释，甚至也未反驳阶级优势传递的生物遗传学解释。事实上，布迪厄等人提供的数据也恰恰被美国社会学家长期用于论证科学管治模型，或是用温和的改良主义解释来论证我们需要扩张教育机会，同时也被用来论证种族主义的遗传论解释。要想证明替代解释更好，就要提供直接证据来反驳技术管治理论的实证论点。此外，布迪厄的模型对于用来解释教育分层的宏观模式及其历史发展的普遍机制也是语焉不详。这种自我永续的"文化资本主义"之所以存在，是为了保护现代工业资本主义；这种主张在形式上与自我平衡系统的功能主义模型颇为相似，只不过在道德评判上，美国功能主义学者对这种系统大加赞美，而法国学者则对此持批判态度。要想解释为什么社会结构的历史发展是这样的，我们需要比较不同的结构案例，这就带来了一个问题：资本主义本身是否足以解释一切？毕竟，在当今的共产主义国家中，我们会发现社会分层更加强烈地受到文化（教育）的影响。

文化资本模型未能排除的另外一种解释，是代表黑人、拉丁裔和其他少数族裔提出的论点，那就是教育是文化帝国主义的一种形式（Valentine，1971；Camoy，1974）。少数族裔被困在下层阶级的位置上，因为他们需要在学校系统中竞争，而这种系统又与他们自身的文化相去甚远，遂使他们在竞争中处于劣势。这种论点在美国看起来最可信，而在欧洲和其他地方种族较为单一的国家里则似乎很难成立。不过，至少我们无法否认，它可以为美国这个案例提供部分解释，因为美国的教育系统比世界上其他国家都要发达得多。这一论点的确说明，我们通常很难完全接受或拒绝这样的解释：它们只展示教育带来的分层结果，而不针对分层系统如何在特定条件下生产不同的组织结构和分配结果提供因果性的解释。

在明显带有马克思主义传承的研究中，最标新立异且证据翔实的莫过于鲍尔斯和金迪斯的成果（Bowles and Gintis, 1976）。但是，他们的发现和解释为教育分层提供了一种与布迪厄的文化资本论点相反的机制（潜台词是也与少数族裔的批评相反）。鲍尔斯和金迪斯提供的证据显示，教育生产了顺从的、守规矩的工人;从历史上来看,教育是自上而下强加在工人身上的。但是,这与布迪厄提出的概念相抵触:教育是一种财产,上层阶级出于自身利益考虑而最为重视教育。[1] 如果教育是对他人施加的控制,为什么人们仍然要彼此竞争来获得教育,从而使美国的教育系统比世界上其他任何国家都扩张得更厉害?为什么上层阶级和独立的、专业的中上层阶级享有最多教育,而任劳任怨的工人阶级却教育程度最低?不过,鲍尔斯和金迪斯在教育的心理学效果方面提供了有力的证据。矛盾的不是他们的数据,而是他们对数据的阐释。

总结来看,关于教育的批判理论面临两大难题:

其一,如果教育导致分层,它是怎么做到的?它是否是人们手中的武器和资源?如果是的话,它的性质是怎样的?它究竟是技能(大部分此类理论家都否认这一点)还是文化资本?如果是后者,它又是如何运转的?是通过伯恩斯坦的

---

[1] 伯恩斯坦(Bernstein,1971,1973,1975)对教育的解释倾向于支持布迪厄提出的教育作为文化资本的概念,并为其提供了细致的阐释。伯恩斯坦认为,教育可以用来选择和奖励白领阶级在认知和语言方面的特质,这是与工人阶级不同的认知-语言特质相对而言的。不过,伯恩斯坦的解释与技术管治模型相差不大;在工业主义(以及越来越多是晚期工业主义)的工作要求下,这些认知-语言特质被视为与工作相关的技能;伯恩斯坦与通常的贤能管治理论唯一的不同在于,他认为这些特质是直接通过家庭传递的,学校只能加强它们。另一方面,布迪厄的文化资本概念似乎更多代表的是休闲性的"上层文化"特质。

语言技能(这本身非常接近功能性的工作技能),还是单纯的特权(种族或其他方面),抑或通过一种独断的官僚主义文凭?又或者恰恰相反,教育并不是一种财产,而是一种强加的负担,标志着人们已经被社会驯化成俯首帖耳的状态?

其二,这些都是关于教育分层系统**内部**过程的问题。同样需要提出的问题是,为什么**这种**结构会以特定的形式存在——为什么对教育水平的要求会出现在历史中的特定时期?为什么教育系统和职业组织的结构在现代(及前现代)世界的不同国家会有所差异?

接下来,我将系统性地回顾教育在一般经济和个体事业中的地位。这些证据有一系列不同的来源。在本章中,我将回顾教育水平变化、工作技能水平和经济发展方面的综合数据;我也会回顾教育与工作生产力的相关性,职业训练的来源,以及关于在学校中究竟能学到什么的研究。第二章则是关于组织的研究,因为工作实际上是在组织里发生的。这将会展示我们对以下问题的了解:科技对工作的影响,人们在组织中为了获得控制权和晋升机会而付出的努力,以及教育在这些过程中扮演什么角色。

在所有这些证据中,两个主题渐渐浮出水面:其一,教育作为群体组成的文化基础而存在,特别是对那些努力塑造自己的职业地位与事业的群体而言更是如此；其二，技术的作用是设定问题和提供物质回报，而奋斗则正是围绕这些问题和回报所展开的。在第三章，我将勾勒出一个普遍理论，来解释物质生产与文化支配这两个领域之间的关联，而教育分层正是在这其中找到了自己的位置。本书第二部分则会将这一视角应用到美国教育分层的历史发展中。要想进行更加完整的分析，需要运用更具比较性的视角，展示哪些条件让世界上不同的地方生产了不同种类的教育结构。[1]但是，即使以一种局限性较大的历史视角聚焦在个案上，也应该能够看到这种思路在解释美国教育分层的宏观结构模式和微观过程上是多么成功。

教育的技术相关性

教育的技术功能理论可以表述为以下命题：

1. 工业社会中工作对教育的要求之所以不断提高，是因为技术的变化。这其中涉及两个过程：

（a）低技能工作的比例下降，高技能工作的比例上升；

（b）同样的工作在技能要求方面升级了。

---

[1] 我曾在其他地方为这一部分勾勒出过大纲，特别是20世纪之前的历史案例，参见Collins（1977）。

2. 正式教育以培养特定技能或普遍能力的方式，提供了胜任最高技能工作所必需的训练。

3. 因此，工作对教育水平的要求不断提高，越来越多的人被要求在学校中度过越来越长的时间。

命题 1a. 工业社会中工作对教育水平的要求之所以提高，是因为需要低技能的工作比例下降，需要高技能的工作比例上升。

现有证据表明，这一过程仅能解释教育升级中的很小一部分，至少对已经度过初级工业化阶段的社会来说是如此。福尔杰和纳姆（Folger and Nam，1964）发现，美国劳动力在 20 世纪的教育提升中，有 15% 是因为这种职业结构的转型：低技能要求的工作比例降低（非技术的体力劳动和服务工作），高技能要求的工作增加（技术性的手工业者、专业人士、技工及管理职位）。大部分教育升级（85%）都发生在工作种类内部。

命题 1b. 工业社会中工作对教育水平的要求之所以提高，是因为同一种工作对技能的要求升级了。

针对这一点，目前唯一的证据是伯格对美国劳工部在1950年和1960年收集的数据进行的研究；这份研究分析了特定工作在技能要求上发生了多大程度的变化（Berg 1970: 38-60）。伯格将这些技能要求的转型与劳动力中教育水平的总体变化进行了比较。出于多种原因，结果并不清晰。伯格的分析并没有区分工作种类比例的变化与同一工作对技能要求的变化。如果我们使用福尔杰和纳姆的15%这个数字来估算工作种类的变化，那么伯格提供的证据中，技能水平要求的改变大部分应该指的是工作内部的变化；不过，他的总体变化数据中，能够归因于这种工作内部变化的部分应该在某种程度上被低估了。另外一个含糊不清之处在于，我们不知道某一特定教育水平应被视为提供了多少技能。伯格基于不同的假设给出了若干不同模型。在最可信的模型下，1950—1960年间，劳动力的教育水平升级似乎高于为了满足工作技能要求升级所必需的程度。面对现有的工作，教育过剩更常见于大学毕业的男性和高中毕业或有大学教育经历的女性身上；教育过剩在1950—1960年间似乎有所增长。当然，这十年是否有代表性还有待研究。无论如何，对工作来说，究竟多少教育才是"必需"的，这已经发生了变化；要说这种变化是因为工作技能水平的变化而不是其他原因，这还没有办法通过量化方式来证明，除非我们知道教育中究竟包含了多少技能，以及技能是否能够以其他方式获取。这一方面的证据将会在下文中提及。

命题 2. 正式教育提供了需要的工作技能。

这一命题可以用两种方法来检验：（1）教育水平更高的雇员是否比教育水平较低的雇员有更高的生产力？（2）职业技能是在学校还是在其他地方习得的？

教育水平更高的雇员是否生产力也更高？

最常被引用来证明教育对生产力有影响的证据是间接的，主要是分析社会中的整体教育水平与总体经济活动之间的关联。此类研究也分为三种。

1. 国家经济增长方法，这包括计算美国国民生产总值的增长有多大比例来源于传统的资本与劳动力投入（Schultz，1961：1-16；Denison，1965：328-340）。这些投入无法解释很大一部分的增长，而这一部分就被归因于教育升级所带来的劳动力技能的提升。这种方法面临的困难是无法区分以下因素的作用：技术变革对生产方式的影响，工人因使用新技术工作的经验而获得的能力提升，正式教育带来的技能提升,以及在一个重视竞争和成就的社会里工人们的积极性。将无法解释的增长中的一大部分都归因于教育,这基本上是毫无根据的。丹尼森(Dension,1965)如此分析,是因为教育水平较高的人相对收入也较高,他认为这是因为他们对生产力的贡献更高而获得的回报。然而,尽管在经济学论证中我们经常假设工资回报反映了输出价值,但除非使用循环论证,工资回报并不能被用来证明教育提高了生产力。

2. 国际范围内教育水平与经济发展水平之间的相关性显示,一个国家的经济发展水平越高,其接受小学、中学和高等教育的人口比例也越高。哈比森和迈尔斯(Harbison and Myers,1964)将国家分为四类:

第一层级包括17个国家(几乎全部在非洲),人均国民生产总值约为84美元;

第二层级包括21个国家(全部在亚洲和拉丁美洲),人均国民生产总值为182美元;

第三层级包括21个国家(大部分在南欧和东欧,加上最富裕的亚洲和拉丁美洲国家),人均国民生产总值为380美元;

第四层级包括16个国家(欧洲加上讲英语的国家),人均国民生产总值为1100美元。

这四类国家与包括各级学校在内的入学率综合指数之间的相关性为 0.89。

但是，在这四个经济发展层级内部，经济发展与教育之间并没有显著相关性。例如在第四层级内部，丹麦和瑞典的入学率指数最低（分别是 77 和 79；相比之下，整个层级的中位数是 105，最高则是美国的 261），但它们的人均国民生产总值却远高于中位数；相反，法国、日本和荷兰的入学率指数都高于中位数（分别是 108、111 和 134），但其人均国民生产总值却低于中位数。许多差异都可以用对教育机会的政治要求来解释（Kotschnig，1937；Ben-David，1963-1964：247-330；Hoselitz，1965：541-565）。就连总体入学率与经济发展水平之间的相关性也无法解决因果性的问题：何为因，何为果？教育也许是一种奢侈品，只有富有的国家才能承担得起；也许只有更加民主的政府才会在人民的要求下提供教育。有些国家存在教育人员的生产过剩，它们的经济发展水平并不足以消化这些人员，这说明对教育的要求并不一定直接来自于经济需求，有时也会与经济需求背道而驰。

3. 教育与经济发展之间的时间差，可以帮助解决因果关系方向性的问题。这种相关性表明，小学人口比例的增长早于经济发展的增长（Peaslee，1969：293-318）。当7—14岁人群中有30%—50%进入学校，经济增长才会开始。皮斯利提出，中学和高等教育入学率的提升也应该带来类似的经济发展，但数据并不支持这一结论。中学入学率提升后带来经济发展的模式只在一小部分国家存在（在皮斯利研究的37个国家中只有12个）。大学入学率提升后带来经济发展的模式则见于37个国家中的21个，但例外情况（包括美国、法国、瑞典、俄国和日本）太过重要，这让我们不得不对高等教育必然能为经济发展作出贡献的论点持怀疑态度。教育对经济生产力的主要贡献似乎发生在大众基础识字率的提升上，在此后的教育阶段则并不显著。

关于教育对个体生产率的影响，伯格总结了一些直接证据（Berg，1970：85-104，143-176）。这些证据表明，受教育程度更高雇员的生产力通常并不会更高；在不同级别的美国工人样本中，有时他们比其他人的生产力还要低。当然，用于比较的教育水平相对来说有一定的范围限制。在工厂工人（包括男性和女性）、维修人员和商场文书中，我们比较的通常是高中以下的教育水平。在银行出纳、秘书、工厂技工、保险推销员、机场调度员和军队技术人员中，我们比较的则更多是高中、一部分大学训练或是大学学位之间的差别；在这些例子里，差别确实存在，高中水平的工人比教育程度更高的雇员生产力更高，但他们同时也比教育水平更低的工人生产力更高。在一系列此类样本中，教育与工作表现完全没有关联。伯格也提及了一项针对大型电子制造产业中的工程师和科学研究者的研究，比较了从本科以下一直到博士学位的不同教育资历，发现博士的平均表现评估是最高的，但本科以下、本科和硕士学历之间则没有差异。

这一证据并不是说，完全没有受过学校教育的人相比有大学或以上学历的人是更好的雇员；由于现在几乎已经没有完全未受过教育的雇员，这种比较根本是不可能的。更可能的是，考虑到在这些工作中识字能力和其他特定的认知能力是必要的，对最低教育资历的要求也确实存在。伯格的数据能够证明的是，我们不能假设工作技能一定与教育水平呈简单的线性相关；在一定水平之上，二者之间的关系很可能会反转。伯格也告诉我们，与教育水平较低的雇员相比，教育水平更高的雇员也更有可能对工作不满、跳槽更频繁，这证明了教育也许主要被其拥有者视为一种地位。

职业技能是在学校还是其他地方习得的？

要解答这一问题有多种方法。对一部分特定的体力劳动技能，有一些关于在职培训和职业学校培训的研究。也有证据显示，在经历技术变革的组织中，再培训是如何开展的。对更高等级的工作来说，证据则没有那么直接。我们将会看到，博学专业和其他高级职位中的许多技能都可能是在工作中习得的，但是由于这些工作对学历有法定要求（例如在医学、法律或药学领域），因此我们无法找到一组未经教育的工作人员来进行比较，至少在现代社会是做不到的。作为替代，我们可以研究以下证据：在学校里究竟能学到什么，以及学校成绩对之后的工作表现有何影响。

职业教育

对体力劳动而言，学校里的职业教育与工作前景几乎毫无关系。1963年的一项研究显示，美国大部分熟练工人都是在工作中或非正式地习得技能的（Clark and Sloan, 1966：73）。在那些确实接受过正式训练的人中（总人数的41%），超过半数（52%）是在军队、学徒项目或公司培训中接受的训练，而不是在公立学校、商业学校或相应课程中接受的。经历过正式职业教育的人们并不会比没有经历过的人表现更好，职业教育项目毕业生失业的可能性也并不低于高中辍学生（Plunkett, 1960：22-27；Duncan,

1964：121-134）。职业教育失败的主要原因之一，也许是职业高中被视为收容爱惹麻烦的年轻人的地方；把他们送到这里来，只是为了从正常学校里除名而已。比起技术学院里臭名昭著的黑帮式暴力（通常带有种族意味），普通高中里师生之间的矛盾被认为是很温和的。就算职业学校的学生碰巧学到了有用的技能，他们曾上过职业高中的经历也可能会被敏锐的雇主视为品行不端的信号。

再培训

1967 年对旧金山湾区 309 家雇佣机构进行的一项调查，提供了为应对技术变革而进行再培训的相关信息。[1]由于技术变革而进行再培训看上去令人惊讶地容易。绝大部分机构（调查中的 84%）都能花不到三个月时间对其员工进行再培训。再培训中很少利用正式教育，即便是用到了，90% 的机构也都能在三个月以内完成它。在一家十分现代且富有创新性的化工厂，一次重要的技术变革——建造新型发电装置——只需要将一位员工派出去进行两个月的技术培训就可以了。这家工厂似乎正处于技术稳定时期。它已经有了相对

---

[1] 在所有产业中，雇员超过 100 人的组织被选入样本。关于此次调查的更多信息，可以参见 Collins（1969）和 Gordon and Thal-Larsen（1969）。

较高的教育水平要求，多年来持续经历着技术变革。因此，变革可以在内部处理，而无须改变雇佣中的教育要求；产业关系经理报告的唯一趋势就是提拔半技术工人去做维修工作。可能样本中的许多（或大部分）机构都已经达到了这种技术稳定阶段。过去的研究揭示了类似的模式：为应对技术变革而进行再培训是相对容易的，尽管有时这意味着要减少雇用低技术工人（Bright，1958：85-97）。

在学校中能学到什么？

几乎没有人研究过在学校里究竟能学到什么，以及学到的东西能记得多久。不过，现有证据表明，学校是个在学习上效率很低的地方。管理和专业岗位中所需的技能大多是在工作中学到的，而商学院和专业学院之所以要求学生完成漫长的课程，很大程度上是为了提高这些职业的地位，在业内人士与门外汉之间制造社会化的障碍。教育究竟在多大程度上提供了这些地位和社会化的功能，这取决于不同职业。在药剂学中这一现象似乎很明显：业内人士认为四年大学课程"有利于工作"，但事实上几个月的训练就足以让人胜任了（Weinstein，1943：89）。教育学院常常被批评为，要求的课程对实际教学毫无价值。业内人士承认,在医学院和法学院的诸多要求中,有许多都在之后的工作中被他们忘得一干二净;相反,许多关键技能都是在工作经验和前辈指导中学到的,并没有列入学院要求。商学院日益成为雇用管理人员的渠道,但他们的教学内容水平通常并不是很高。大部分商学院都只是帮学生为第一份工作做好准备,而不是教给他们在整个事业中都能派上用场的技能。更有甚者,特定的训练内容通常最后都毫无作用,因为大部分毕业生都会在自己的专业领域之外找到工作(Pierson, 1959: 9, 55-85, 140; Gordon and Howell, 1959: 1-18, 40, 88, 324-337)。

也有证据表明,至少在美国,大部分学生在学校里都学不到太多东西。勒尼德和伍德在1930年代对大学生进行了相隔两年的测试,发现他们在其专业领域的标准化测试中的表现提升很小,这也就意味着,在特定课程中学到的东西仅仅相隔一两年就所剩无几(Learned and Wood, 1938: 28)。大部分近年来对高中生进行的学力测试发现,他们在阅读、科学和数学方面的平均水平大大低于该年级应有的水平。对高三学生的数学能力测试进行国际比较后,我们发现美国学生在12个国家中成绩最差,平均分数为13,而其他11个国家的平均分数则在 22—37 之间。[1]

有些研究关注美国学校中具体发生了什么，以上证据也应该在这些研究的情境下去理解。从 1920 年代到 1960 年代，观察性研究和调查研究都显示，学校主要关注的是非学术领域（Waller，1932；Coleman，1961；Holt，1964；Becker et al.，1968）。[2]老师们主要关心的是如何在持续不断的师生矛盾中维持权威。老师、学校管理层和学生都十分重视运动和课外活动，通过它们的仪式功能也能维持学校秩序。仔细研究大学和中学中究竟在发生什么之后，我们发现学生沉迷于通过最少的努力来获取高分的策略。就像在其他正式组织里一样，在学校里，为了应对非正式的意外情况来保持机构正常运转，评价标准发生了置换，日益偏离了正式目标。

公立学校教育的内容更多强调的是中产阶级文化，而不是学术技能本身。19 世纪的学校最强调的是严格遵守宗教礼节的陈规。工人阶级儿童通过义务教育法而涌入学校，带来了渐进式的改革，代之以更为温和的社会化形式，例如学生自治组织和学校监管下的活动。1920 年代到 1960 年

---

[1] *National Assessment of Educational Progress*（1970）；Husen et al.（1967）. 据称，美国学生中的佼佼者跟其他地方相对应的学生水平差不多。但这并不是重点。显然，庞大的美国教育系统并未能普及美国这样一个技术高度发展的国家所"必需"的科学技能。

[2] 关于组织研究的总结，参见 Bidwell（1965：972-1022）。

代的研究表明，此类项目至少成功地让中产阶级学生参与到成年人控制下的中产阶级成人社交模仿之中，此外还有一小部分向上流动的群体也加入其中（Waller，1932：15-131；Becker，1961：96）。美国学龄儿童在谆谆教诲中日益相信政治系统是无党派和理想化的，这也证明了那些项目的成功（De Charms and Moeller，1962：136-142；Hess and Torney，1967）。总之，比起工具性和认知上的技能，在学校中学到的更多是传统标准下的社交能力和礼节。

成绩和成功

在解释成绩与之后的工作表现之间的相关性数据时，这些观察也有所帮助。在这一方面，证据并不是一边倒的。一项对多个城市高中毕业生长达 20 年的跟踪调查发现，高中成绩与之后的收入并无关系，除非该学生之后能大学毕业（Wolfle and Smith，1956：201-232）。一项研究调查了 1947—1948 年间从大学毕业、目前仍在世的人群，发现在大学里大部分科目拿到 A 的人比其他人的收入更高，但拿到 B、C、D 的学生之间的收入差异则可以忽略不计（Havermann and West，1952，Charts 37-38）。不过在女性中，哪怕是在拿 A 的学生里，基于成绩的收入差距也几乎不存在，只有非教育行业的女性在比其他人拿到更多 A 的情况下例外。一份研究在 30 年后追踪调查了 1926 年毕业的达特茅斯学院学生，使用了学校记录而非个人对成绩的回忆；这份研究也发现，成绩最好的学生后来报告的收入也最高（Husband，1957：157-158）。这一结果是有局限的，因为它只是对比了尖子生（平均绩点在 3.1 以上，4 分为满分）和其他所有人；在其他人那里（平均绩点为 1.7 到 3.09 之间），收入并没有差异。在参与课外活动较多和较少的学生之间，收入的差异反而更大，特别是对校园政治的参与更是如此；参加大学间的运动赛事也对日后成功大有助益。另一方面，一份 1951 年对加州州立大学弗雷斯诺分校毕业生的研究显示，成绩与收入之间没有关联（Jepsen，1951：616-628）。类似地，1963 年，一份对全国 1958 年的大学毕业班样本进行的后续调查发现，成绩与之后的事业成功没有关联（Sharp，1970：110）。

其他研究显示，在商业、工程、医学、教学以及科学研究领域接受训练的学生，大学成绩与事业成功的相关性很低（Goslin，1966：153-167；Jencks and Riesman，1968：205）。医学院成绩与多种医学实践的成功之间并无关联（Price et al.，1963）。对毕业于军事院校的军官来说，学术记录与之后的评价或升迁之间几乎没有关系；相反，参与大学之间的体育赛事最能用来预测日后的成功（Janowitz，1960：134-135）。在商学院学生中，参与课外活动通常比成绩更有用（Gordon and Howell，1959：79-80）。一份针对1963年商学院毕业生的五年跟踪调查显示，事业成功与成绩、教师的评价或学校的能力测试之间都没有关系（Cox，1968）。对工程师来说，优异的大学成绩和更高的学位通常能够带来更高水平的技术责任和更多参与专业活动，但并不能带来更高的工资或监管责任（Perrucci and Perrucci，1970：451-463）。

最可靠的发现是，成绩可以很好地预测接下来的学术表现。因此，高中成绩可以用来预测大学成绩，大学成绩则可以用来预测进入研究院的可能性（Holland and Nichols，1964：55-65；Wegner，1969：154-169）。也许正因如此，成绩与职业成功之间有一定的关联，这一点尤其是体现在1948年对大学生的研究（Haveman and West, 1952）和对达特茅斯学院学生的研究中（Husband，1957）；为了获得高薪工作，人们需要经历更高级的训练，而成绩在提供此类机会上则显得格外重要。因此，一项对1952年进入伊利诺斯大学的学生进行的后续调查发现，高中成绩排名对工作成就有一点影响，主要是因为好学生去参加了职业训练

(Eckland，1965）。

看起来，成绩之所以与职业成功相关，主要是因为教育学位的文凭价值，而不是它们本身可能展示的技能（通常可以忽略不计）。我们知道，雇主通常不会基于学校成绩选择雇员；他们关注的是在特定专业获得的学位，更重要的是一系列"个性"特征（Thomas，1956：356-357；Drake et al.，1972：47-51）。在学校系统中，成绩以及获得好成绩的能力作为一种特殊的控制形式在起作用，它们反映了老师对学生是否服从教育的判断。学生完成的作业数量似乎最能用来预测高分，获得最高分的学生通常都会完成超出老师要求的作业（Sexton，1961：279-280）。我们也知道，成绩与创造力之间也没有关系，甚至可能有反向关系。老师喜欢努力和顺从的学生，并会对其给予奖赏；他们不喜欢更有创新精神的学生，特别是当这些学生不愿循规蹈矩时更是如此（Getzels and Jackson，1962；Torrance，1964）。[1]

我们也知道，成绩与社会阶级背景高度相关（Sexton，1961：25-86）。令人惊讶的是，当我们通过统计分析将阶级背景因素保持不变，我们就会看到：学校之间因为教学质

---

[1] 比起老实的郊区和小镇学校，充斥冲突的城市学校学生被发现在创造力上得分最高。参见 Boyle（1969：71-90）。

量、设施或资金投入上的差别而带来的成绩差异也随之消失了（Coleman，1966：290-330）。这意味着学校对学习的影响相对较小，它们只是在塑造上层社会中早已根深蒂固的顺从文化；成绩只不过是用来奖赏和证明中产阶级的自律而已。

总而言之，高技能工作和低技能工作比例的转变，无法解释我们所观察到的美国劳动力中的教育水平升级。经济上的证据显示，教育在提高大众识字率之后对经济发展并没有很明确的贡献。教育与职业生产力也往往无关，有时甚至还会有反作用。特定的职业训练似乎主要来自于工作经验，而不是正式的学校训练。学生们的在校表现，评分制度的本质及其与职业成功无关的事实，以及学生中的主流思潮，无不表明学校教育作为工作技能训练的手段是效率很低的。

迄今为止，证据主要聚焦在教育上。但是，我们也可以研究工作自身的性质，以及工作所在的组织关系。这是第二章的主题。

第二章　组织中的事业

到目前为止，人们已经详细地研究过了组织和职业，相关的理论原则也相对清楚了。令人惊讶的是，在这一领域，关于技术的功能主义论点十分罕见。组织研究的主要发现是，组织是为争夺自主与支配而不断进行演习的场所；这些发现来自于梅奥（Mayo）、巴纳德（Barnard）、西蒙（Simon）等人的产业管理理论传统，休斯（Hughes）、威林斯基（Wilensky）、戈夫曼（Goffman）和达尔顿（Dalton）等人的芝加哥传统，以及韦伯（Weber）、米歇尔斯（Michels）、塞尔兹尼克（Selznick）、古尔德纳（Gouldner）、埃齐奥尼（Etzioni）和克罗齐耶（Crozier）等人的权力分析传统。这一舞台上的主要演员是非正式群体，无论是工人与管理人员，行政部门与生产部门，还是专家与门外汉，情况都是类似的。技术首先介入了这一舞台，因为它影响着权力斗争的资源。在韦伯和米歇尔斯的著作中，技术被视为一种集中管理的资源，特别是它允许我们将组织成员仰赖的沟通渠道集中化。不过，更多最近的研究（例如 Simon et al., 1954）显示，技术在许多例子里面都造成了相反的效应，为组织底层提供了自主性的空间；在那里，组织成员控制了通往不确定性领域的通道，从而塑造了管理者必须使用的沟通方式。克罗齐耶（Crozier, 1964：145-174）和威林斯基（Wilensky, 1956, 1968）将这上升到了系统性原则的层面，告诉我们技术专家的权力可大可小；这取决于他们能否控制住通往关键的不确定性领域的排他性通道。因此，技术人员就有动机去塑造他们的"技能"，好对组织造成尽可能大的政治影响；在有些例子里他们想让组织保持传统，在另一些例子里则想让组织变得创新，这取决于威胁他们自主性的东西来自何方。因此，技术是一种资源，它的使用方法取决于它在一个更加关键的组织过程中的角色，这个过程就是非正式群组为争取有利的权力地位而进行的斗争。

技术在组织中的重要性

关于组织的理论与研究将技术摆在相当重要的位置。在解释组织结构和组织过程上，技术十分关键。组织结构与其试图完成的任务息息相关，因此也与能用来完成任务的技术密不可分（Woodward，1965；Collins，1975: 315-329）。组织理论区分了以下四种情况：

1. 单位生产（unit production）每次只生产一个单独的项目或少数几个项目，熟练手工业或创新型的工程项目属于此类；

2. 大规模生产（mass production）包括生产和组装许多零部件的过程，大部分机器制造业属于此类；

3. 分步生产（process production）包含从一个处理阶段到下一个阶段的连续流程，化工厂及许多种类的食品生产属于此类；

4. 集中生产（pooled production）包含一系列独立的单位或个体，他们都在进行类似的操作，并由一个中央人员来供给和管理，银行和许多事业机构属于此类。

每种技术都与一种不同的组织结构挂钩。单位生产通常是扁平和非官僚制的。大规模生产组织则是典型的金字塔形组织，它高度官僚化，包括许多专业化的职工和不同的生产线，非正式网络与正式网络之间也存在大量差异。分步生产组织是运转相对平滑的官僚制机构，低层级工人很少，上层则有相对规律的管理分支。集中生产有着庞大的底部基础和相对较小的管理层级，在官僚制度上更加刻板和僵化。

这是否意味着我们可以直截了当地说，技术决定论适用于组织呢？如果技术决定论指的是其他变量不再重要，那么它就是不成立的。问题在于，技术嵌入了怎样的社会关系？生产并不是简单地将原料加以移动和组装的过程，而是包括了控制、协调和激发个体工人积极性的过程。组织是权力的结构。既然权力会带来内在的回报或痛苦，同时也是用来挪用财富和获得身体自由的手段，那么任何权力结构都会为获得、保持或逃避控制而产生隐性的斗争。由于组织尝试完成的任务不同，使用的技术也不同，因此它们在控制上遇到的问题也有所不同。

最重要的变量是：工作成果有多么标准化，检查起来有多么容易。例如，单位生产的组织相对分化程度较低，因为创新的、高度动态的工作模式让组织很难建立起严格的层级控制；权力较为平等地分布在参与者手中，产生了较为扁平的、非正式的结构。大规模生产则带来了明确的分化：低层级工人的工作是重复性的、高度受控的，而高层级工人则参与协调生产过程的各个部分，协商工作时间，并经历这一过程中不可预测的困难。结果便产生了高度层级化的、充满冲突的复杂官僚组织。任务和技术也会通过不同程度的协调问题来影响权力斗争。集中生产涉及的协调过程较为简单，因为管理者只需提供资源和检查工作即可，工人们的活动基本上是彼此独立的。分步生产也让协调变得简单，因为机器完成了大部分协调工作，它自动将不同领域联系起来，弱化了工人在检查和解决故障方面的角色。相反，单位生产和大规模生产中则存在严重的协调问题，不过，由于它们在基础任务的检查方式上有所差异，进而导致低层级工人拥有不同的自主性，因此在解决协调问题时的结构方式也有所不同。

换句话说，技术为持续的社会斗争提供了资源，也制造了问题；这些斗争是在争夺控制与自主性，以及人们可能从组织中获得的商品与回报。技术与组织结构类型之间的关联是可以解释的，因为不同的问题与物质资源会在这些斗争中带来不同的权力分配模式。复杂的技术并不一定会提高对工人的技能要求，它既可能提高也可能降低技能要求。组织中的最高权力不一定掌握在技术水平最高的人手里，也不一定由那些直接操作最先进机器的人掌控。相反，技术只是为组织权力斗争的整体环境布置了一部分舞台。关键变量是控制的难度。如果我们很容易就能获得高产能的机器或高度技术化的能力，并且成果很容易预料和观测，那么掌握这些机器和技术的人就无法获得很高的权力，因为它很容易就能被其他人掌控。

因此，权力取决于能否掌控一个带有不确定性的领域，且该领域对其他组织成员来说不可或缺。对中层和高层的权力来说，这一点已被描述得十分清晰。在一个严格官僚制的生产组织中，维修人员有相对较高的权力，因为他们能够独自应对故障（Crozier，1964: 145-208）。这并不意味着他们控制了整个组织，而是说他们能够获得更多非正式的服从，因为他们能够用自己的权限阻挠其他人的工作。然而，维修人员并不能在整体上制定组织政策，或是决定雇用和解雇其他员工；这些权力取决于是否掌控其他具有不确定性的资源，这些资源被不同层级的组织所控制。当上层管理者（有时也包括某些顾问）在组织的外部环境中进行运作时，他们就拥有了这种权力，因为组织所需要的政治与财务支持来自于这些外部环境（Wilensky，1956）。换句话说，有些不确定性的领域比其他领域更加关键。维修人员也许能够控制机器故障所带来的短暂的不确定性，但是上层管理者和金融政客则控制了对金钱和影响力等关键资源的谈判，这些资源既能保证整个组织的运作，也能将其彻底摧毁。

需要注意的是，这些不确定性如何与技术相关。并不是使用**最**可靠或**最不**可靠技术的人掌握最高的权力，而是处于中间的人。专家必须是有作用的，但不能让外行人完全能够预测得到。不完美的技术对权力来说是最有利的。但是，这种技术必须能够跨越生产流程，让其他人都仰赖于它。毕竟，组织的任务如何能够嵌入组织协调的结构才是最关键的。类似地，职业在成为自主的、自治的、受人尊敬且有利可图的专业之时，也获得了不同程度的权力，这取决于它们是否涉及一种技能，其有效程度刚好处于只有圈内人才懂的中间位置，也取决于这种技能对该职业的顾客来说是否不可或缺（我们在第六章中将会看到这一点）。

因此，最重要的不确定性可能与基础生产技术并没有太大关联。对任何商业组织来说，最根本的资源是资金；对政府机构来说，资金会通过外部环境中的政治支持或反对来起作用。那些控制了资金的人也就控制了组织中所有其他参与者的存在。然而，这种权力并不是绝对的。在日常运转中，一旦组织模式设立，维修人员和其他能控制当时当下的内部不确定性的职员就享有了他们的权力时刻，且在这些时候，没有人能够控制他们。若用更复杂的视角来看待组织，我们应当能辨认出许多时刻的不同权力模式；中层管理人员的内部通讯层级系统能够传递、截取和构造关于组织一部分的信息来让组织其他部分看到,因此他们的权力类似于上层管理者基于外部环境的权力(但相比之下更多来自内部)。

从一个角度来看,组织的"政治性"一面——信息、资金和外部影响力的不确定性由管理者来从中斡旋——可被视为对一种技术的掌控,这种技术就是通讯。事实上,不同组织之间的历史区别,很大程度上就是取决于它们能否获得不同的技术(Collins,1975: 315-413)。组织从世袭制到官僚制的转变,取决于以书写报告和记录等形式引入的大众通讯技术。现代通讯和交通技术——电话、汽车、复印机、电脑等——进一步将控制资源交付到管理者手中。那些最成功地解释了政治组织(例如政党)权力的传统分析,关注的是它们如何将通讯手段作为关键资源来控制。但是,我们必须区分生产技术(technologies of production)和管理与通讯技术(technologies of administration and communication)。是后者在管理机构,因为它赋予其控制者具有最高特权和物质回报的地位,并让他们拥有能够影响组织长期发展的权力。

如果我们将分析再推进一步,就会发现管理权力中的关键从根本上来说是社会和政治元素。关键的技术资源是通讯和管理手段，但这些只不过是支配结构的外在形式。结构本身是由人组成的网络，这些人在互相交涉、威胁、操控彼此的期待与团结。这是一个社会网络，参与者利用其他人的观念与情绪来为自己赢得信念和敬畏，这些信念和敬畏又反过来带来了资本与政治信用，且能够转化为组织内部的支配权。通讯技术正是在这种成功的人际关系政治中派上了用场；这种成功也进一步带来了更多通讯技术的使用机会。因此，技术自身就被政治过程挪用了。

从根本上来说，这一过程是发生在人与人之间的，也可以说是文化上的。当权者的核心资源是他们能够震慑和操控人际网络中的关联者。这取决于他们能否轻松理解成为组织成员和获得特权的标准，以及他们利用这些身份的能力——首先是被接纳进入社会网络，之后是向上爬。这些文化形式既可能来自之前的地位群体传统（例如阶层、种族或教育文化），也可能在某种程度上是在组织网络的体验中重新创造出来的。但是最后，这种"组织政治"文化才是最关键的资源，我们可以将其他所有资源都纳入它的轨道。

因此，技术是组织的一个重要方面，它既与组织结构的重要差异相关，也与组织内部的权力地位相关。然而，并不是技术的生产力本身带来了权力，而是技术在组织的政治过程中扮演的角色让它能够决定组织结构。最终，政治过程必须在社会和文化的基础上进行：人们通过操控通讯手段塑造出不同种类的人际网络。

技术要求和组织过程

有相当多的证据表明，任何组织的职位"要求"都不是固定的，而是在任者与挑战者通过讨价还价来决定的。人们之所以要工作，主要是为了获得物质回报、权力和声望；他们需要掌握多少生产技能才能保有自己的职位，取决于客户、顾客或雇主对他们的要求，而后者又取决于雇员与付钱让他们工作的人之间的权力平衡。

许多证据都表明，工作群组中正式与非正式的结构并存。通常来说，一个工作场所中的非正式群组会确定和实行一系列规范，用来控制其成员的工作效率。学者们已经广泛研究过这种对工作产出的非正式控制，特别是在制造业工人中格外常见；不过，销售和文书人员中也存在这种控制（Roy，1952：427-442；Blau，1955；Lombard，1955）。工作效率通常会被设定在令人舒适的级别，大大低于最高可能产出。

管理人员会通过一些正式的标准来设定工作节奏，平均来说，他们比其他工人的工作时间更长（Wilensky，1961：33-56）。即使如此，大部分管理人员似乎也不可能是被迫以自己的最高能力和水准来工作的。与普通工人一样，管理人员中也存在着非正式的组织，他们做多少工作，既取决于正式的权威规定，也取决于他们自己的主动性和配合程度（Barnard，1938；Merton et al.，1952：397-422；Dalton，1959）。组织中广泛存在"官僚病"，例如尸位素餐、好大喜功、买椟还珠、繁文缛节等，这说明管理人员通常会用他们的自由裁量来尽可能降低而不是提高工作效率。由于管理工作只是间接与组织产出相关，雇员们也就很难准确评判其管理者的工作表现。事实上，忙碌的主管很少会检查手下其他管理人员的活动，特别是那些行政事务人员的活动（Strauss and Sayles，1960：463；Dill et al.，1962）。

因此，对于大部分工作究竟需要怎样的技能，雇主的概念通常是不准确的。用马奇和西蒙的话来说，他们的策略通常是"够用"而不是最大化——也就是说，将平均表现设定为差强人意的水平，只有当表现跌落到最低标准之下时才会对程序和人员作出改变（March and Simon，1958：140-141）。在所有层级，只要存在非正式组织，工作表现的标准实际上就反映了其中群体的权力。

能力测试

一直有人试图用客观测试来预测工作表现,但效果并不好。部分原因在于,直接测量工作表现是很困难的,除非是特定的机械任务(例如驾驶飞机)或是学术知识测试(Anastasi,1967:297-306;Wesman,1968:267-274)。许多测试都是基于现任者(例如目前在任的管理人员)的态度和兴趣。这些测试被用来选择新的雇员,他们与现有的雇员表现出类似的个性特征。心理学家指出,这种测试的效果通常是未经验证的。为了检验其作用,雇主必须雇用一个缺乏这些特质的对照组,然后对比两组人员的工作表现。但没有人这么做过。考虑到工作表现测量是不准确的,似乎许多人都能在大部分工作上表现得令人满意;通过测试选出的人之所以表现不错,是因为这些未经验证的测试中包含了自我实现的预言。

现代社会对许多工作的能力要求并不严格。一项研究提供了相关证据:研究者针对 109 名智商在 60 左右的迟缓儿童进行了调查,并在他们超过 50 岁时进行追踪研究(Baller et al.,1967:235-327)。结果发现,没有人出现在特殊机构里。大部分人都在做非技术或半技术工作,但却有 18% 在做白领工作,包括办公室和销售文员、警察、商店领班、汽车和地产经纪人、摄影师、实验室工作人员和商人等。在这群人里，事业成功与否与智商差距并无关系。相反，更成功的人是那些在衣着、言语和个人行为上有着中产阶级模式的人，以及那些一直在大型产业中工作或早年间获得了调酒等技能的人。其他研究则发现，在任何职业群体中，测得的智商都有一定的差距，因此尽管专业人士在平均智商上高于体力劳动者，但是他们之间还是有相当程度的重叠（Thomas，1956：285-310）。

智商等能力测试的结果不能用来简单地预测成功与否，这是可以理解的。"智商"主要在学校系统里运转，最有用的地方在于预测学习成绩（Duncan，1966a，1966b，1968；Bajema，1968：317-319）。此外，积极性、过去学习的积累效应与天生的能力差距密不可分地共同影响着这些测试的表现。孩子们的智商分数随着他们长大而改变，并会受到不同环境的影响；这些分数也会随着孩子们形成不同的行为习惯而发生改变（Turner，1964；Rehberg et al.，1970）。[1]很可

---

[1] 特纳（Turner，1964）认为，智商是在学校里取得成功的结果，而不是简单的原因，因为成功会累积促进积极性。也许出于这种原因，智商与创造力的分数之间没有相关性。它们代表了不同类别的积极性：前者是守序的、讲究方法的，因此也是缺乏创新的工作；后者则是相对自我满足的、自发的行为。因此，需要维持学校秩序的老师们更喜欢智商高的学生而不喜欢创造力强的学生，也就不足为奇了（Getzels and Jackson，1962；Torrance，1964）。

能正因如此，学校成绩和智商测试分数都与社会阶层高度相关；在种族反映了阶级区隔的环境里，它们也与种族相关。

究竟是天分还是环境影响智商，也包括最近关于种族差异的争议，这整个话题作为社会不平等的原因得到了太多的关注。如果智商测试的作用几乎仅限于测量在学习方面的能力——这并不足为奇，因为智商测试原本就是为了在学校里使用才设计出来的，也几乎没有应用到其他方面过——那么主要问题就在于，教育如何以及为什么会与职业分层相关。不管是天生还是后天得到的，如果决定学习成功与否的能力差距仅仅是通过学位的文凭证书价值与事业成功相关联，那么比起解释社会机构之间的关联这一结构性问题，个人对学校系统的适应性这一心理学问题就变得次要了。就实际情况来说，通过学校进行的选择会奖励某种特定的顺从行为。

事业进程

关于组织中的事业进程，有详细的证据表明，有两个因素具有压倒性的重要性：其一是非正式关系，其二是为了掌握具有控制力的位置而进行的斗争。关于晋升模式的研究表明，无论是工业组织、医疗组织还是工会层级中，都普遍存在一种保证人模式（Glaser，1968：191-257）。正是因为作为保证人的官员或组织普遍被人们接受，校友关系和俱乐部会员资格才会对事业如此重要。美国各个产业中，职位之间的种族区隔是普遍存在的（Nosow，1956）。一项对一家新英格兰工厂的研究发现，管理职位大多是从白人新教徒或德国人、共和党人、共济会会员和当地游艇俱乐部会员中提拔而来的（Dalton，1951：407-415）。另外一项关于南部都市区工业和商业组织的类似研究发现，晋升与否取决于是否加入了市民组织，也取决于家庭地位以及个人友谊关系（Coates and Pelligrin，1957：200-215）。就算社会出身无法直接通过遗传或家庭影响来让人获得职位，它也能通过让人在组织的非正式文化中得到承认而影响事业发展。

在军队晋升等有正式测试和评估的情况下，会伴有在一定年龄或在同一等级上待到一定时间之后"非升即走"等正式规则，但即使在这时，非正式关系仍然是至关重要的，因为它可以给人带来能引起上级注意的任务，并提供足以获得晋升的背景（Janowitz，1968：211-215）。在工业组织中，非正式关系在分配职位时至关重要，它能让人获得横向流动的机会，避免太过专门的死胡同工作（Martin and Strauss，1968：203-210）。换句话说，成功的关键并不在于技能精湛的表现，而是在于左右逢源地一步一步往上爬。类似工厂经理的助理职位这种位置就是第一步；在大公司里，要想进入高层，首先要进入最大的部门或工厂。

　　对于组织连贯性的研究也呈现出同样的模式。正如空缺链理论（White，1970）一样，此类证据显示，个人成功与表现好坏并无太大关系，反而取决于是否能在正确的时间待在正确的位置；就算个人的智慧或积极性有所回报，也是因为有人能够随机应变而有人不能。获得一个空缺职位能够引发一系列链式晋升反应，这一事实有助于加强非正式小团体；从领导者到门徒，再到门徒的门徒，一整个团体的人试图填满一整条线上的空缺职位，而组织领导者的"政治"策略之一就是通过有意操控空缺职位的前景来保证下属的忠诚（Glaser，1968：307-376）。

　　降职也符合这一模式。关于降职的证据里，令人惊讶的是人们会花很多力气去掩盖降职，例如通过设立毫无意义的职位、转职或晋升失败等；事实上，在白领和管理职位中，公然降职是非常罕见的（Glaser，1968：259-306）。在工作效率表现上，人们很少会应用不讲情面的标准；相反，人们有这样一种印象，即白领职业是高度仪式化的，并会尽可能地让表现与回报之间脱离关系。降职的原因通常不会提及工作表现评判；相反，人们可能会陷入人力不可抗拒的境况，例如工作负担的剧烈变动,因并购或利润不足而引起的组织危机,职位荒废,或是之前的晋升让一个人面对太过强劲的对手,以至于在现有的资源下(通常是指此人的非正式关系与其他人相比)无法更进一步(More,1968:287-294)。

人们会认为,在组织事业中一定存在某种基于"优秀"表现的因素,但在任何大型组织结构中,似乎都很难将一个人的贡献与组织的其他部分和外部时机割裂开来衡量。当然,组织也没花什么力气去认真地衡量和比较个体效率(例如尝试将其他因素控制在恒定水平)。不可否认的事实是,组织事业是存在于政治环境中的,只有认识到这一事实并兢兢业业依此行动的人才会获得成功。爬到组织顶层的人是组织中的政治家,他们十分关注非正式关系,八面玲珑地指向关键的守门人位置,并避免组织中的陷阱,而头脑不那么灵光的人则会深陷其中。

守门人与文化控制

所有组织权威面临的基本问题就是控制成员并赢得他们的积极配合。组织理论学家列出了多种控制方式,并指出它们可能彼此替代(参见 Etzioni,1961;Collins,1975:298-315)。如果一个组织能够实现规范控制(normative control)(令其成员将组织目标和价值内化),它就能提高表现,避免依赖强迫型权威或单纯的金钱回报而可能导致的混乱情形。雇员跳槽带来的昂贵成本,让组织有直接的经济动机来选择忠于组织的工人。

组织权威可能会用以下几种方法来发展忠诚或规范控制:招收已经高度忠诚的人;在组织内训练信任;让组织成员受到非正式团体的影响,并隔离他们与外界的联系;提供晋升可能;提供养老金或其他与服务时间长短相关的附加福利;选择已经通过教育养成了合适价值和态度的个体。组织对忠诚度的要求越高,它就越可能使用更多的这些控制手段。

所有的工作都会要求一些主动性和合作性,只是有些要求得更多。管理人员比生产和文书人员有更多的自主性和责任,因此对管理人员实行规范控制是最重要的。此外,某些组织对管理人员的忠诚度要求更高。有些组织则格外强调人际合作,特别是通过私下交往进行的合作;如果成员共享同样的价值观和背景,这种合作就会更加顺利。管理人员能否成功,往往取决于他或她的"个性"(例如社交技巧和价值观)。根据1950年代一份针对90家美国大型企业人事部经理的调查,对企业管理人员来说,最重要的特质是工作动力、社交技巧和道德品质（Gordon and Howell，1959：79-80）。至于格外高的智识，既不是必需的，甚至也不是合意的；专业或技术能力被认为重要程度较低，至少比起监管程度较低的工作和会计等专业工作来说确实如此。在管理成员合作方面，共同的社会价值标准是十分重要的，从联合国早期的管理困难中就可以看出这一点；当时，其工作人员的文化风格有较大差异（Kehoe，1949：375-380）。管理人员在组织中的晋升往往要通过加入一个群体或小团体来进行，通常是通过为一名充当保证人的主管担当助理来实现的。失败与否也在很大程度上取决于社交技巧；一份1952年对76家大型企业进行的调查发现，90%被解职的管理人员都是因为被报告称缺乏令人满意的个人特质而不是技术水平（Martin and Strauss，1968：203-210）。

许多证据都表明，教育被用作文化选择的手段。霍林斯黑德（Hollingshead，1949：360-388）研究了中西部学校的儿童与退学者，以及社区对他们的态度；他发现，雇主会用教育来作为一种选择具有中产阶级特质雇员的手段。退学者大部分来自于下层阶级和工人阶级家庭，特别是因为他们与学校里的中产阶级价值观有冲突。尽管他们期望通过立刻找到报酬不错的工作来提升自己的经济地位，但是他们面前的雇佣机会却只局限于低微的工作，因为雇主认为退学者是不可靠的，缺乏令人满意的雇员所必须具备的特质。尽管高中毕业生可能同样要从较低的职位做起，但教育背景让他们在雇主眼里（以及他们自己眼里）具有了获得更高工资和晋升机会的资质，而这些机会则是退学者所无法获得的。类似地，一份1945—1946年对纽黑文、康涅狄格州和北卡罗来纳州夏洛特240位雇主的调查发现，雇主认为教育是一种筛选机制，用于选择具有令人满意的（例如中产阶级的）性格和行为的雇员（Noland and Bakke，1949：20-63）。

1967年对309家加利福尼亚组织进行的一项调查提供了更加系统的检测。[1]组织中相对规范的控制以三种方式体现：（1）组织相对更强调工作申请者应没有违法记录；这与组织的教育要求指数之间有显著关联（r=0.25）。（2）组织更强调工作申请者应当对工作忠诚，而不愿意雇用频繁跳槽的人；这与教育要求指数之间也有关联（r–b=0.18）。（3）这同时也体现在组织目标的分类中，根据埃齐奥尼对组织控制方

---

[1] 所有产业组织中，雇员超过100人的组织被抽样选择出来。更多关于这项调查的信息可以参见Collins (1969，1974)和Gordon and Thal-Larsen (1969)。

式的比较研究[1]，组织可以分为"公信"（public trust）组织和"市场"（market）组织，前者强调一种服务理想、坚守标准和/或机密性的公众形象，后者则主要关注贩卖一种产品或服务来获得利润，而不强调建立一种光荣或可靠的名声。公信组织包括金融和专业服务（医疗、法律、教育、工程、会计）、政府、公共交通、通讯和公共事业组织等。市场组织则包括矿业、制造业、商业运输、批发和零售业以及其他服务。

公信组织普遍比市场组织要求更高。组织控制形式与总体教育水平（$r=0.40$，$p<0.001$）、白领教育水平（$r=0.33$，$p<0.01$）和管理人员教育水平要求（$r=0.31$，$p<0.001$）显著相关。不过，组织控制形式与蓝领教育水平要求之间并无显著关联。

---

[1] 埃齐奥尼（Etzioni, 1961）发现，目标不同的组织会对其雇员实行不同类型的控制：仅仅关注利润的组织更强调报酬（财务）控制；在提供服务和维护标准上具有理想主义目标的组织更强调规范控制（通过社会化来内化组织目标）；具有监管目标的组织则更强调强制控制。埃齐奥尼的分类来自于韦伯对经济、地位和权力领域的三分法。同时，它还受到韦伯另外一个方面的影响：这是一种关于纯粹类型的分析式分类法，在具体事例中，各种类型通常混合在一起，它可以用来关注相对不同的重点。因此，报酬控制更常见于工厂和商店，规范控制更常见于教堂、医院、宗教机构、研究实验室、专业公司和公共机构，强制控制则更常见于监狱、集中营、监管型精神病院以及和平时期的军队。埃齐奥尼的研究主要是关于组织里较低层级的非管理人员，他也指出，无论对下层使用何种控制方式，所有组织在较高层级都更强调规范控制。无论如何，这一分类模式也许可以延伸到组织内所有层级，用来聚焦那些更重视规范控制的组织。

规范控制的这三种体现之间是高度相关的。对无犯罪记录的要求和不愿雇用频繁跳槽者在公信组织中比在市场组织中显著地有更多体现。这种相关性互相验证，说明了这三种标准实际上代表着组织强调对雇员的规范控制。有一些组织似乎普遍在白领和管理层级上有相对较高的教育水平要求，其组织目标更强调公共服务形象；他们会仔细筛查雇员之前是否有违反规范的行为，并寻找雇员忠诚的证据。

1967年对加州组织的调查提供了另外一份证据，证明了教育水平要求对规范控制的重要性。雇主们被问到在为组织中"难以填补"的空缺寻找人选时会采取何种行动。在每一个被提及的职业组中，都有一种十分流行的解决招聘困难的方式：增加使用的招聘渠道。样本中只有一个组织提到它的主要应对方式是降低教育水平要求。显然，组织很少会降低教育要求，除非是在极度缺乏劳力的情况下。事实上，它们几乎从来都不会放开对所需雇员的任何要求，就连性别和外表这些实际上多余的要求也是如此；在缺少劳力的时候，组织也不会放松对工作内容的要求，或是在没有培训项目的情况下设立这种项目。这种对教育水平的要求一旦确立，就只会越提越高，我们可以将这种倾向称为"棘轮效应"（ratchet effect）。似乎组织有强烈的规范和地位原因来保持其教育水平要求，哪怕技术和经济上并没有非这么做不可的压力，甚至还可能存在相反的压力时也是如此。

工商管理学位

利用教育来进行规范控制，一个更特殊的应用是工商管理训练。1950年代针对美国卓越的组织雇主的调查显示，他们认为在雇用潜在管理人员时大学学位是重要的，并不是因为大学学位能够保证技术能力，而是因为它们显示了"工作动力"和"社会经验"（Gordon and Howell，1959：121）。商学院的训练也与此类似，它并不被认为代表了必需的训练（对大部分职位来说，雇主普遍都很怀疑商学院课程是否能派上用场），而被认为代表了一个大学生具有从商的态度。雇主也许需要的是商学院里教的商业价值观，因为人文科学学院的学生通常更加关注专业和服务理想，因此对商业组织的牟利需求漠不关心甚至抱有反感。例如，比起商学院和工程学院学生，人文科学学生对商界工作更容易不满（Gordon and Howell，1959：124；cf. Jacob，1957）。此外，如果人文科学毕业生来自于有商学院的学校，比起那些学校里没有商学院的毕业生，雇主更有可能拒绝雇用他们（Gordon and Howell，1959：84-87；也可参见 Pierson，1959：90-99）。

对于后者，学生们可能会被认为是没有机会去商学院，但当商学院和人文科学课程同时存在的时候，如果学生选择了人文科学课程，雇主显然会认为这意味着他们拒绝了商业价值。

1967年的加州调查同样显示，对管理人员强调规范控制的组织也会更重视选择有工商管理学位的管理人员。总体来说，"公信"组织比"市场"组织更可能要求这种学位。一份更详细的分析显示，想要雇用工商管理学位学生的组织聚集在三个产业中：(1)对市场营销十分关注的制造业组织（食物、金属制品、印刷）；(2)对公众关系十分关注的运输和公共事业组织（空运和水运，燃气和电力）；(3)管理大型服务的组织（医院和学校）。值得注意的是，在最后一种组织里，行政人员相对于专业人员来说地位最低。[1]

因此，对工商管理学位的重视，也许是因为管理人员自身对地位的重视；在一些组织里，他们的地位是很关键的，但他们认为自己被"生产"人员低估了。工商管理学位似乎也被认为是一种忠诚度测试。正如一家食品处理企业的全国总部人事经理所言，他的公司想要的是"工商管理学位，或

---

[1] Perrow（1965：950）的研究也发现了同样的模式。

其他证据来证明人文科学毕业生对商业有兴趣"。

教育与职业之间的地位关联

根据文化会员模型的预测,教育与职业成就有一定的关系,所以我们可以据此检验这个模型。当满足两个条件时,教育是最重要的:(1)教育的种类直接反映了对某一地位群体的归属;(2)这一地位群体控制了某些特定组织的雇佣行为。因此,当学校中形成的地位群体文化更适合该地位群体的雇佣文化时,教育就显得格外重要。当学校文化与雇主文化差异较大时,教育的重要程度就会大大降低。

学校群体文化与雇主文化之间的关联,可被视为一个连续的光谱。当教育与为精英组织选择新成员有关时,精英教育的重要性是最高的;当工作本身不那么精英化(同一组织中的低层级工作,或其他组织中未被这些文化精英控制的工作),教育的重要性就显得大为逊色。类似地,制造了最多精英毕业生的学校也会与精英职业的关系最密切;如果一所学校的毕业生未能很好地社会化成为精英文化的一部分,他们获得的工作也就不会那么接近精英组织层级。

在美国,制造文化精英群体的学校是私立预科中学和精英大学(常青藤联盟,其次是重要的州立大学);它们采用的方式或是直接训练,或是选择具有精英背景的学生。在职业训练层面,制造精英群体的学校是附属于精英大学或学院的职业学校。在中学,制造相对社会化的非精英人士的学校是公立高中(特别是在中产阶级居民区的那些);从盎格鲁-新教徒雇主的文化视角来看,天主教学校和全黑人学校相对不那么受欢迎。在高等教育层面,天主教大学、黑人大学和职业学校相对不那么精英,进行商业培训的学校则是教育中精英程度最低的形式。

在美国,明显被盎格鲁-新教徒上层阶级控制的是大型的全国商业组织和大型公司(Domhoff,1967:38-62)。更可能被少数族裔文化群体成员控制的则是小型的本地制造业、建筑业和零售业公司。在法律界,少数族裔文化更多出现在私人律所而非公司律所雇佣中。在政府雇佣中,地方政府似乎更多被非盎格鲁族裔控制,而联邦政府的某些分支(特别是国务院和财政部)则被白人新教徒精英所控制(Domhoff,1967:84-114,132-137)。

教育与法律实践

在律师中,差异是明显的:精英大学的法学院毕业生更可能被公司雇佣,天主教或商业法学院的毕业生则更可能单独执业（Ladinsky，1967：222-232）。华尔街精英律所在这一方面对教育背景的要求最为苛刻，它们不仅只雇佣常青藤法学院的毕业生，而且还会选择那些曾在精英预科学校和大学就读的学生（Smigel，1964：39，73-74，117）。这些公司在其他方面也有筛选要求。成为华尔街精英律所的一员并被提拔到合伙人级别，这在很大程度上都仰赖于是否有名门背景；女性、天主教徒、犹太人和黑人几乎都被直接排除在外。也有证据表明，少数族裔为主的职业学院毕业生更可能在少数族裔社区内部执业：这一点对黑人来说尤为如此。

教育与商业精英

基于传记与调查数据的研究为美国商业精英提供了一幅一致的形象。相对于普罗大众，商业精英一直教育程度很高。例如，纽科姆发现，1900年的高级管理人员里，39.4%有大学教育背景，1925年是51.4%，1950年则已上升到75.6%（Newcomer，1955：68-69）。这些数字可以拿来做个对比：在这些高管的年龄中位数是20岁时，与这个时间最为接近的人口普查年份里（1870年、1890年、1910年），18—21岁男性的大学入学比例分别是：1870年为4.6%，1890年为4.7%，1910年为6.2%。就连在19世纪早期，商业精英也已经是来自于教育程度最高的那一部分人,同时也来自于最高的社会阶层。那些出身贫寒的精英也比上层或中上层阶级出身的商人接受的教育要少。

商业领袖中,大约55%—65%在事业上似乎从亲戚那里得到过重要的帮助,这一比例在过去一个半世纪里都是稳定的。一份针对高管的研究显示,1925年和1950年出生的群体中,14%直接继承了他们的公司,此外7%—14%通过商业投资获得了他们的公司;有趣的是,在大学毕业生中,靠继承获得职位的比例更高:1925年为27%,1950年为23%(Newcomer,1955:80;cf. Lipset and Bendix,1959:138)。另一份研究也有类似的发现;换一种方式来说就是,近年来的商业领袖里,72%靠继承获得现有地位的人上过大学,而在靠创业获得地位的人里则只有34%的人上过大学(Bendix,1956:230)。因此,商业精英来自于出身较高的群体,这种出身在商业生涯中是很重要的。商业精英相对美国大众来说教育程度一直都很高,但教育似乎与出身的关系更大,与是否成功则关系没那么大(Taussig and Joslyn,1932:200;Newcomer,1955:76;Mills,1963:128)。总体来说,比起白人新教学校的毕业生,黑人大学和天主教大学的毕业生(至少在最近几年之前)在商界获得的工作地位较低,这也为这一解释提供了有力的支持(Jencks and Riesman, 1968: 357-366; Sharp, 1970: 64-67)。[1]

比较研究中的组织证据

1967年的加州调查直接检验了组织地位对教育要求的影响。组织地位通过两种方式衡量:(1)"全国优势"指数,基于该组织的市场和总部是在本地还是全国来衡量;(2)组织规模,主要通过雇员人数来衡量。要想衡量组织地位,这两个指数都不能百分之百令人满意,但是组织规模与全国优势指数之间有显著关联,且二者在特定情况下都以类似的方式与教育要求相关,这说明二者都反映了某一个隐藏的变量。组织规模与总体教育要求(r=0.29)、白领教育要求(r=0.28)、蓝领教育要求(r=0.25)和管理人员教育要求(r=0.26)显著相关。全国优势指数与总体教育要求

---

[1] 有证据表明,对一部分少数族裔群体的歧视在1970年代下降了,印证着他们在大公司、律所和其他组织中有了一定的融入。显然,这一改变的源头是政治压力,而不是技术水平要求的突然提高导致的不拘一格降人才。这种趋势并不影响之前的证据在分析上的重要性;这些证据并不是为了描述现状,而是为了验证用来解释雇佣模式的因素之间的关系。政治因素也很容易可以纳入这一模型(事实上它是这一模型的核心)。那么,既然改变后的政治压力开始禁止对出身背景的公开歧视,我们会期待看到怎样的改变呢?将教育文凭视为一种抽象文化资本的情况可能会更常见。这在法国已经出现了(Bourdieu et al., 1974)。在美国可能也会有同样的情况发生;在加州雇主调查中,那些最努力推动种族融合的组织恰恰也是对教育水平要求最高的组织。

（r=0.23）显著相关，与白领教育要求（r=0.24）、蓝领教育要求（r=0.17）和管理人员教育要求（r=0.20）的相关性则接近0.05的显著水平。1946—1947年的纽黑文和北卡夏洛特研究（参见表1.2）也证实，在规模更大、组织形式更具有全国性的公司里，对教育水平的要求也更高（Noland and Bakke, 1949：78）。

教育的技术–功能主义理论可以用来解释这一证据：精英学校提供了最好的技术训练，大型全国组织则要求最高的技术水平。为了证明这一点，我们需要同时检验技术与组织地位相矛盾的情况。加州雇主调查提供了这方面的数据，检验了规范控制与组织优势的效应，同时控制了组织的技术现代化程度，后者是根据过去六年里的技术和组织形式变化来测量的。技术变化确实与管理人员（r=0.13）和蓝领工人（r=0.26）的教育水平显著相关（但与总体和白领雇员的教育要求并不显著相关），从而为教育的技术–功能主义理论提供了一部分支持。

但是，到目前为止我们看到的关系有可能并不是真实的。例如，大型组织也许恰恰是技术变革最快的组织，因此它们对教育水平的高要求也许是出于技术需要，而不是取决于组织的全国优势。为了控制这种可能的伪关系，所有重要变量——组织规模、技术变化以及对规范控制的强调——都作为控制变量加入了对教育水平要求的分析。表2.1到表2.4中的结果显示，每一个变量都对教育水平要求有独立的影响，但每一个都在其他变量较弱的组织环境中影响更强。技术变革只在小型本地组织和不强调规范控制的组织中对教育要求有显著影响。组织规模和全国优势则在技术变革率较低和不强调规范控制的组织中对教育水平要求有显著影响。对规范控制的强调在低技术变革、低全国优势的小型组织中会带来更高的教育水平要求。这里似乎存在一个天花板效应：对规范控制的强调、高全国优势指数或高技术变革率都能带来高教育要求；然而在其中一个变量已经带来高教育要求的环境里，加入其他变量并不能带来显著变化。

表 2.1　组织类型与教育水平要求之间的关系强度，控制了技术变革和组织规模

	γ	p <	N
组织类型与教育指数	0.40	0.001	307
低技术变革	0.54	0.001	144
高技术变革	0.21	0.01	148
少于250名雇员	0.50	0.001	130

续表

	γ	$p <$	N
250—999 名雇员	0.24	0.20	122
1000 名雇员以上	0.26	0.30	55
组织类型与白领教育指数	0.33	0.01	306
低技术变革	0.49	0.001	144
高技术变革	0.14	0.50	147
少于 250 名雇员	0.53	0.01	130
250—999 名雇员	0.16	0.20	121
1000 名雇员以上	0.06	0.70	55
组织类型与蓝领教育指数	0.04	0.98	282
低技术变革	0.15	0.80	128
高技术变革	-0.07	0.95	139
少于 250 名雇员	-0.46	0.70	120
250—999 名雇员	-0.26	0.70	121
1000 名雇员以上	0.32	0.50	56
组织类型与管理人员的教育水平	0.31	0.001	282
低技术变革	0.51	0.01	131
高技术变革	0.07	0.05	138
少于 250 名雇员	0.53	0.02	125
250—999 名雇员	0.08	0.01	114
1000 名雇员以上	0.21	0.70	48

数据来源：1967 年旧金山湾区雇主调查（San Francisco Bay Area Employer Survey, 1967）。

表 2.2　组织规模与教育水平要求之间的关系强度，控制了科技变革和组织类型

	γ	$p <$	N
规模与教育指数	0.29	0.001	307
市场组织	0.34	0.01	226
公信组织	-0.06	0.20	81
低技术变革	0.44	0.01	144
高技术变革	0.10	0.20	148
规模与白领教育指数	0.28	0.001	306
市场组织	0.37	0.001	225
公信组织	-0.12	0.70	81
低技术变革	0.40	0.01	144
高技术变革	0.14	0.50	149
规模与蓝领教育指数	0.25	0.05	282
市场组织	0.50	0.10	217
公信组织	0.25	0.20	65
低技术变革	0.49	0.10	127
高技术变革	0.05	0.95	139
规模与管理人员的教育水平	0.26	0.01	287
市场组织	0.33	0.01	209
公信组织	-0.09	0.10	78
低技术变革	0.36	0.10	137
高技术变革	0.16	0.10	136

数据来源：1967年旧金山湾区雇主调查（San Francisco Bay Area Employer Survey, 1967）。

表 2.3 国家发展与教育水平要求之间的关系强度，
控制了组织种类、规模和技术变革

	γ	$p <$	N
国家发展与教育指数	0.23	0.05	287
市场组织	0.39	0.01	226
公信组织	0.14	0.10	81
少于 250 名雇员	0.21	0.20	130
250—999 名雇员	0.27	0.20	122
1000 名雇员以上	0.19	0.30	55
低技术变革	0.33	0.02	144
高技术变革	0.11	0.70	148
国家发展与白领教育指数	0.24	0.10	306
市场组织	0.39	0.01	225
公信组织	0.01	0.80	81
少于 250 名雇员	0.23	0.70	130
250—999 名雇员	0.22	0.70	121
1000 名雇员以上	0.28	0.50	55
低技术变革	0.30	0.10	144
高技术变革	0.17	0.30	147
国家发展与蓝领教育指数	0.17	0.10	283
市场组织	0.22	0.10	217
公信组织	-0.06	0.30	65
少于 250 名雇员	0.15	0.20	120
250—999 名雇员	0.24	0.05	111

续表

	γ	p <	N
1000名雇员以上	0.02	0.10	41
低技术变革	0.28	0.20	127
高技术变革	0.13	0.20	139
国家发展与管理人员的教育水平	0.20	0.10	282
市场组织	0.35	0.05	209
公信组织	-0.09	0.70	78
少于250名雇员	0.24	0.30	125
250—999名雇员	0.27	0.10	114
1000名雇员以上	-0.02	0.30	47
低技术变革	0.31	0.20	137
高技术变革	0.09	0.50	136

数据来源：1967年旧金山湾区雇主调查（San Francisco Bay Area Employer Survey, 1967）。

表2.4 技术变革指数与教育水平要求之间的关系强度，控制了组织类型和规模

	γ	p <	N
技术变革指数与教育指数	0.12	0.20	292
市场组织	0.23	0.02	214
公信组织	-0.14	0.30	78
少于250名雇员	0.21	0.10	123
250—999名雇员	-0.01	0.20	117
1000名雇员以上	-0.19	0.50	52

续表

	γ	$p<$	N
技术变革指数与白领教育指数	0.12	0.20	291
市场组织	0.22	0.01	213
公信组织	-0.12	0.50	78
少于 250 名雇员	0.20	0.05	123
250—999 名雇员	0.04	0.50	116
1000 名雇员以上	-0.16	0.50	52
技术变革指数与蓝领教育指数	0.26	0.02	267
市场组织	0.30	0.10	205
公信组织	0.14	0.50	62
少于 250 名雇员	0.47	0.10	113
250—999 名雇员	0.14	0.20	106
1000 名雇员以上	0.03	0.80	48
技术变革指数与管理人员的教育水平要求	0.13	0.001	272
市场组织	0.24	0.001	198
公信组织	-0.14	0.70	75
少于 250 名雇员	0.14	0.01	118
250—999 名雇员	0.11	0.05	105
1000 名雇员以上	-0.06	0.50	46
技术变革指数与专业人员的教育水平要求	0.14	0.98	225
市场组织	0.16	0.70	157
公信组织	0.13	0.98	70

数据来源：1967 年旧金山湾区雇主调查（San Francisco Bay Area Employer Survey，1967）。

通过比较每个变量在其效果较强的环境中（例如在其他组织变量较弱的环境中）体现出的强度，我们就可以比较规范控制、优势指数与技术变革的相对效果。在除蓝领教育要求之外的所有层级上（蓝领教育要求更多受到组织规模和技术的影响），对教育水平要求的最强决定因素都是组织控制类型，其次是优势指数（通过组织规模或全国优势来衡量），而技术变革的效果则是最弱的。[1]技术变革在解释较高等级工作的教育要求上效果最弱，这与一项对全国规模的公司高管进行的研究结论相符；该研究发现，比起迅速发展的公司，在经济上最缺乏活力的公司里反而有着教育程度最高的管理人员（Warner and Abegglen，1955：141-143，148）。

---

[1] 对总体教育要求来说，规范控制与它的相关性是0.54和0.50；组织规模的相关性是0.34和0.44；优势指数的相关性是0.39和0.33；技术变革的相关性是0.23和0.21。对白领教育要求来说，规范控制与它的相关性是0.49和0.53；组织规模的相关性是0.37和0.40；优势指数的相关性是0.35和0.31；技术变革的相关性是0.24和0.14。对蓝领教育要求来说，规范控制与它的相关性是0.15和−0.46；组织规模的相关性是0.50和0.49；优势指数的相关性是0.22和0.28；技术变革的相关性是0.30和0.47。另外一种比较这些变量对教育水平要求影响大小的方法是看它们在没有控制变量的情况下有怎样的效果，不考虑其他变量的影响。对总体教育水平来说，组织控制类型的相关性是0.40，组织规模是0.29，优势指数是0.23，技术变革则是0.12。对白领教育水平来说，组织控制类型的相关性是0.33，组织规模是0.28，优势指数是0.24，技术变革则是0.12。对管理人员教育水平来说，组织控制类型的相关性是0.31，组织规模是0.26，优势指数是0.20，技术变革则是0.13。对蓝领教育水平来说，组织控制类型的相关性是0.26，组织规模是0.25，优势指数是0.17，技术变革则是0.04。无论怎么看，排列顺序都是相同的。

文凭和流动壁垒

最后,我们来考虑一下组织内部的职业流动通道。尽管精英管治理论格外强调职业前景的开放性,但在现实生活中,主要的职业类别之间却有着类似种姓制度般的隔离。

加州雇主调查在这一方面提供了格外发人深省的证据。表 2.5 显示了不同职业层级中最常使用的招聘渠道。体力劳动者主要通过工会招聘,文书人员则主要通过中介招聘。唯一通过学校和大学招聘的职位是专业人员。招聘渠道最集中的则是管理人员:样本中 73% 的雇主声称,他们会按次序从内部提拔管理人员。

表 2.5 组织中不同招募渠道的比例,按职业类型划分

招募渠道	专业	管理	文书	销售	技术	半技术	非技术	服务
直接雇用	15	6	16	24	11	14	24	33
中介	20	6	56	18	12	10	20	21
学校和大学	15	2	1	2	1			
工会	2		5	7	43	45	41	31
报纸广告	17	5	12	11	12	7	5	8
内部提拔	10	73	2	22	11	13	4	
个人推荐	9	4	2	15	5	2	3	3

续表

招募渠道	专业	管理	文书	销售	技术	半技术	非技术	服务
转聘	4	3	1	2				
其他渠道	7	2	4		6	8	4	4
总数(%)	99	101	99	101	101	99	101	100
调查数量	261	302	304	166	247	239	244	207

数据来源：1967年旧金山湾区雇主调查（San Francisco Bay Area Employer Survey, 1967）。

这种说法当然在一定程度上是理想化的。正如其中一位人事部经理用不容置疑的确信口吻说出的陈词滥调中所体现的普遍哲学："没有无出路的工作，只有无出路的人！"无数受访者都有类似的评论。"在这家公司里要想晋升，没有人为制造的障碍。人有多少才能，就能走多远。"就像大部分意识形态一样，这种声明与现实有一定的联系，但也同样像大部分意识形态一样，它将现实大大地理想化和简单化了。

如果雇主真的认真考虑从内部提拔管理人员，我们应该会看到他对管理人员有较低的教育水平要求。然而，在主要从内部提拔管理人员的组织和不这么做的组织之间，对管理人员教育水平的要求并没有显著差别。就连那些主要从内部招募管理人员的组织，对管理人员教育水平的要求也比除了专业人员之外的其他职位要高得多（参见表1.2）。那么，他们到底是从哪里招募的管理人员？更高的管理职位无疑是由较低层的管理人员来填补的，但较低层的管理人员又从何而来？有些人事经理声称，他们通常会从内部招募管理人员，但又跟着补充道，目前的管理人员也许不会被下层管理人员所代替。就像这些组织一样，许多公司解决这一问题的办法都是从外面进行招募。许多人事经理都声称，从外部招募时大学文凭是必须的，但从内部提拔时则并非如此。

我们可以推测，管理人员很少会来自体力劳动层级。当雇主谈及任何工作都有"晋升可能"时，他们的意思是说，任何初级工作之上都有其他让雇员渴望的职位。他们通常并不是想说（除了在最模棱两可的、理想化的表达中）：存在一种明确的从底层到顶层的晋升通道。从非技术和服务职位到技术职位以及领班职位，这中间几乎总是存在一种晋升阶梯，访谈中的雇主也常会主动谈及这种晋升有多常见。然而，并没有哪位雇主曾自豪地提到，组织中有人从体力劳动职位晋升到非体力劳动职位，而有些无心的评论则说明，雇主认为体力劳动与非体力劳动（以及文书）岗位之间是彼此严密隔绝的，尽管这两个种类内部各自都有着广阔的机会。

有更系统的证据证明了这一印象。当提到通常由内部晋升来填补的职位时,雇主提到管理职位的频率与其等级相关(参见表2.6)。高层管理职位最常被提及,底层管理职位则很少被提及。类似地,高层文书职位也最常被当作由内部提拔填补的职位而提及,而底层文书职位则最少被提及;这一模式也存在于技术体力劳动者中。

表2.6 通常经由内部提拔的工作比例

提到特定分类的比例			
管理人员与官员	54.7	技术岗位	19.9
经理、官员、文书管理人员	21.6	工头	10.5
部门经理或主任	10.4	调度员	1.3
助理部门经理或助理部门主任	2.9	熟练工	2.9
商店经理	2.3	其他技术岗位	5.2
助理商店经理	1.6	半技术岗位	8.1
主管或主管类工作	9.4	卡车司机	0.3
生产线主管	4.9	技术行业领域的学徒	0.3
其他管理岗位	1.6	机器操作人员	2.0
专业与科技岗位	11.1	装配工	0.3
讲师或教师	0.3	印刷工、切割工人、校对人员	0.7
注册护士	0.7	检查员	0.3

续表

工程师、化学家	2.0	其他半技术岗位	4.2
会计师	1.0	非技术岗位	1.0
绘图员	0.3	汽车上油和洗车工（维修厂）	0.3
工程技师	0.3	其他非技术岗位	0.7
实验室技术人员或助手	0.7	服务岗位	5.9
其他职业和技术岗位	5.8	保管人领班	1.9
销售岗位	7.2	警察和消防员（初级以上）	0.7
销售员	6.9	餐厅服务生	0.3
初级销售员	0.3	厨师	1.0
文书岗位	16.9	护士助理和护理员	0.3
高级或顶级文书工作	12.0	园丁和球场管理员	0.7
文书工作或办公室工作	2.6	打杂等	0.3
秘书	1.3	其他服务岗位	0.7
仓库管理或运务员	0.3		
其他文书岗位	0.7		
所有人都是通过内部提拔获得该工作		19.9	
几乎所有人都是通过内部提拔获得该工作		21.8	

没有人通过内部提拔获得该工作	2.6
提到具体工作或分类	55.7
总数（%）	100
调查数量	307

数据来源：Gordon and Thal-Larsen（1969，Table 8.11）。

如果我们比较管理人员与技术工人的教育要求，很明显，很少有技术工人能被提拔到管理层级，除非他们辞职重新回到学校拿个学位再回来。一名人事经理通过强调内部晋升的标准而概括了这种情况："我们从来不会雇用一个无法被提拔的人。我们的档案管理员都接受过做秘书的训练。"

文书人员也很少会被提拔到管理位置上。在这种情况下，这种隔离系统是基于性别的：文书人员大部分是女性，而女性除了能被提拔为文书类的主管之外，很少会成为管理人员。管理人员与文书人员的教育要求之间有明确区别：后者的标准一般是高中，前者则是大学毕业。[1]

---

[1] 调查显示，相对来说很少有组织中超过 5% 的管理人员是女性，且这些组织集中在一部分产业中：医疗、教育、个人服务；政府；财务；以及特定种类的贸易（百货商场、服装制造、饮食场所等）。也就是说，女性作为管理人员的组织是（1）雇用大量女性的组织（学校、医院、百货商场）或有主要由女性担任的专业职位的公司；（2）有较大规模文书部门的公司（因此制造了大量文书部门内部的管理岗位）；（3）提供与传统女性家庭角色相关服务的组织（服装贸易、服装制造、餐厅等）。在组织的白领部门里，女性很少能够获得与其人数成比例的管理职位。参见 Collins（1971：3-6）。

组织对管理人员的主要招聘渠道是通过销售和专业职位。多名人事经理都提到，管理人员没有初级岗位，他们还主动提供信息称，管理人员很可能是作为专业人员被招募进来的。很显然，雇主对"专业"职位的定义比专业协会要宽松得多；25%的雇主提到专业职位的教育要求至少是大学学位，10%则提到了低于高中文凭的教育要求（表2.2）。类似地，10%的雇主提到他们是从内部招募专业人员的（表2.5）。很可能许多雇主认为任何行政或技术职位都是"专业职位"。[1]许多研究都显示，行政职位与业务职位之间经常发生流动，专业职位与管理职位之间也是一样。

当雇主从内部招募管理人员时，他们主要指的是从组织内部的其他高级职位和专业职位上招募。此外，无论工作的实际内容是什么，对"专业"职位来说，"内部招募"的意识形态通常并不适用。从内部招募管理人员的组织（很可能是从专业职位上）跟其他组织一样对专业人员有很高的教育要求。前者中有74%要求管理人员有大学或以上学位，后者则是78%，且二者的差别在统计上不显著。

在组织中，要想跨越体力与非体力工作的鸿沟，教育水

---

[1] 在任何组织环境中，比起技术变革率低的组织，技术变革率高的组织对被认为是技术岗位的职位并没有更高的教育要求，这一事实也印证了这一点。

平成为晋升路途上不可逾越的障碍（文书－管理职位之间的障碍似乎较少源于教育要求，部分是因为这太具争议性；它更多是明目张胆地来源于性别）。"内部提拔"的意识形态被用来掩盖这一障碍，这一意识形态甚至在实践中也被实行，但只能在有限的范围内进行。以从专业人员中提拔管理人员这一组织借口为掩盖，教育水平要求成为管理职位与体力劳动职位之间的鸿沟。一家大型知名银行的人事经理委婉地描述了这一现状：

> 从清洁工到高级副总裁的道路已经关闭。要想获得任何位置，教育都是不可或缺的，因此我们不能再直接雇用高中毕业生。这对那些无法继续获得教育的年轻人来说是一个很严峻的问题。

结论

如此多的证据证明了什么？显然，这些证据直接与现代社会的精英管治理论以及教育的技术-功能主义理论相抵触。我们确实发现，在制造业和相关的材料分配部门中，技术进步一定程度上与较高的教育水平要求相关，特别是对蓝领工作来说更是如此。但是，大量证据都指向了反面。在个人层面，教育与工作效率并不相关，而且工作技能主要是从实践机会中学到的，为组织创新而进行的再培训为这一点提供了充足的证据。社会流动调查和对工作的观察性研究都显示，为争夺职位而发生的社会冲突远远压倒了为提高技术效率带来的压力，而在这些冲突中，对特定文化群体的归属能够成为关键的武器。

因此，那些强调规范控制（也就是文化社会化）的组织和大型全国性官僚组织更加强调教育文凭，这一点并不足为奇；这些因素比技术变革更加重要，这也并不令人惊讶。这种比较研究的组织证据既有普遍的理论价值，也有历史价值。大型全国性官僚组织与小型本地组织之间的区别，实际上是盎格鲁-新教徒上层阶级所控制的组织与那些由天主教及其他少数族裔所控制的组织之间的区别。与这一变量相互作用的则是另一个变量："公信"组织与"市场"组织，这一区分基本上（也许不是完全准确）是经济中第三部门与第二部门的区别。这里的证据与我们即将在接下来的章节中看到的历史分析相吻合，后者强调了两个主题：其一是美国经济中的族裔组织，其二是20世纪高产能技术在创造大型"闲职部门"方面所起的作用。

第三章 文化的政治经济学

第一章和第二章讨论了社会分层的一些基本问题：人们如何获得工作职位以及与之相关的金钱和物质回报，从而形成财富分配。那么，问题也就来了：在这一过程中，谁能从中获得什么？技术-功能主义理论解释了教育的重要性，并提供了看待职业分层过程的一种观点：人们通过在技能市场上竞争获得职位，并根据自己劳动产出的边际回报按照比例获得报酬。那些有技能来生产相对最受欢迎的商品和服务的人，也就能获得最高的回报。然而，之前章节提供的证据并不支持关于教育在事业发展中所起作用的精英解释理论，因此这种普遍性更强的解释也就难免令人怀疑。

同样的证据还提供了另外一种解释。人们十分关注获得和控制职业权力与收入的过程，而不是仅仅（或主要）考虑用技能去促进生产效率最大化。这并不是说没人在从事生产，而是说，就像我们已经看到的，大部分组织都很难衡量雇员优秀与否，特别是在白领阶层更是如此；雇员们的社会组织还会有意阻挠准确衡量工作表现。技术水平最高的雇员并不会拿到最高的报酬，反而更可能处于组织的中低层（以及中层的分支机构里）；通往权力与收入的最重要路径必须通过组织政治和管理才行。

生产劳动与政治劳动

这也就是说，不仅仅有生产劳动（productive Labor），还有政治劳动（political labor）。对于后者，我主要指的是在组织政治中灵活调度的努力。生产劳动主要对财富的物质生产负责，而政治劳动则为财富的分配确立了条件。人们根据自己的生产贡献而获得报酬，但这并不会自动发生；正是因为政治劳动塑造了组织结构和劳动市场，这一切才成为可能。更普遍来说，职业收入的分布取决于工作过程中的政治劳动。

政治劳动首先是在组织内部或组织之间形成社会联盟，并用来影响其他人对工作现实的认知。这两个过程齐头并进，且通过同样的方式：社交网络通过沟通过程来形成，对社会现实的建构也取决于沟通。两者都受到文化资源的重要影响。

组织政治的结果是塑造了收入、工作以及组织结构本身。

这个过程是通过三种方式来进行的。第一，如前所示，组织会设立门槛，也就是一个职业的准入要求。第二，组织内部存在结构性的职位通道，有些职位是死胡同，有些是自给自足地从分支机构里晋升而来，有些允许转职和轮换，有些可能晋升到顶层，等等。第三点也是最普遍的，组织内部会塑造"职位"本身：什么样的工作被放到一起，或是被区分为个体雇员的不同责任，对这种职位来说多少人是必要的；任期是多久，报酬用怎样的方式发放（计件、时薪、月薪还是佣金等），等等。

在所有这些方式中，政治过程可能会涉及组织中的多个群体。最明显的是，管理人员自己会出于利益来控制准入要求、事业发展顺序和职位。他们这么做不只是为了控制成本和生产效率，也是为了通过各种安排来控制下属。[1]管理人员也很重视对自己的职位和事业的塑造。由于他们卷入了组织内部的政治过程，管理人员在这一塑造过程中必须与其他人结为联盟，并且常常也会与其他个体和群体为敌。因此，

---

[1] 以下研究提供的历史分析说明了工作职位并不是通过必不可少的技术来塑造的，而是通过管理人员极力最大化对工人的控制来塑造的：Braveman（1974），Maglin（1974），Stone（1975）。

职位塑造可能是复杂的，要对其他人的行动作出反应，最后的结果则也许会与任何一方预想的都不同。

如果我们不仅仅考虑有直接权限的管理人员，而是将组织中其他参与塑造职位的人都考虑在内，这一切就更加确凿无疑。专业和技术人员哪怕没有明确的决定权，也具有相当程度的影响力，能够"专业地"定义组织中有什么或者即将遇到什么技术问题，因此能够决定组织需要多少专家，以及这些专家需要怎样的资质。表面上人微言轻的体力劳动者对职位塑造有着更加强大的武器：他们的非正式组织决定了他们会对工作付出多少努力，进而也就决定了产出率，并间接决定了某一类工作"需要"多少工人。在正式的方面，工会和专业协会能要求组织设立一定的准入要求和工作描述，有时甚至能决定职业通道；在非正式的方面，工人能够通过排斥特定群体的成员或破坏该群体来控制职位选拔过程，有时是通过影响准入要求，有时则是为组织中不受欢迎的工人特别设立次级专业分工[1]。这些过程会彼此影响，因此，组织形态和由此产生的收入分布来源于复杂的斗争。

如果我们通过组织斗争中使用的意识形态分类来看待组

---

[1] Hughes（1958）描述了美国职业中的一种趋势：将"脏活"推给新的次级技术工人。

织和职业，就会发现这一过程是隐蔽进行的。组织通常被定义为工作完成的场所；组织结构被认为是劳动分工的方式，而职位则被认为是工作角色。但是，工作本身和分工方式并不能为职位和组织结构提供一个中性的基础；相反，它们被作为权力资源加以挪用和分配。

想想蓝领和白领的分野吧。这实际上意味着工资（wage）和薪水（salary）模式的区别（毕竟，被认为是白领的技术人员乃至"专业人士"也要靠双手来完成工作），也就是说工作任期上的区别。付工资的工作明显更多是短期的，付薪水的职位则更多是长期的，因此两者面对变化无常的劳动市场得到的保护也就不同。这一差别也反映了不同的职业通道；二者属于相互独立的雇佣部门，各自都有底层的初级职位，相互之间无法交叉晋升。考虑到这一组织分野的存在，随之而来为争取利益而进行的调度也会加强这种结构，例如长期雇佣的蓝领工人会通过推动资历规定（seniority rules）来试图晋升到蓝领部门中受保护的职位。某些组织（例如美国警察局）会从底层提拔雇员，这说明其他结构也是可能的（Skolnick，1966），是特定的权力安排制造了普遍存在的二元分化模式。类似地，在大部分现代组织里，文书人员都有着另外的一套层级，几乎完全基于性别隔离，通常也与不同的工资等级挂钩；在不同的权力条件下，可能会发展出完全不同的职业通道和工作责任。事实上，在19世纪晚期女性秘书出现之前，秘书职位与其他行政工作并无区别，也能从副手或学徒的地位上获得晋升可能。

因此，**生产劳动**和**政治劳动**的区分对理解组织塑造和由此带来的雇员分层是十分关键的。这一区分隔离了两个主要的社会阶级：工人阶级从事生产劳动，统治阶级则从事政治劳动。两个阶级都会付出能量，但被统治阶级生产了财富，而统治阶级则决定了财富的分配方式。

然而，生产劳动与政治劳动之间的区分是抽象的；在现实生活中，一个人可以同时从事这两者。想想现代工作职位的范围吧。有些几乎完全是物质生产工作，负责生产食物、房屋、衣服和其他生活必需品。其他工作则完全是统治活动，例如实施或威胁实施暴力（军队和警察）。有些工作主要是为了获得和保住政界职位以及闲职（闲职在非政府组织和政府中普遍存在），有些则主要生产文化资源（如教育界和传播界）。其他工作则处于中间领域，因为物质生产不仅关乎体力劳动，也关乎运输和分配，以及计划生产及分配的沟通与文书工作。不过，从事这些活动的人——组织中的白领部门——并不是独自参与这些活动的。我们不能被日常对工作的定义所误导，因为书面定义仅仅是基于生产劳动的。事实上，许多白领工作都涉及政治劳动，关乎试图控制他人和保护自己不受他人控制的自主性。也许文书工作中的主要部分就是此类沟通活动——会议、文件、报告、记录——这些与物质生产没有关系，但却是不断进行的政治调度的一部分；通过这些活动，人们能够主动争取支配权，或只是打着工作的旗号消磨时间。

因此，我们对生产劳动和政治劳动有了分析上的区分。任何工作都可能在这二者之间以不同的比例分配。"工人阶级"（生产劳动）与"统治阶级"（政治劳动）可能同时出现在同样的工作中。正是每个个体日常生活中混合的阶级条件，制造了不同阶级的文化以及他们对权威的态度。证据表明（Collins，1975：61-87），个体的态度究竟如何，要视其自身具体情况而定。因此，人们并不一定会明确落入阶级分类中，而是可能属于更细分的利益群体。我们要记住，就连接近物质生产部门核心的职位也有政治元素。重要的蓝领部门（特别是高层工人阶级）有文化资源和组织资源可以用来影响自己的处境；这可以通过正式的工会，但更重要的是通过工作中非正式的社会关系。结果，他们在工作时间可以做一些非工作相关的事情，用来共同控制工作节奏；他们还能在一定程度上垄断更容易或报酬更高的工作，或是用来提高工作保障和任期。

可以认为，现代职业世界的总体结构是对"政治"资源不同程度的占有，这种资源能够用来控制工作条件和占有工作成果；因此，它可以被视为生产劳动与政治劳动在不同程度上的混合。在这个混合体的一端是相对保护较少的体力劳动者，他们直接从事生产工作；另一端则是纯粹的政治劳动者，他们主要从事意识形态、财务和政府等上层建筑的构造。工人阶级上层和管理阶级中层都包含了混合的活动，前者利用组织政治资源来减少压力并收割生产工作的成果，后者则以计划和分配活动为核心，建立起了一道精心制造的行政管理政治的屏风。

闲职与职位财产

社会阶级可以通过他们占有的财产来划分，但是这种"财产"中最重要的形式并不限于传统的物质与金钱所有物。相反，劳动市场中的"职位"塑造构成了最直接的财产形式。"职位"这个词本身只是一种比喻（尽管它广为流传并被视为理所当然），用来形容特定个体在特定工作条件下一系列恒定的行为模式。事实上，物质与金钱财产（property）也是一个类似的比喻,因为财产关系是一种行为,是面对特定对象和人物时的特定行动,而不是所有者与所有物之间的物质关系。在日常生活中,决定大部分阶级组织和阶级斗争的是**职位中的财产**(property in positions)。物质与金钱财产(除了自有住所之外)集中在相当有限的群体手中,但职位财产却是在整个人群中塑造着阶级关系,并有很大的变动范围。经济斗争的实际细节就是在这一层面展开的。

技术变革在这一背景下带来了十分奇怪的结果。对大部分工作来说,技术要求并没有因此提高太多;只要一个人识字,大部分工作都能通过日常实践来学习。对内要求不同寻常的漫长训练或技能的专业工作十分罕见。"系统"并不会"需要"或"要求"特定的工作表现;它"需要"它得到的东西,因为"它"只不过是一种谈论当时当下事情如何发生的潦草方式罢了。人们工作有多努力、多灵巧、多聪明,这取决于其他人在多大程度上能要求他们这么做,以及他们在多大程度上能支配其他人。技术进步能带来的是提高生产的财富总额,并让**塑造职位财产的斗争愈演愈烈**;这不是因为生产的必要性,而是因为增长的财富激化了对**分配**的争夺。

我们生活在这样一个时代里:机器与组织技术已经十分强大,能让所有人都在付出相对较少体力劳动的情况下以十分舒适的标准生活。[1]人们已经对此思索了许久，有时带着希望，有时对阻挠这一趋势的力量心怀愤怒，有时则害怕这会带来无聊和缺乏目标的生活。但实际上，社会并没有转向由娱乐休闲主导，至少这种转向十分缓慢，看起来似乎并没有什么改变。大部分人仍然每周工作很长时间；最高层的职位则需要每周花更长时间工作（这一群体中有相当大的比例每周要工作55小时以上）；已婚女性中有很大比例参与工作；许多人同时有几份工作（Wilensky，1961）。

为什么会这样？如果我们想到，社会中最常见的休闲方式也是最不受欢迎的，一切就迎刃而解了：那就是失业。人们之所以工作，是因为工作是财富分配的方式。为失业者提供保障的福利系统尽管面临许多反对声音，却对财富再分配作用很小（Pilcher，1976）。之所以有些人很富有，是因为他们或其家人的工作控制了财富最多的大型组织。其他人则在保障我们生活的组织财产系统中有着一席之地。失业者（或继承了边缘职位的人）对社会中主要的财产资源并无权力（通常也没有政治影响力），这就是他们贫困的

---

[1] 1850年，美国在工作中使用的能量65%是由人类和动物制造的，28%是用风力、水能和木头制造的。到了1950年，这些总共制造了1.6%的能量，其他全部来源于电能、煤炭和石油。同时，能量产出几乎增长了十倍（Lenski，1966：298-299）。

原因。

考虑到理论上能带来高休闲社会的技术管治论，关键问题在于：**谁来控制它？**答案很明显：在一个大众休闲的社会里，那些少数工作的人将会得到最多的财富。米歇尔斯（Michels，1949）发现，控制政党中行政系统的人能够获得最多的利益，在更广泛的层面上也有类似的现象。正因如此，我们才没有转向一个高休闲的社会，尽管技术能力早已达到了这一程度。我们为或多或少很简单的工作建立了多余的结构，其中充斥着没事找事的闲职，不仅因为现代技术允许我们这么干，也因为想要工作的大众带来了政治压力。因此，我们有着庞大的政府雇佣系统（包括教育），工会部门有着繁复的工作规章来保护自己，寡头企业中庞大的劳动力则不断保持繁忙，并寻找新产品来正当化自己的工作。实际上，休闲已被纳入工作本身。因此，技术进步并不会要求人人都要努力工作和接受长时间的训练，而是会让组织要求变得越来越表面化和随意。

本斯曼和维迪奇（Bensman and Vidich，1971：5-31）提供了一些理由，来解释为什么我们得以转向这种"闲职社会"：技术带来的生产力本身制造了现在被广为承认的"凯恩主义"问题[1]，那就是如何保持消费者的需求，从而防止经济衰退。政府雇佣的大规模扩张正是这一问题带来的结果。另一个结果则是政府通过将越来越多的执照分配给连锁和专业寡头来为第三部门提供保障。在最大的制造业公司里也存在私人企业的闲职，这些公司有着较高的教育要求和复杂的职位分工，他们的休闲补贴是通过销售展会、激励项目和再培训项目来提供的。大型组织的控制部门哪怕是以提高生产效率的名义建立的，也会提高非生产的闲职部门比例。明确的计划和成本核算部门会将自己的成本加到组织身上，并将财富转移给自身成员；保险部门和执法部门也是如此。在这些领域，上上下下对控制权的争夺都证实，在组织的每一个层级都存在政治元素。保险公司接到的索赔越多，公司接到的工会和种族歧视投诉越多，专门处理这些问题的制度化部门就会不断增长，导致组织中有更多人卷入斗争来强化自己的职位财产。闲职部门因为人们争夺对它的控制而变得愈发庞大起来。

也许有人会问：为什么经济市场的理性没能抑制这种

---

[1] 凯恩斯主义（Keynesian），凯恩斯主义经济学是基于英国经济学家约翰·凯恩斯的思想基础的经济理论，认为对商品总体需求的减少是经济衰退的主要原因，因此主张国家应采用扩张性的经济政策，通过增加总体需求来促进经济增长。——译注

浪费，让这么做的组织倒闭？事实上，在经济市场的主要部门里，这一过程并不成立。政府组织无须参与竞争，也很少会面临有效的让它们市场化的政治压力。大型公司恰恰能够负担得起这种内部再分配，因为它们垄断着市场，而且通常还有政府政策作为保障；外部竞争并不能让它们降低内部成本，因为官僚组织的复杂性和股票所有权与直接管理之间的剥离让它们无需对自己之外的任何人负责。具有讽刺意味的是，在技术管治论的维护者看来，恰恰是那些得到高度保护的组织因为技术变革而获益，而那些无法在市场中得到保护的小型组织则因技术的落后而面对动荡和相对贫困。这只不过是在用闲职部门自己的意识形态来重复它们的自吹自擂罢了。

在经济衰退时，谈论闲职的普遍存在和生产的"奢侈"或"浪费"本质可能看起来不那么协调，但只有在技术管治的意识形态下才是如此。通货膨胀和市场需求不足带来的经济危机，也许恰恰是闲职系统的不公平所带来的结果。物质财富与休闲同时集中在一部分人手里，另一些人则面临经济困难，同时可能所有人都内心焦虑；这在经济史上并非没有先例。技术带来的高生产力在经济危机中并没有消失，因为经济危机归根结底发生在财富的分配而不是生产上。

因此,"政治"领域存在于所有的组织和职位网络中,而不仅仅是存在于正式的政府结构中;在间歇性生产过剩危机的压力下,财富再分配主要是以重塑职位财产的形式在进行。这之所以能实现,一方面是通过增加能够进入政治领域上层建筑的人,特别是政府和文化生产部门,另一方面则是在职位结构中普遍增加非工作活动的比例。

韦伯毫无疑问会同意这种分析。尽管他没有机会观察到高技术社会中的权力关系,但他的历史研究充分讨论了"名誉牧师"(prebends)这一概念;这一职位存在的目的就是独占收入,这一点人人皆知。如果社会中不存在工业时代风格的技术管治意识形态,那么它可能会更诚实地将名誉牧师获得的收入称为"俸禄";在权力条件的变化之下,纯粹出于财务考虑,这一职位常常可以被公开买卖,也可以合并和分割。在20世纪,这种职位隐藏了自己的本质,但实际上并未发生根本性的改变;现在,人们不会直接购买职位,但却会投资教育文凭,而后者(取决于这一文化通货系统在金钱价值上的变迁)则被用来购买在劳动市场上相互竞争的各方势力保护下的工作。

"闲职"这个词在中世纪时有一种令人尊重的意味,因为它反映了一个人能从教皇或国王那里购买的理想"生活"。[1]如今,这个词变得声名狼藉,因为它冒犯了寡头系统合法化的现代社会中的精英管治观念。但是,这种结构安排的重要性在富有的工业社会中显得格外重要,在这种社会里,几乎所有的工作中都多多少少纳入了休闲元素。在政府官僚机构的缓慢步调中,这一点表现得尤为明显;在竞争性强的某些学校和为争夺对特权的垄断而进行的政治争斗中则表现得不那么明显。但是,这种为了逃避工作而去创造和维护某些条件的努力,与那些生产物质产品的工作在分析上却是截然不同。前工业社会的工作分工依然明显存在:一边是贵族、战士或通过政治活动来维护或加强其地位的人,一边是平民;贵族们为支配平民生产的物质产品而争斗。在工业社会的美国,贵族与平民依然存在,而且有时还会存在于同一工作内部。[2]

因此,对我们来说,最主要的问题就是:究竟是什么决定了人们如何塑造组织中的职位财产?组织政治的资源是什

---

[1] 获得"闲职"的人能够得到牧师的收入,但却不用承担"疗愈灵魂"的责任。
[2] 生产劳动与政治劳动这两个领域中普遍存在一种非正式的气氛,这一点发人深省。在体力劳动者中,如果他们对自己的工作节奏有一定的控制能力,他们中就会流传一些带有讽刺性的玩笑话,诸如:"嘿,快去工作!""今天干活了吗?"之类。相反,在专业人员和管理人员中,常见的模式则是作出一副日理万机、忙得不可开交的样子。那些被要求去做真正的物质生产工作的人显得超然出世,对组织政治争斗漠不关心,而组织中的政客们则必须装模作样,表现出自己为了争夺控制权而不遗余力,同时用生产工作的意识形态来掩盖这些努力。

么,以及最重要的,我们基于什么可以预测这种资源在时空上的分布?对任何形式的政治来说,最主要的武器都是组成同盟,以及在给定的现实诠释下震慑他人的能力。这是文化的作用,而当文化靠其自身的交换结构分布时,这种作用最为清晰。因此,我们面对的是两个而不是同一个市场领域:一个是经济商品和服务的市场,一个是文化市场。经济和文化市场并不是作为基础和上层建筑而区分开来的;它们的区别在于一者是目的,一者是手段,而恰恰是手段——群体组织和斗争的资源——在围绕晋升的争斗中决定了人们的排列顺序。文化武器深入地渗透了经济领域,塑造了构成"职位"的行为模式和障碍。正是那些制造障碍的人决定了收入的分配。物质层面的分层是由文化市场塑造的,下面我们就来讨论这一点。

文化市场

文化本身既是一种商品,也是一种社会资源。在日常生活中,它通过外表、沟通,特别是对话中的思想和情绪表达来体现。因此,文化能够塑造一个人的自我形象,设定情绪,在精神层面重塑过去的现实并制造新的现实。无论一场对话的主题是什么,也无论话题如何快速流转,对话中的人们都在一定程度上共享精神现实。正因如此，它为这一社交情境和正在运转中的社会结构提供了暂时具有支配性的诠释。

对话可被视为一种文化交流，是针对参与者以及话题展开方式的谈判。不同社会关系中的实证细节，归根结底体现了人们之间不同类别的对话：纯粹外部的关系带来的对话仅限于对实际问题的有限交流，更重要的关系中则包含更多讨论、意识形态的争辩、娱乐八卦和私人话题（Collins, 1975: 114-152）。因此，日常文化交流的结果便是社会群体和正式组织的形成与再生产。换句话说，文化资源是关系社群的基础，韦伯将这种关系社群称为地位群体。它们也可以被称为意识社群，因为它们最重要的特征是会表现出共有的符号，而这些符号则对其成员具有诠释现实的效果。

将它们称为意识社群而非地位群体的一个好处是，这会让我们记住这一社群有多种形式：从短期暂时的关系到长期重复的关系，从弱关系到非常强的人际承诺，不一而足。社群的规模既可以是小型本地群体，也可以是大型社群；在后者中，大部分人都只与相对较少的其他人有直接接触，但互相都可能成为朋友，因为他们共享同样的文化。地位群体或者更宽松的社会阶级概念确实适合后面这种情况：并不是说群体中的人互相都认识，而是说他们的共同点让他们相遇时更容易建立起关系。种族群体通常就是此类地位群体的一种。最后，意识社群在自我意识上差别很大，有些群体没有明确的自我定义，有些特定的群体名称会附带自我意识，有些群体则会通过定期会议、规则和合法章程来将群体身份高度正式化。

文化交流是一种实践手段，所有的组织分层形式都会通过它来实现，所有关于工作和物质产品的阶级斗争也都会通过它来进行。文化既生产了横向关系，也生产了纵向关系。有着共同文化资源的人们倾向于作为朋友或群组成员建立平等的关系。我们已经看到，这种群体是争夺组织控制权时的主要参与者，无论争夺的是工作节奏、准入门槛，是对职位责任和要求的定义，还是对工作表现和个人晋升的衡量。这种斗争并不需要偷偷摸摸或见不得人地进行；非正式群体可以简单地通过日常对话体现，通常不需要带着明确的自我意识或考量，但却能累积建立起强烈的行动共识。自我意识强烈的正式组织群体在调度和利用物质优势上也是很重要的，例如有些职业将自己组织起来，建立了专业协会、商会和工会等。

不同的职业在建立意识社群的能力上有所不同，这取决于它们的文化资源有多相似，而由此形成的社群的规模和能力则部分取决于它们用来诠释现实的资源，以及这些资源带来的其他资源。文化资源还可以用另一种方式介入分层过程。不平等的层级关系在面对面的对话交流中会有直接体现。尽管背景资源最后总能决定这种交流中的支配者和从属者，但这主要是通过当时当下的符号互动来实现的。文化表现是定义现实的一种方式，既能定义平等的横向关系，也能定义不平等的纵向关系。通常来说，这一点是通过支配者控制对话互动来实现的，他们能够选择话题，影响话题走向，影响潜在的情绪语调，进而控制对现实的心理认知与理解。为了成功地做到这些，资源之一便是信息渠道和其他社交网络，此外则是能给人留下深刻印象的语汇和修辞方法，后者暗示着较高的（也许是圈内的）知识与权力。因此，文化资源并不仅仅是建立起了争夺社会组织控制权的群体，而且还能决定这些群体之间的层级关系。

文化的本地与正式生产

文化可以经由两种方式生产：其一是通过日常互动本身的经验，其二是通过专业的文化生产组织。在全世界，本土文化生产一直都在工作、家庭和休闲中进行。所有经验都可能成为对话的材料，所有对话都会帮助形成以某种特定风格谈话的能力，并在之后的交流中展示一个人获得的信息、娱乐价值和情绪。不过，这些对话资源会视对象和情境而有所不同。关于自身经验或是眼前具体事物的信息，关于熟人的八卦，笑料以及讲笑话的方式，这些都是本土文化市场的资源。然而，这些资源并不能直接转换到其他场景中；如果说文化资源能够传递组织关系，那么本土生产的资源也只能在特定有限的个体之中建立本土的关系。即使文化资源能够建构共享的社会现实，这种现实也是有限的和碎片化的。

除此之外，这种资源虽然能够积累，但却是以循环流动的方式进行的。个体经验和对话能够生产出对话资源，这些资源可以用来维持现有的社会关系，并建立同样类型的新关系。有可能个体会在原有社交关系的边缘游走，从而进入新的场景，产生新的对话资源，并用来建立不同的社会关系。不过，这种文化和组织移动如果只是基于当下情境中生产的本土文化资源，那么很可能是缓慢的和零星发生的。因此，本土生产的文化在对话中更可能再生产自身以及特定的社会关系。总体来说，这种文化只有当发生某种外部过程时才会改变，例如政治或经济灾难，以及生活条件的剧烈变化等。但即使在这时，文化和群体结构的循环流动也会让任何新的发展趋于稳定。这种文化并不能推动变化，或者严格来说，它自身并不能成为发生变化的原因。

　　文化也可以通过特定的组织生产。从历史上来看,教堂和其他宗教组织是最早出现的文化生产组织;在这些组织里,全职专家致力于将表达符号化。职业演艺人员是另外一种专业的文化生产者;学校也是一种,而且对我们的分析目标来说格外重要。这种专业的文化生产机构有若干种效果。与本土文化生产相比较,它们能够更游刃有余地生产新的文化形式——一部分是因为对文化生产组织控制权的争夺和内部危机会将其产品带往新的方向,一部分是因为其成员会全职且有意识地吸收文化,这让他们形成了更加精细的技能。专业的文化生产组织在内部形成的网络或市场越庞大,文化创新就越强,特别是在面对特定的本土文化时更是如此。因此,这种正式的文化生产机构也就成为特定文化领域内带来变化的外部资源,并能通过其延伸为组织结构带来变化。

　　因此,在世界历史上的不同阶段,宗教文化的发展对形成新的政治与经济组织来说至关重要。在韦伯成熟的历史理论中(Weber, 1961),世界宗教具有一致的文化,它超越了作为组织基础的家庭、部落和族裔,让官僚国家机构的崛起成为可能,并最终带来了"理性化的"资本主义经济。类似地，我们可以认为工业时代的大众新闻媒体，基于意识形态为主的群体，生产了一种新的政治形式（Gouldner，1976），而流行音乐媒体对 1960 年代和 1970 年代反叛的年轻人来说则是一种关键的组织基础。学校对形成新的组织结构来说格外重要，它既帮助建立了传统中国的士绅阶级，也帮助建立了当代美国分化的职业领域。

正式生产的文化并不仅仅是比本土文化更具有创新性，而是也让规模更大和自我意识更强的社群成为可能。这种文化在不同的本土情境中得到了广泛传播，通常包括更加抽象的概念和符号，并创造了更具普遍性的引申。正式生产的文化与特定个体和情境关系不大，而更多是与不同情境下的共同体有关。它的形象哪怕是具体的，也往往是将每一个个体或个体的集合符号转化为一个组织单位而存在。正式文化比本土文化的适用范围更广，它能相对较快地在毫无共同点可交流的个体之间建立关系。因此，正式文化一直都是非个体的官僚组织的基础，既能为支配一切的国家生产政治忠诚，又能动员大众职业群体和大规模的社会运动。

如果说本土生产的文化支撑着本土交换市场，那么正式生产的文化则更像是一种通货。它既可以在更广泛的范围内通用（也就是说，它可以作为一种交换媒介），也可以在更广泛的基础上衡量一个人的声望（也就是说，它可以作为一种价值储备）。不过，它必须经过更多转化，才能建立起真正作为通货的文化"现金"：正式文化生产组织不仅仅要宣传其文化产品，还要对其生产分配的文化产品质量给出正式的总结和宣告（也就是说，要想让文化产品更像通货，它们必须成为可以衡量的价值单位）。因此，宗教成就有时会被总结为圣徒或其他头衔，而从学校中获得的文化产品则被总结为成绩和文凭。一旦这些正式的总结出现，它们就可能取代文化本身的完整体现而存在。在进一步转换中，它们可能会受到上层经济的限制。就像组织收入的价值可以转换为股票，而股票则可以在市场限制下的特定股票市场上进行买卖一样。一旦这种情况发生，这种二级通货与三级通货之间的纯粹量化关系，就会成为决定其价值的主要因素，并能影响到它们在更初级市场上的用途，无论其背后的实质内容如何。

换句话说，文化生产组织越是正式化，其文化产品就越类似一种通货，文化经济也就越会受到特定通货效应的影响。文化能够"支付"社会团体会员的"价格"，而这一价格则可能会在外部通货"供给"增长时发生通货膨胀；反过来，价格紧缩也是可能的。接下来我们将会讨论这些情况的条件和影响，以及它们在物质经济中的互动。

文化通货生产的决定因素

文化通货的生产数量是由多种因素决定的。首先，这取决于有多少物质财富通过虹吸注入了专业的文化生产组织；也就是说，有多少物质经济被投资到了文化经济中。因此，在世界历史上，更富有的社会通常也能负担得起更多的教堂和清真寺、更多的职业演艺人员和更多的教育。富有的社会并不一定会这么做：文化组织的动员和创新效应有时会遭到传统统治者的抵制（例如这在中国和俄国历史上的多个时期都发生过）；大众有时更想将大量财富直接花费在物质消费上。财富是一个辅助因素，而非决定性因素。

其次，文化生产组织会被有关文化生产和传播的特定技术发明所影响。书写本身的发明、纸张和书写工具的改进、书籍印刷、现代电子通信媒体和信息储存方式，等等，都影响着专业的文化生产。不过，它们并不总是会提高正式文化的产量。有些技术（例如现代电视广播）因其所有权相对集中，反而会让文化生产局限在相当狭窄的范围内，甚至会减少社会总体文化的种类和数量。这种技术变革在世界历史上相对较为罕见，因此在任何历史时期都主要是作为其他因素的背景在起作用。

能够决定正式文化的生产数量，特别是决定短期内文化种类的主要因素，是文化生产者与消费者之间的竞争程度。宗教史和教育史都显示了这一模式：宗教运动和学校都是在政府相对较弱和较分散的时候得到蓬勃发展；在中央集权政府的强力统治下，它们则受到严格的限制（Collins，1977）。中央集权的政府通常会采用一种国教，在现代则会实行强制的公立学校系统，以作为官僚统治和大众控制的基础；但即使如此，之前的结论依然成立。这种政府通常更喜欢单一宗教，同时压制其竞争者；他们的教育政策也更倾向于维持较小型的教育系统。相反，较弱的政府无力干预和控制文化市场，从而导致更具竞争性的文化生产自我发展起来。

在前工业时代，文化生产最蓬勃的社会也是经济繁荣但政治上碎片化和去中心化的社会。在这些条件下，特定文化的潜在消费者能够自由地在文化上互相竞争；由于缺乏一个事无巨细管理一切的国家来决定社会分层的形式，消费者们也就更有动力参与互相竞争。[1]尽管在这种社会里，参与教育的权利通常仅限于贵族，但在中国历史上，与中央集权

---

[1] 同时，似乎还需要内部相对和平以及经济繁荣，否则竞争只会简单地体现在军事上而非文化上。

的朝代相比，在去中心化的朝代里有更多人去效仿富有教养的士绅理想；与政府统治较强的伊斯兰国家相比，在政府较弱的伊斯兰国家里有更多人这么做；与罗马帝国统治时期相比，在文艺复兴时期的意大利分裂而互相竞争的城邦里有更多市民这么做。因此，对文化资源需求的去中心化会带来相应的文化产品供应，尽管是以一系列不同的形式：在中国是私塾，在伊斯兰国家是清真寺学校，在意大利则是私立的社交学院。

当一个政治上去中心化但经济上蓬勃发展的社会又恰恰是由多元族裔组成的时候，这些去中心化的条件对文化生产会有格外强烈的影响。不用说，族裔群体本来就是文化群体，由具有特定身份认同的社群组成，它们一方面要与其他群体接触，另一方面又保持着之前在隔离的情况下产生的本土文化。在这种多元族裔的情况下，对经济和政治支配的争夺主要关注的问题，是与最明显的文化差异相关的社会融入和群体特权。因此，文化哪怕是本土的（相对于正式生产出来的），也会成为自我意识反映的对象，而族裔群体则会关心自己的文化相比其他族群处于优势还是劣势。在这种情况下，族群很可能会欢迎一种普遍的文化通货，从而利用它来提高或巩固自身地位；这种通货可能是新的宗教，也可能是新的教育系统。一旦这种竞争发生，它就很可能会受到所有参与群体的效仿，并带来一系列文化生产组织的扩张。

因此，宗教部门及其附属学校在印度历史上的繁荣时期里蓬勃发展，特别是在试图将佛教作为单一统治宗教的中央集权朝代崩溃之后的去中心化时代里更是如此（Weber，1958：123-133；Thapar，1966：136-166）。宗教扩张的背后是印度惊人的多元族裔构成，这些族裔通过种姓制度被纳入单一的经济统治和文化特权系统。这一系统是不断变化而非一成不变的，因为政治上的去中心化允许不同种姓通过效仿高层文化来提升自己的地位。这带来了一个大型的文化创业市场，其中有着各种各样的宗教和世俗教师。类似地，古希腊的特定文化在早期也曾被定义在十分狭窄的范围内，并且只能通过非正式的教育传授；但在希腊化时期[1]，希腊人控制了东地中海的多个城邦，大型的学校网络建立起来，之前的非正式文化也转变成了正式文化，并在这些学校里教授（Marrou，1964）。希腊化王朝时代的多元族裔现实让希腊人身份与"野蛮人"（例如受到教化的叙利亚人和埃及人）之

---

[1] 希腊化时期（Hellenistic period），通常认为从公元前323年亚历山大大帝逝世开始，一直到公元前146年罗马共和国征服希腊本土为止。西方史学界认为，这一时期，古希腊文明主宰了整个地中海东部沿岸文明。——译注

间的对立显得格外重要，并让正式教育成为上流社会不可或缺的财产。[1]最后，我们可以回想一下中世纪盛期的欧洲，那也是一个多元族裔社会。在强大的民族国家崛起之前，欧洲在政治上的统一很大程度上要靠教皇，而基督教在教会学校里教授的上流社会文化则提供了一种文化通货（甚至还有一种通用语言：拉丁语）。大学的蓬勃发展正是这种情况的结果，那时，欧洲不同国家之间彼此竞争，建立自己的大学，并从其他族裔群体中吸引学生。

在这些多元族裔的情境里，文化通货的生产数量提高了，范围也扩张了；文化通货成为新组织结构的重要基础。在印度，这带来了基于职业的种姓制度的转型（Srinivas，1955：1-45）；在希腊化时代，这带来了政府类官僚机构的逐渐发展（Marrou，1964：400-418）；在中世纪欧洲，无论是在宗教和世俗官僚组织中，还是在商会和社团中，在宗教控制下发展出的宗教等级都发生了激增（Rashdall，1936；Southern，1970）。这些历史案例都导致通货膨胀，至少在其中一个案例中还引发了整个通货系统的危机。这些话题让

---

[1] 然而，罗马人征服这些城邦后，文化分层的重要性就降低了。希腊文化比罗马文化要发达得多（因为希腊人在文化生产组织上的投入更多）；希腊文化被罗马人吸纳为他们独有的文化，但占有文化并不意味着同时占有许多特权，因为这种文化是从属阶级的文化。在许多例子中，古希腊艺术家和艺人都被当做奴隶。罗马人的社会特权更多是直接建立在政治权力和财富的基础上。

我们能从更普适的角度去思考文化通货扩张的影响。

文化通货生产的影响

大型的正式文化生产改变了整个社会。结果，大众将物质经济的大量产品投入到文化经济中，希望能在各个方面改善自己的社会地位。控制更多组织资源的群体也能更有效地为控制工作职位而斗争，无论是通过在现代社会中直接塑造职位本身，还是通过建立强大的国家政府来控制经济（通常发生在前工业时代）。文化通货的供应如果是充足和分散的，那么许多群体都能获得资源来自我组织、参与斗争，最后导致垄断的职位壁垒愈发森严。我们在晚期中世纪欧洲尤其可以看到这一明显趋势：不断扩张的正式宗教通货带来了稳固的组织建设，这既包括本地王国，也包括在不断增长分化的职位专业中垄断的行业工会。类似地，印度不断扩张的宗教势力让种姓长期以来倾向于分化为次级种姓，正如大型的职业群体分裂为得到宗教认可的次级群体。我们之后会在本书中看到，伴随着拿到正式教育文凭的机会不断增长，现代美国经济中也出现了越来越多的职业隔离。

但是，不断增长的教育机会可能并不会改变群体之间的分层排序。如果之前居于统治地位的群体在文化资源的竞争中占得先机，他们也许最后还是会在基于文化的分层系统中占有优势，就像在主要基于经济或政治的分层系统中一样。更有甚者，当整个文化生产系统扩张时，如果理想的职位没能随之增长，就会发生原有职位文化价值的通货膨胀。例如，在16世纪到19世纪的中国，参加科举考试的学子数量不断增长，但是政府职位的数量却几乎没有改变。因此，文化价格提高了，考试系统愈来愈复杂，最后变成一系列考试，一名学子也许要花30年才能通过（Franke，1960）。另一个文凭通货膨胀的例子发生在1800年前后的德国，当时大学里挤满了报考政府职位的人；这种压力最终导致更多职位开始要求更高的教育水平（Brunschwig，1947；Schnabel，1959，Vol.1：408-457）。韦伯（Weber，1968：998-999）注意到，在他所处的时代，欧洲官僚体系对雇员的教育要求也有通货膨胀的趋势。换句话说，文化商品是物质领域争夺地位的资源，这一事实意味着不同的群体能够购买的东西可能是有限的，因此在纯粹的文化市场中，生产过剩的危机也是可能发生的。

为了研究这些可能性，我们必须讨论文化市场与物质生产经济之间的互动。

1、增加对文化产品的投资能够带来物质生产的扩张。

当文化产品被用来建造更大范围的社会协作和控制网络，进而带来更多的经济交流时，这种情况就会发生。因此，当文化产品被用来建造园艺社会[1]、农业社会和早期工业社会的上层建筑时，这种投资也会带来物质经济的增长并提高其生产力。此外，在现代工业经济（以及农业经济）中，文化市场的扩张期可以通过制造一种自信和增长的氛围来推动物质生产；这尤其有助于克服循环发生的生产过剩和消费不足危机，因为它开拓了一个新的物质投资领域（即文化生产的物质基础），并放松了墨守成规的组织结构。哪怕文化供给和需求出现了之前提到的通货膨胀问题，这种情况依然可以发生；不过此时，文化投资者无法获得期望中的统治地位作为回报，因为投资者之间的相对地位并没有发生改变。

这种对物质经济的刺激作用取决于社会中是否存在多余的物质产品用于扩张。潜在的资源和市场必须已经存在，只待组织之间产生联结，或是产生心理上的自信来将现有条件结合起来。如果缺乏资源与市场，文化经济的扩张将会带来截然不同的结果。

2、文化产品投资的增长可能会增强社会中的支配程度。

---

[1] 园艺社会（horticultural society），通常指农业社会之前更原始的阶段，即在种植农作物的过程中不使用机械化工具或牲畜的社会。—译注

这一点在一系列的社会转型中都能看到：从狩猎和采集时代，到原始农业社会，到先进农业社会，再到各种各样以土地为中心的社会形态。尽管这一过程中可能由于经历了宗教组织的扩张或文化上层建筑的加强而带来物质生产的增长，但是最后的结果却是比以往更加不平等的物质分配结构（Lenski，1966）。可能最开始都会经过一个总体生产扩张的阶段；接着，这一部分额外的产品被投入到文化或军事上层结构里，加剧了不平等，最后令社会陷入经济停滞。大部分农业社会在转型为工业社会时都曾经历过这一困难；统治结构使得市场只向精英阶级提供奢侈品，而能让大众生产获利的普通大众消费市场则毫无机会建立起来。

从农业社会向工业社会的转型需要一些压力，让之前的农业社会发生再分配；很可能文化市场在其中占有一席之地。（韦伯关于基督教的论述也可以从这个角度去理解。）不过长期来看，很可能工业社会也会重复之前的模式：文化资源会被用来加强经济支配和不平等，而不是推进经济增长；因此，文化资源反而恶化了经济停滞。工业社会存在的时间还不够久，我们尚无足够的证据来验证这些可能。不过有一点是明确的，那就是工业社会中的不平等程度比农业社会要低；但同样清楚的是，不平等程度并不会一直降低，而是会陷入一个平台期并在那里保持稳定（Pilcher，1976）。在美国，二战时期就抵达了这一平台；之后文化市场的飞速扩张对社会总体的不平等模式并没有多少影响。（20世纪其他工业国家的历史似乎也体现了同样的趋势。）

在物质生产经济的环境下，文化经济的增长会配合稳定的社会统治，加剧生产过剩和消费不足的问题。（在农业经济中，利用文化来加强统治会阻止任何大众市场的发展，进而阻止向工业社会的转型；当今世界的拉丁美洲和其他第三世界的类农业社会中都存在这一重要因素。）因此，我们发现文化经济的扩张既可能带来经济增长，也可能带来经济停滞甚至危机。如果说第一种结果是因为有多余的物质产品和已经相对完善的市场，那么第二种结果就是因为不存在这种条件；但也可能是某种特殊的文化经济结构带来了这种结果。关于第二种可能性，我们目前还所知甚少。

3、文化市场可能会带来物质产品的再分配。在早期工业社会中似乎确实如此，在一些更早的社会形态中也有这种情况。首先是物质产品被重新分配给参与文化生产的中产阶级；教师（或者牧师、僧侣等）的数量增加，这本身体现了上层建筑中雇员人数的增长。美国整个1920年代发生的文化产业的增长也是物质资源再分配的原因之一，否则，这些物质资源只会流入之前政界的一小部分统治者手中。此外，教育文凭被用来推动独立的专业领域的发展，以及与生产力无关的管理部门的增长，并帮助重新塑造了工作职位，让休闲嵌入其中。通过将文化资源（教育文凭）投入到职位财产中，社会制造了不直接从事生产的白领部门。因此，文化市场的扩张，哪怕没有改变整体财富的分配，也能让更多人依靠"政治"部门（"闲职部门"）生活，他们通过统治结构而不是生产结构本身来获得物质产品。

变革一旦发生，似乎就不会产生更深远的影响。然而，闲职部门的雇员人数却是一直在增长，哪怕是在社会分配的不平等程度保持稳定的时期也是如此。可能有两个同时发生的过程在起作用：（1）社会向闲职部门的转型带来了不断的再分配；（2）同时，统治部门作为与生产部门相对的整体一直在试图制造更多的不平等。技术的生产过剩和金融的集中化让经济一直未能全速运转，因为消费者的总体需求一直受到压制。闲职部门的发展则刚好能抵消这一点，令不平等程度大体上保持一个稳定的平衡。统治部门与生产部门内部的短期雇员数量变化、战争，以及其他此类现象，都能在短期内一定程度上影响平衡的两端，但长期来看，不平等程度却是令人惊讶地保持稳定。

4、最后，我们可以想象这样一种可能：文化市场的扩张带来了极端的物质产品再分配。例如，当文化生产变得十分普及，几乎动员了全部人口，这种情况就可能会发生。建立在这些文化资源上的组织无法再保持其层级结构；文化资源变得唾手可及，没有人会因其他人占有文化资源而保持敬意。这一趋势可以被认为是一种革命。但是，任何革命如果有一个中心化的组织，它本身就会反对全民文化平等的发展趋势，因此要么建立起新的文化精英阶级（例如，通过建立新的文化标准，包括革命党派成员在内；他们的精英身份是通过支配资源来维持的），要么就是无法维持中心化的组织。文化资源的个体投资者总是倾向于让自己的特权膨胀；这是通过支配社会中其他人来达成的，但是如果做不到这一点，他们就只能制造自己独立的领域，将个人的文化标准广而告之。当大众已被动员起来（而不仅仅是转瞬即逝的现象），他们也许会发现，自己相对过去的统治者虽然地位得到了提升，但这种提升已经毫无价值，除非能让过去的精英变得与大众平等。因此，他们会倾向于后退到私人领域，让自己的个人特质焕发光彩。在这些条件下，我们也许会期望看到社会组织变得碎片化。不会再存在任何文化通货；种族与宗教上多元的帝国将会分裂为单一种族的国家[1];现代地位群体将会各自为战,对其他群体的特权要求视而不见。真正的文化革命因此必然是无政府主义的;如果要提高文化资源平等的程度,就会很容易导致社会的去中心化。

文化市场对物质经济的不同影响常常令投资者失望。有时,如果存在剩余的物质产品,那么文化市场的扩张就会有助于提高整体经济的生产力。但文化产品最终仍是用于统治的资源,特别是在相对地位竞争的通货膨胀循环中更是如此,结果也就很可能无法打破基于一定程度的物质不平等的统治。有些时候,文化市场也可能会带来再分配,至少对那些利用文化资源投身政治"闲职"部门的人来说是如此;但这种再分配很可能是阶段性的,产品只不过是从高层精英转

---

[1] 例如,中世纪在教皇统治下曾经统一的多种族欧洲最终分裂为民族国家。集中化的教会组织的精神信用发生了贬值,这在国族分裂上起到了关键作用——我们将这一分裂视为理所当然,却忘记了13世纪的欧洲曾经作为一个统一的国家奠定了现代化的基础。然而,大学作为教会官僚组织兴起的关键在其文凭价值上发生了严重的通货膨胀,要想在教堂里获得高层职位,所需的教育水平从6年增加到了16年。从14世纪开始(在许多地方一直持续到19世纪),入学率急剧下跌,在许多地方,一部分高等教育机构消失了,学术与文化生活转移到了其他机构里。集中化的教会官僚组织对文化生产的垄断被打破了,它的权威遭到严重削弱,最后甚至丧失了对宗教的垄断:14—15世纪出现了许多教派,16世纪则出现了新教,它们都侵蚀了教会官僚组织的权力。有意思的是,最后这次分裂的导火索是一种更加直接的精神通货的贬值,那就是赎罪券的贩卖——用来赦免罪过的证明,可以在炼狱里兑换。为了弥补教会亏空,赎罪券的贩卖也就变得愈发猖狂。马丁·路德对德国一次格外明目张胆的赎罪券贩卖活动发起了攻击,当时,赎罪券的价格和道德上的接受程度都随着贩卖数量的增长而大幅下跌;最后,统一的文化通货和教会对欧洲作为一个整体国家的统治也宣告终结。参见 Schachner(1962:135),Southern(1970),Chadwick(1972:40-63),McEvedy(1972:24,36)。

移到中层精英手中，并且在现代经济中还有一种试图维护不平等结构的反作用力。最后，文化市场有时也能带来真正平等化的再分配，但其结果则可能是标准通货被废弃，整体系统分裂为许多小的部分。

考虑到这些不同的结果，不同的群体也许会攻击、逃离或试图限制和摧毁文化市场。统治精英害怕面对再分配的结果，他们也许会试图阻碍文化生产；具有讽刺意味的是，往往正是由于他们向外进行军事扩张，导致不得不对大众进行文化动员，作为一种精神动员和经济筹款的手段（例如，在19世纪的俄国），结果最后带来他们自身的覆灭。有时，新的中产阶级会大量投入到文化动员中，他们会取代旧有的上层阶级，建立自己的统治。有时，大众会对文化市场的通货膨胀产生厌恶，结果拒绝购买更多文化产品，甚至还可能会用暴力摧毁文化生产机构。在最极端的形式下，这体现为新教改革；在较为温和的形式下，它体现为对中世纪欧洲教会贩卖赎罪券的早期反应，以及1970年代美国的类似情况。

这种对文凭市场的厌恶，其背后原因隐藏在文化市场与物质市场的互动之中。也许物质经济的短周期和文化市场的长周期在特定时间里发生了重合，导致人们缺乏足够的物质资源大量投入到文化市场中，甚至根本负担不起文化市场。

物质经济的衰退与文化特权格外明显的膨胀发生重合之时，可能就是反文化革命爆发之时。既然文化资源是区分不同社会的重要凭证，这些危机也就是至关重要的时刻。如果反应足够强烈，也许这就是历史上的重要拐点。

结论

因此，文化市场是不同阶级争夺物质生产控制权的关键。如果具有竞争力的文化与经济市场的确存在，那么斗争的任何参与者要想取得成功，关键并不在于他们自己的资源，而在于文化与经济领域里所有群体中的生产与消费关系。文化市场的扩张有时会带来物质市场的发展，有时则会导致危机和分裂，其区别很大程度上在于一系列条件在互动中产生的量化差异。总体来说，文化与经济市场同时发生危机之时，也就相当于马克思主义理论中谈到的划时代的革命性危机。这在理论上也许是成立的，但这种规模的革命尚未从理论变成现实过。

不过，在其他方面，文化经济的扩张似乎又与马克思理论模型中阶级动员的加强背道而驰。马克思主义模型主张工人中会发展出一种统一的文化，从而带来一种自我意识，通过共同参与针对单一敌人的经济斗争来争取共同利益。这种文化因此会升华为一种普遍的工人阶级意识，它不是抽象的，也不是外部强加的，而是基于工人们的日常经验产生的。在这种意义上，正如卢卡奇（Lukacs，1971）所指出的，工人阶级意识摧毁了抽象和具象的意识。但是，正式文化通货的发展却恰恰带来了相反的结果。正式通货是加倍抽象化的——既作为一种特定的符号，超越了普通的本地体验，又作为文化成就的神秘标识，被总结为教育学位。在如此正式的文化通货系统中，意识远离了日常工作经验的物质现实，进入了文化市场在历史特定时期生产的纯粹文化通货的相对价值之中。

文化通货的广泛传播对职业领域的影响，是让它们趋于分裂而非统一。专业的职业群体愈来愈多地占有资源，用来为群体自身利益垄断职位。文化通货最多也只是能在特定专业领域内推动自我意识和工人组织的发展。这也是阶级冲突的一种形式，因为工人们可以被视为在资本主义经济中为经济上的生存和发展而斗争。区别在于，文化通货让这种冲突无可挽回地变成了多边冲突，每一个职业群体都与其他群体为敌，因此职业领域更倾向于分裂，而不是固化为两个敌对群体。虽然共同的文化通货也许能缩小族裔差异，但却因此而再生产了族裔隔离的劳动市场分工模式。我已指出，教育也可以被视为一种"类族裔"。

因此，文化市场的理论也许能打捞起马克思对阶级冲突和革命的洞见，只不过是以一种更加愤世嫉俗的形式。阶级冲突也许会比之前理论指出的更加普遍，但却并不具备那么高的历史革命性。

第四章　历史上的美国

美国的社会结构是独一无二的。它不是一个典型的工业社会。它与其他社会的区别也不仅仅是在发展水平上更加先进，向世界展现了未来的面貌。它最惊人的特点是出色的工业生产力和世界领先的消费水平；它的教育水平和高等教育机构数量目前是全世界最高的，受到认证的专业飞速增长，因此水平化和去中心化的官僚组织也在飞速膨胀。这些特点通常被视为一个整体，展示着世界未来的发展趋势：一个基于知识的后工业社会。美国的其他特点——相对来说意识形态较弱的政治，以及政府的民主程度——被认为是这一进化阶段的进一步结果。但就像我们前面所述，具体证据并不支持这种技术精英管治的模型；从基于教育的技能到经济生产力，这条因果链无法成立，而其中的其他关联也同样令人怀疑。

通常来说，进化阶段理论意味着单一的因果关系。某一因素被认为具有压倒性的重要性，它的变化决定了整个社会的发展阶段。事实上，技术–功能主义理论就是这样一种模型，它认为最关键的因素是特定层级的生产组织所要求的技能。更普适的进化模型（例如 Parsons，1966）强调一种倾向于高效组织的自然选择，这种模型同样依赖于背后单一的互动过程，也就是经济、政治、教育和文化等不同产业领域之间的互动。马克思主义进化论同样认为存在一个压倒性的因素，那就是经济市场中生产组织的发展趋势；其他所有社会机构都紧随其后，而社会之间唯一的重要差异就是它们处于不同的历史发展阶段。

这种对单一因素的强调是十分具有误导性的。大部分模型都认为存在一系列条件和变量，但这些条件大都未能被理论化，而是被当做主要模式中的微小差异。然而，事实上，哪怕是在历史学与考古学的分类中处于同一经济发展阶段的社会，其内部也有巨大差异，而恰恰是这些差异造就了世界历史的不同模式。韦伯（Weber，1951，1952，1958）无疑是多因素社会观的主要拥护者，他格外强调农业社会时代的中国、印度、中东和欧洲等地存在的不同文化与政治组织形式，并认为它们才是随后而来的工业革命的关键。在较低的经济生产水平上，不同种类的园艺社会（甚至在狩猎和采集社会中也一样)中也存在巨大的差别。

因此，工业社会内部有所差异，它们的文化和政治组织也并不是简单地取决于共同的经济模式，这并不足为奇。显然，工业社会的政治在结构上天差地别，从中央化的官僚组织，到个人世袭独裁，再到去中心化的共和国，不一而足；政治经济制度也区分为共产主义、资本主义、混合福利国家社会主义、种族法西斯主义等。把一厢情愿的想法搁置一旁，我们会发现这些制度之间并没有明确的发展趋势。此外，工业经济本身可以基于主要产品区分，工业社会可以富有，也可以相对贫穷；可以稳定，也可以动荡。类似地，教育系统也有所差异，可以是精英教育，也可以是大众教育；可以是保荐型流动（sponsored mobility），也可以是竞争型流动（contested mobility）。

不过，如果矫枉过正，放弃寻找一种模式，那也是无济于事的，因为这意味着放弃了寻找普适解释的可能。长长的影响因素清单很快就会变成一种负担，让人无法看清其中的模式。我们需要的是一种承认多元因素的视角，其中包含了数目易于控制的变量。将它们结合起来，我们也许就能通过少数几个明确的变量来预测到大量不同的结果。

事实上，有些差异的主要维度隐藏在第三章讨论过的文化市场理论中。该模型指出，社会分层取决于物质生产过程与文化经济之间的互动，特别是当文化由专业化的组织生产、独立于社会生活中的日常互动时更是如此。因此，我们看到了两类主要因素：物质经济的条件和文化经济的条件。由于这两个领域会发生互动，我们需要先研究它们各自内部的特点。文化通货能否大量生产，取决于投入其中的物质资源水平（这是文化通货取决于物质生产水平的原因之一），以及通讯技术的发展水平；后者是一个独立的因素。但在全世界范围内，技术都传播得相当快，特别是通讯技术更是如此，因此我们很难用技术去区分不同社会。当社会在文化市场上的确存在明显差异时，通常是在文化生产的中心化与去中心化程度上有所不同，因此也在文化生产者的竞争程度上有所不同。正是在这里，差异的主要维度与经济生产水平产生了交集。

　　文化生产的中心化与去中心化，归根结底还是历史与地理在互动中产生的结果。也就是说，世界的特定区域之所以会产生特定的文化模式，是因为当地的地理特点，以及它们与世界上其他地方的关联或隔绝程度不同。当承载这些文化模式的人们通过移民或入侵而发生接触，多元文化的社会就产生了。这些独立的文化也许最终会同化为同样的模式，这取决于许多条件。但是，同化并不是必然的，因为在文化同化的力量背后还有相反的力量，尤其是将历史封装到文化机构中的过程。族裔社群一旦被迫进入特定的经济领域，特别是获得了统治或从属地位时，就会在社会分层的过程中不断再生产这一不平等；如果它们有资源去建立专业的文化生产组织，尤其是在宗教、教育和娱乐领域，这种情况就会变得更加明显。族裔文化制造的凝聚力是社会统治的武器，哪怕一开始在这些群体之间制造社会分层的力量已经消失，它的作用仍然会长期持续。过去的传统会继续让当今社会变得更复杂，因为群体会极力将过去形成的组织维持到现在。历史不会暂停，生活在任何时代的人都会继续利用他们继承而来的优势，无论是以文化、组织还是以物质财产的形式。

因此，去中心化并因此竞争激烈的文化市场，在一系列条件的作用下，最终取决于最初的地理差异和在分层经济因素影响下的历史内涵（historical encapsulation）。这种分层经济因素指的是经济分配的传统文化根基，以及对传统进行专业再生产的组织。此外，竞争激烈的文化市场究竟能表现得多活跃，取决于政府的强权允许它做到什么程度。这再一次将我们引向了包含地理与历史在内的因果链。因为国家能强烈地影响文化群体之间的经济分层模式（在农业社会中主要是通过战争征服；或者是通过合法化基于种族的工作垄断,又或是通过控制移民条件等)。国家也能直接支持或禁止教堂和学校。但再一次,能做到这些事的国家权力受到地理条件的影响,也受到之前历史模式内涵的影响。强权国家一直是那些因地理条件而在外部占得军事优势,并因运输和通讯上的条件优势而得以维持内部统一的国家。[1]国家类型本身——中心化和去中心化的程度以及权力的民主分配——通常与之前历史阶段的模式内涵有关。因此,地理条件和历史模式自我延续的制度化过程在国家领域里是十分关键的,它们让国家权力成为一种独立的因素,产生了与经济无关的差异(尽管它会与经济互动),同时也制造了一条因果链,让地理和历史因素能够影响文化经济的运作。

从这一视角来看,每一个现代工业社会都有其独特的因素组合模式。我们不应该把任何社会视为一种其他社会都会经历的进化阶段。因为尽管科技很容易进口,但其他因素却不能。经济生产类型、文化通货的活跃程度,以及国家的结构和行为都是独立的条件,后面两个因素也许很大程度上取决于地方特点。美国之所以与众不同,是因为它的地理和历

---

[1] 这一论点太过复杂,此处无法详述。要想看到解释和历史证据,请参见 Collins(1978)。韦伯(Weber, 1951:20-30;1958, 328-343)指出,在中国极其容易集中化的大河流域村庄与古代中东的多个中心地带之间存在着地理上的差异,他认为这种地理差异是政治差异背后的原因,并进而导致这些地区在文化(宗教)和历史上的差异。

史背景。其他科技先进的社会各有差异，是因为它们继承了历史上的结构模式：俄国有后沙皇时代的专制统治，日本有家族式企业，法国有拿破仑式的集中化管理，英国则有阴魂不散的贵族阶级，诸如此类。

没错，就连经济生产水平也部分取决于当地条件——这更多体现为它在与文化市场和国家等当地条件互动时受到影响。因为物质经济不仅仅建立在技术类型之上，也建基于自然资源和地理条件之上。因此，美国是所有工业社会中最富有的，并不是因为它在技术和组织上是最先进的，而是因为它控制了地球上最富裕的疆土（Bartholomew, 1954: 20-21）。这片土地有着富裕且多元的农地、丰富的矿藏、充沛的水能、密布的内陆和海上航道，因此格外适合经济发展。因而，美国世界领先的国民生产总值（无论是总数还是人均）必须归功于其独特的地理条件，而这些条件是无法被其他国家模仿的。[1]在讨论经济增长时，我们经常将其归功于可见的社会组织与文化模式的差异，并认为美国代表了一种所有社会都将经历的阶段；但是，这种讨论忘记了之前提到的地理条件因素。在解释当今美国的社会结构时，十分重要的一点是，我们应该

---

[1] 近年来，美国的人均国民生产总值已经被身为石油生产国但制度上仍处于前工业时期的科威特超过，这个事实再次印证了这一论点。

看到高水平的经济生产并不是由教育系统的产出或现代职业的模式所决定的；相反，这些都是奢侈品，只有资源丰富的社会才能负担得起。因此，将地理上的独特因素纳入我们对经济的考量，这让我们能够更清晰地辨明因果关系的方向。

美国的发展模式可以归功于几个关键条件：就像今天的许多其他社会一样，美国社会是基于工业技术的，因此它也与其他社会一样高度城市化，有着政治上动员起来的大众、主要在非农业领域的劳动市场、普遍的识字率和官僚组织形式，等等。然而，它的地理资源格外丰饶，这让它获得了非同寻常的生产和消费水平、强大的军事力量，以及在闲职部门大手大脚投入的可能性。美国同时也与大部分其他工业社会相去甚远，因为它是现代世界种族最为多元化的社会之一，特别是在关键的制度形成期就已经如此。[1]这意味着美国有着格外活跃和富有竞争性的文化市场，这一开始对宗教运动造成了影响，随后又产生了更重要的影响，那就是生产出了世界历史上最庞大和膨胀程度最严重的教育系

---

[1] 最近有学者计算了各国的种族–语言分化程度（Taylor and Hudson, 1972），在从 0 到 1.00 的维度上，美国得分为 0.50，低于加拿大（0.75）、苏联（0.67）和比利时（0.55），但远远高于英国（0.32）、法国（0.26）、荷兰（0.10）、瑞典（0.08）、意大利（0.04）、西德（0.03）、东德（0.02）和日本（0.01）。除此之外，这些只是当代的估算；关于美国在 19 世纪晚期通过切断移民来降低其种族多元程度之前发生的种族冲突的重要性，请参见第五章。

统。美国的文化市场格外活跃，是因为它的地理特点也更有利于政府的去中心化，从而使国家的影响促进而非阻碍了文化竞争。最后，美国在政治上也是独特的。它继承了共和制政府的基本制度，并建立了格外去中心化的形式，这是中世纪晚期的英格兰发生的争斗浓缩成的历史制度与美国独特的地理条件共同作用的产物（参见 Rosenberg，1958：1-25；Huntington，1966）。此外，美国的疆域本身和它在制度建立时期有限的交通运输条件之下形成的历史模式，也都有助于加强去中心化的模式。从内容上来看，美国政治格外重视资本主义，它的经济冲突较少以阶级冲突为重心，而是更关注小型的族裔、地域和有限的职业利益群体。

在我们分析美国经济和文化市场的发展及其互相渗透之时，一些解释也浮出水面，回答了美国为什么是世界上最资本主义化的国家，以及为什么它有着独特的碎片化的阶级斗争。文化市场的扩张将是下一章的主题；下一章重点分析了它与族裔移民和冲突的关系，后者在19世纪晚期和20世纪早期美国文化市场的形成过程中发挥了巨大的影响。第六章和第七章将会回顾这一过程对职业结构和阶级斗争的政治领域造成了怎样的结果。但是我们应当记住，美国并不总是一个种族多元的社会，而且物质经济组织的关键成型期发生得更早,也曾受到不同因素的影响。因此,美国是若干制度结构的混合体:生产经济中的寡头垄断结构在文凭系统兴起之前就已成型;文凭主义和基于文凭的职业领域随着多元种族的冲突和文化市场的膨胀发展起来。为了避免将后者视为前者的原因,也就是把教育和职业扩张视为企业寡头垄断的原因,我会在本章剩下的篇幅中先简短地检视国家经济崛起本身,随后才会分析文凭系统的兴起。

两个美国:19 世纪与 20 世纪

美国经济的主要结构是 19 世纪发展的产物,特别是有利的地理条件和运输革命带来了第一波工业增长。这些经济形式在内战之后很快成型,之后也改变不大。只有小型农场长期以来的衰退趋势改变了私有经济的组织面貌,而它们之所以能一直存活到 20 世纪,也许是因为地理上去中心化的政治影响(部分是因为移民带来了文化冲突的政治)。全国性企业经济和小型本地企业与职业的存续,代表着一个自然的、健康的、地理上广泛分布的、政治上去中心化的 19 世纪社会。20 世纪基于科学的技术并没有从根本上改变这一结构,它们只是带来了经济上的生产过剩和闲职部门的扩张。美国社会的基本经济组织是在相对简单的工业技术中成型的；官僚化的全国企业并不需要等待1920年代和1930年代先进的电力和化学工业发展起来，才能把科学研究和发展应用到工业生产中去。美国工业社会的基本形态是由相对教育程度较低的劳动力实现的；膨胀的教育文凭系统和官僚结构的就业市场结合起来是之后才发生的事情，很大程度上也不是技术需求的关键。

20世纪出现的第二个美国，是大规模和多元族裔的移民过程的产物，尤其是发生在19世纪晚期和20世纪早期的移民。它的早期轮廓也许是对内战前爱尔兰移民的一种反应；殖民时期进口的非洲奴隶所造成的影响被大大延迟了，直到他们流入20世纪中期的都市社会才开始起作用。这些文化冲突首先带来了文化生产部门的扩张，特别是教育系统的扩张；教育系统曾被盎格鲁－新教资本家用作控制和垄断的工具，最终却变成许多移民群体创造职位和寻求职业流动的途径。文凭系统通过专业化成为争夺职业控制权的基础，也成为其他类型的执照和职位垄断的参照。教育官僚机构自身推动了政府雇佣的增长，它对持续不断的生产过剩压力和族裔政治动员作出反应，塑造了20世纪的劳动力市场。

因此，当今美国社会结构的背后有两套因素。我们不假思索地称之为"19世纪美国"的社会条件，是一片丰饶土地上的地理隔离和政治去中心化。而所谓的"20世纪美国"背后的条件，其影响是建立在早期经济与政治结构基础之上的；这些条件包括将美国转变为一个多元族裔社会的大规模移民，以及带来了经济生产过剩和闲职部门扩张的20世纪技术进步。

19世纪的基础

美国经济在内战时就已开始以工业企业为中心（Gates，1960；Cochran and Miller，1961；North，1961；Struik，1962：175-199，303-333）。农业已经机械化，工厂制造系统已经十分发达，采矿和重金属产业已经建立起来，全国铁路网也已接近完成。内战后的35年与其说是打下工业基础的时期，倒不如说是在大企业控制下巩固全国经济的时期。尽管跨密西西比西部的发展一直持续到1880年代（伴随着与当地印第安人之间的战争），但是现代工业美国在19世纪的最后25年里已经明确地建立了起来。铁路网已经完成，可为全国市场提供各种各样的商品。农业不仅商业化了，还被大型企业通过机械设备组织起来；小型农场开始被挤出市场，农业人口的比例开始下降。

正如表 4.1 所示，农业劳动力人口比例自 19 世纪早期以来就稳步下降。在 1880 年代它已跌到 50% 以下。相反，制造业和建筑业的比例则上升了，并在 1850 年到 1990 年间发生了最大的跃升。不过，这一转变可能并不像我们想象中那么剧烈。早在 1820 年就有六分之一的劳动力身处制造业和建筑业中，不过大部分都是在前工业时期的手工业或小型企业里。到 1920 年左右，这一部门扩张到占据劳动力的三分之一左右，不过随后其所占比例一直保持稳定。与 19 世纪中期观察者的期待相反，现代社会并没有被产业工人所支配，但他们也没有消失的趋势。19 世纪的模式作为产业系统的核心看上去会长期持续。

表 4.1 美国劳动力的产业分布百分比，1820—1970 年

产业类型	1820	1840	1860	1880	1900	1920	1940	1950	1970
农业、林业、渔业	72	69	59	50	37	27	17	15	5
矿业	NA	0.3	1	2	3	3	2	2	1
制造业和建筑业	12	15	18	23	25	31	29	33	31
运输、贸易、金融和房地产	NA	NA	7	12	17	20	24	29	32

续表

产业类型	1820	1840	1860	1880	1900	1920	1940	1950	1970
服务业和政府	NA	NA	12	12	11	16	21	21	33
未分类	16	16	0.7	0.1	0.1	0.9	6	—	—

来源：*Historical Statistics of the United States*, Series D, 57-71; *Statistical Abstract of the United States*, 1971, Tables 341 and 342。数字应被视为近似值，因为并非所有数据来源和时期都对企业有同样的定义，数据的可靠性也有所不同。由于四舍五入，总比例可能不是100%。

NA 的意思是无数据。

在组织方面也同样如此。1860 年代之后，中心化迅速发生。到 19 世纪末，石油、钢铁、烟草和其他产业都已经被少数几家大公司瓜分，企业具有全国规模在这一发展过程中是十分关键的（Chandler, 1959: 1-31; 1962）。那些具有全国分配系统的公司与地方企业相比具有竞争优势，因此企业的发展趋势是越来越庞大。肉类包装产业一马当先，以芝加哥为中心建立起了冷冻品的铁路运输系统。收割机、打字机、缝纫机、自行车和后来的汽车制造业享受了**垂直整合**（vertical integration）的优势。大公司没有依赖独立的批发商来分发产品，而是建立了自己的分配和维修网络，结果将效率更低的小型竞争者挤出了市场。企业同时也向后台扩张，将供应源也纳入系统，令生产系统更为稳定，最终产生了美国工业的官僚结构。另外一个集中化的原因是金融上的：大型全国企业需要大量资本，到19世纪末，托拉斯与控股公司精心设计的募资工具已经被大型东部银行所掌控。

到1900年，现代模式已经成型。无数小企业之间的竞争时期已经结束，经济市场中的每一个主要部门都已被少数寡头组织支配和掌控。世纪之交的"反托拉斯"政治改革并没有扭转这一趋势，但它让垄断悬崖勒马，阻止了中心化进一步发生，在有些案例中还打破了垄断，例如卡内基的钢铁业和杜克的烟草业。最后形成的中心化程度自此之后一直保持稳定。新兴产业（汽车、电子设备、化学、飞机等）迅速遵从了同样的模式。因此，在1920年（数据能够追溯到的最早年代），企业中最大的5%控制了80%的企业收入，在制造业和金融业都是如此；这一比例自此之后一直保持稳定。[1]

因此，全国经济的基本形态是在工业化过程早期建立起来的。技术的压力在这一发展过程中并不关键，垄断性的全

---

[1] *Historical Statistics of the United States*（Series V45-56）; *Statistical Abstract of the United States*（1971：Table 713）。1968年，最富有的前2.8%的企业占有了78.7%的收入。

国企业在烟草和其他农业产业的发展与钢铁和机械产业一样稳定。洛克菲勒在石油产业的垄断最开始是在技术上仍很粗糙的市场中发展起来的,当时他的公司在生产油灯;数十年后,他的产业才转移到了偶然发展起来的汽车市场。洛克菲勒的策略很典型,他在全国舞台上操控金融来与地方企业竞争,这是通过与全国铁路明目张胆地结成同盟来完成的。类似地,杜邦公司的支配地位一开始是因为它获得了政府的长期合同,从而在传统火药制造业抢占了统帅地位;随后,这一地位又通过金融操控而加强,例如它通过这种操控在一战期间对通用汽车获得了短暂控制;随后,它的地位仅仅是因为1920年代和1930年代的化学发现所制造的机会而延续下来。

美国的地理与人口和政治结构相互作用,这对塑造工业社会的形态十分关键。美国土地丰饶且适合大规模农业生产,这为财富的积累和商业化的动力提供了最初的基础。远距离运输的有利条件和丰富的矿业资源让快速和高产的工业化成为可能。最主要的限制条件是人口太少,特别是在19世纪早期更是如此。但是通过一种间接方式,人口问题却成为工业化的附加优势。它为农业和手工业生产的机械化提供了动力,同时也促使工资保持在较高水平(相比起劳动力丰富的欧洲),保证了大量的消费需求,由此带来了大众消费产业。

当然，这些也是美国在创新方面最为人所知的产业：将汽车从欧洲上流社会的奢侈品转变为大众产品；将摄影转变为大众娱乐电影；将电力、电话、广播和电视发展成为大众消费；在食品包装的大规模远距离储存和运输上遥遥领先；为过去的奢侈品（陶瓷和丝绸等）发展出了合成（塑料、尼龙、人造丝）替代品，从而让它们进入了大众消费市场。[1]20世纪以来，这种扩张一直在发生，但这一模式早在19世纪更传统的产品生产中就已经建立起来了。

相对较少的人口和地理上广泛分布的经济资源带来了19世纪的繁荣，这让全国交通运输系统显得格外重要。运输系统本身的资金是全国性的（一开始是国际性的，特别是英国投资），铁路为全国性的金融中心提供了基础，后者则推动全国性的企业在大部分主要产业中获得了近似垄断的地位。19世纪晚期就已经有证据表明，在这一地理条件下产生了规模庞大的官僚组织形式（Chandler，1968：220-237）。

全国性的金融和商业在组织上并不仅仅是比其他经济组织更适合经济竞争，同时它们也更适合获得政治影响力。美

---

[1] 内燃机、摄影术、发电机、电报、广播、电冰箱和最早的塑料产品（赛璐珞）都是欧洲（主要是英国和德国）发明的，它们所仰赖的基本科学原理也同样由欧洲人发现。电话是美国发明的，而便宜耐用的电灯泡则是在英国和美国同时被发明出来，原理是基于之前的英国电弧灯。带有美国特点的是对发明的商业化。参见Mason（1962：474-485，503-526）。

国政府继承了殖民者的去中心化传统,在19世纪早期的民主气氛中发生的西进运动建立了大量州政府。这引起了地方的投机兴趣,特别是地方银行业更是蠢蠢欲动。不过,全国性商业相对更早就对联邦政府下手;在反对声音还未能很好地组织起来的时候,它就赢得了重要的让步,不仅仅是以对铁路提供巨额资金的形式,同时也在金融、移民和劳动管理上获得了有利的政策。[1]州政府被留给了地方群体,而在金融工具通过法律去周旋和寻觅有利地点时,这种多元结构变得有利可图;这些金融工具正是垄断公司、托拉斯公司和控股公司的核心。中心化的商业与去中心化的政府一同发展起来。

尽管具有这种组织上的优势,劳工力量却是特别弱小。1880年代是工业化的高峰期,也是劳工力量参与斗争的时期,但在1894年的普尔曼大罢工(The Pullman Strike)中,最强大的工会在联邦军队的干预下被击破,这显示了全国性的商业力量具有决定性的优势。联邦政府对工会的敌意和积极的干预使得美国的劳工运动相对弱小,这一局面直到

---

[1] 19世纪上半叶,全国性企业影响力的主要反对者来自南方农业利益群体,矛盾主要是关税,但该群体的力量在铁路开始发展时就已经衰退了。显然,是全国性企业在内战中为联邦军队的主张提供了最强的支持,毫无疑问,这是因为它们认识到了南方传统对全国规模的经济造成的威胁。我们确实发现,从林肯政府以来,重要的内阁位置——特别是财政和战争部门——都被全国性的金融群体(华尔街金融人士和律师)牢牢把持。参见 Mills(1963:110-139);Domhoff(1967:58-62, 84-114)。

1930年代才有所改变；比起欧洲社会，这一时点在它的工业史上出现得已经非常晚了。[1]

然而，美国疆土广阔、物产丰饶，更重要的是拥有庞大的消费市场，这让美国的小型企业仍然有着不计其数的机会；我们将会看到，小型企业主迄今为止在中等规模部门中仍然占有一席之地。20世纪初的"改革"运动，首先是对盎格鲁－新教中产阶级的动员，是为了应对新兴经济与文化的压力，但它最重要的成功是在文化和政治上对抗移民，而在直接对抗托拉斯的力量时却所获甚少。中产阶级的政治力量主要体现在州这一级上，他们成功地保护了小型零售和服务企业，建立了有利于地方价格保护的规则，并让专业协会获得了垄断性的权力（Cutler, 1939: 851-856; Gilb, 1966; Wiebe, 1967）。

对整体经济分层形态来说，美国的地理条件在19世纪末已经发挥了作用，既带来了全国性的金融产业力量对主要生产过程的控制和对联邦政府的影响，也造成了劳工组织的弱势，以及对地方小型企业和专业人士的庇护。

---

[1] 商业利益能够从不断升级的族裔冲突中获益，这一点也与之相关。"美国化"和反激进主义通常是一个单一议题，它们的后果是，一战后FBI在"红色恐惧"（Red scare）中摧毁了劳工运动，同时伴随着大众的歇斯底里，最后则以立法形式终结了移民（参见Johnson, 1976）。

20世纪的产物

早期工业主义已经显示了晚期工业主义的主要模式。技术生产力的提高和它开始有规律地与科学研究成果联系在一起，这些都没有带来多大变化。20世纪的发展并不是发生在基本结构上，也并没有改变阶级和族裔分层的模式，更不用说改变社会选择的基本模式了。

让我们探究一下究竟什么发生了变化，又是什么一直保持不变（参见表4.1和表4.2）。农业劳动力的比例从1900年的37%下降到了1970年的5%。工业部门（矿业、制造业和建筑业）几乎没有改变：1900年是28%，1970年是32%。农业部门的衰退被完全吸收进了第三部门，在这段时间里，运输、贸易和金融业从17%上升到了32%，服务业与政府工作则从11%上升到了33%。1950年以来，唯一发生了重要增长的部门是政府雇佣（表4.1：1950年到1970年间，服务业与政府部门的百分比从21%跃升到了33%），特别是军事、福利和教育官僚机构的扩张。如果我们按照职业（表4.2）而不是产业部门来划分，结果也是类似的：工业中的工人阶级（工人和工头、技工和非农业劳动）几乎没有改变（1900年总数是35.8%，1970年是35.4%），最大的增长发生在文书人员（从3.0%到17.4%）、专业和技术人员（4.2%

到 14.2%)以及服务人员(3.6% 到 10.3%)中。在 20 世纪中叶美国富裕的工业社会中,不到一半的活跃成年人口从事生产及提取产品的工作,剩下的则在从事产品分发、管理、奢侈服务工作,或是政府雇佣下的福利服务和闲职部门工作。

表 4.2 职业分布(%),1900—1970 年

职业分类	1900	1920	1940	1970
专业和技术	4.2	5.4	7.5	14.2
管理者、官员和经营者	5.8	6.6	7.3	10.5
文书	3.0	8.0	9.6	17.4
销售	4.5	4.9	6.7	6.2
工匠和工头	10.5	13.0	12.0	13.0
技师	12.8	15.6	18.4	17.7
非农业劳动	12.5	11.6	9.4	4.7
服务业工人,私佣除外	3.6	4.5	7.0	10.3
私人佣工	5.4	3.3	4.6	2.0
农民和农场管理人员	19.9	15.3	10.4	2.2
农场劳工和工头	17.7	11.7	7.0	1.8

资料来源:*Statistical Abstract of the United States*,1971,Tables 347 and 348;*Historical Statistics of the United States*,Series D,72-122。

新的产业不断涌现。电力在 19 世纪晚期被用来照明和作为动力,后来则被用来照相、拍摄电影和制作广播。20 世纪早期出现了汽车,它对石油、橡胶、玻璃、油漆的生产和高速公路建设都有影响。1930 年代化工产业兴起,发明了塑料、尼龙、玻璃纸、维生素和毒品。二战之后发明了喷气式飞机和军事火箭,并带来了第二波电子产品发展,包括晶体管、计算机和电视等;全国连锁企业不断扩张,进入了食品杂货、服装和餐饮的零售业中。

但是,商业集中化的程度并没有太多改变。[1]在汽车制造等领域,大量小型制造商之间开始发生竞争,最后集中化为少数几个资金充足、轻松做到垂直融合的大企业。在电力等其他行业,主要的金融利益群体从一开始就主导了整个行业。在几乎每一个领域,刚开始提供产品之后的二三十年里,产业就已被少数大公司所主导。在所有重要的生产行业,特别是重工业,从 19 世纪末开始,组织形式就是半垄断的全国性企业。

这并不是说独立的小型企业就消失了。1960 年代,美国有 1100 万家企业,其中 90% 雇员人数不超过 20 人

---

[1] 关于工业集中化的趋势,参见 *Statistical Abstract*(1966:Table 1147);同时参见 Cochran and Miller(1961)和 Chandler(1962)。

(*Statistical Abstract*，1971：Tables 710，720）。大部分都是未注册的，且集中在零售业、服务行业（餐馆、酒吧、洗衣房、房屋维修或商业服务）、建筑和房地产业。一些小型商业农场也留存了下来，不过，20世纪的趋势是农业的大规模集中化，这在1960年代就已经完成了。然而，在农业之外，小型企业的比例自从20世纪初寡头经济建立以来就一直保持稳定。

在经济日益被大型企业所把持的时代，小型企业依然占有一席之地，这是多种原因造成的。小型投资能够接触到本地市场的特定行业，例如酒吧和餐厅；对酒吧和酒类商店来说，它们还受到当地牌照政策的保护。其他领域，例如娱乐业，是瞬息万变的，不断贩卖各种创新的、短期的项目。尽管大型公司支配着唱片和电影的发行，但它们的生产往往是高度去中心化的。高风险领域最可能被大型公司在商业上外包，因此唱片录音室和汽车、家用电器、加油站的特许经营者仍然能够作为独立的小型企业生存下来（McCauly，1966；Hirsh，1972：639-659）。技术高度创新、现代化程度很高的领域，例如电子产品等，往往由小型企业领跑，经常是工程师和应用科学家独自出击。这些新领域通常在几十年内就会被少数大企业所控制，但美国经济持续不断的创新性让它在任何时代都能产生一定数目的小型企业，尽管这些企业可能不太稳定。

20世纪的美国确实发生了以下结构转变：农业雇佣比例下降，政府、教育、文书、专业－技术、管理和服务部门则发生了普遍增长。我们该如何看待这些转变呢？20世纪技术生产力的提高既在19世纪美国资本主义打下的结构中发挥作用，同时也要面对激烈的族裔冲突这一新条件。主要生产部门中的全国规模的官僚企业，地方规模的小型企业和独立专业人士，普遍受到国家保护的金融、运输和服务部门，这些都是美国分层系统一个世纪以来的长期特点。20世纪科技生产力的飞跃正是在这一结构中发生的。它对物质生产所需技能和达到相应技能所需教育水平的影响实际上非常小。它真正制造的是持续存在的总体需求问题：与19世纪定期发生的劳动力短缺问题相反，20世纪面对的是定期发生的失业压力。第三部门的发展和白领部门的增长是对这两个问题的回应：其一是劳动力要求有就业机会，其二是工业要求有繁荣经济，从而保证其产品有市场。[1]

---

[1] 参见 Bensman and Vidich（1971：5-31）。O'Connor（1973）认为，工业上层阶级支持这一政策，因为增长的税务成本通过半垄断的产品价格和其他工具转嫁到了消费者身上，因此这并不会对他们的个人收入造成影响。

第三部门如何吸收了因技术而造成的剩余劳力？这一机制一般是间接的；例外的是美国工程进展管理署（WPA）直接在失业穷人中招募工人。一般来说，这一机制是通过抵抗力最小的路径来完成的——扩充军队，提高福利支出，根据政治上大受欢迎的口号来追求教育机会平等，提高教育的技术含量（例如斯普特尼克危机[1]），提高专业化职业的比例，以及在政府和企业组织中维持文书官僚系统等。通过这些路径，第三部门的就业市场开始发展起来。这一扩张的程度在州政府和地方政府层级与联邦政府层级是一样的，因此，它以一种新的方式维持了传统上的去中心化；"专业"工作发展起来，达到了前所未有的复杂度，也带来了组织内部的去中心化。在这种氛围下，联邦政府和州政府不断扩大商业和专业协会自我保护的特权，并通过监管并不严格的设备、建筑和服务等合同来支持私有产业发展。这一切都是在普遍的政治许可背景下，在地位群体的直接活动中发生的；这些地位群体存在于政府组织、私有企业和专业社群之中。因此，中上层阶级和中产阶级中动员程度最高的地位群体也就从无意

---

[1] 斯普特尼克危机（Sputnik crisis），1957年10月4日苏联成功地将"斯普特尼克号"卫星送上太空以后，美国大众中产生了普遍恐慌，认为两国之间的科技水平有较大差距。——译注

识的凯恩斯主义政策中获得了最直接和最多的利益。不过，这一效果必然会在更低层级上间接地弱化了就业问题——通过打开个人服务市场，刺激产业就业（现在更多转向了本质上是奢侈品的商品），以及防止上层阶级成员入侵下层劳动市场。

技术管治的氛围是一种意识形态，闲职社会为它提供了正当化的理由。就业市场上不断提高的教育要求，专业和技术学位的激增，以及它们对过度专业化的工作领域的控制，文凭系统中庞大的从事人事管理的文书部门——第三部门利用这些工具来进行自我扩张。这一领域远离真正的物质生产，它们的产出只能以随意设立的标准衡量[1]；关于其工作效率，唯一的标准来自于政治预算中的多方角力，而这种预算则需要在满足大众需求和在税务上保护特定社会阶层之间保持平衡。技术管治的意识形态有利于闲职领域的扩张，同时也掩盖了其真实本质。结果便产生了一种精英主义的凯恩斯主义，维持着数十年来稳定如一的分层系统。

那么，农业企业数目的下降又说明了什么？在这里，我

---

[1] 这对所有内部结构复杂的官僚组织都成立。市场竞争的反向压力曾被认为能阻止闲职在私有领域的增长，但这一压力在寡头全国企业中处于弱势，特别是在政府合同工作中更是如此。当这些企业确实开始应对市场波动时，它们的方式是解雇体力劳动者，体力劳动者的产出是可以测量的；产出无法测量的白领阶级则被保留下来。

们应该注意到，20世纪只不过是将19世纪全国市场中物质生产的其他主要领域里存在已久的模式发扬光大。在这一过程中生存下来的小型企业部门位于经济过程的另一端，它们存活在地方经济飞地中，主要业务是关于商品分配、服务和奢侈品的。小型企业部门在大型经济竞争中受到国家保护，并得到了其他有利条件；其中许多条件都来自经济组织的闲职部门，只不过是间接起作用的。本质上属于奢侈品的消费，以及未能达到最大化的生产模式，这两者都被视为高生产力经济能够负担得起（也在政治上被要求缴纳）的一种税收。[1]

关于农业的集中化，最令人惊讶的并不是它的发生，而是它竟然被耽搁了这么久。在这个充斥着加工和冷冻食物的全国市场上，抵抗着全国规模的金融机构的资源，它之所以能够生存下来，正是因为其背后的地位群体在美国社会分层和政治中所占据的有利位置。我们将会看到，从19世纪中叶到20世纪中叶，正是盎格鲁－新教农民在文化上阻挡着移民工人阶级；当利用盎格鲁－新教美国主义的政治意识形态去维持大企业上层阶级的联盟时，也就必须不断对农民作

---

[1] 如果我们认为独立的专业部门是一种服务，那么律师行业就为我们提供了一个格外清晰的例子，说明了政府制造的垄断（通过将司法辩诉工作分配给律师）如何收割了过剩的财富，并分配给经济体内的闲职部门（参见第六章）。

出政治上的让步。然而，1800年代早期以来的长期趋势是农业劳动力**不断减少**（参见表4.1），因为全国性资本主义系统的市场力量已经稳步地侵蚀了小农的位置。我们可以猜测，假如没有19世纪晚期移民带来的政治联盟，这一过程早在半个世纪之前就应该收尾了，或者也可能会引发一场成功的民粹主义反抗来削弱大企业的力量。

这一假设有着普适的重要性。如果非盎格鲁移民是在1860年而不是60年之后被切断的，美国今天的社会结构将会有天壤之别。考虑到它的地理环境和自然资源，美国在工业社会中仍然会是独一无二的（不过其中一个差别是美国的工业化程度会较低）。这一思想实验明晰了一个更加独特的观点：在多元族裔社会中，文化分层格外重要，而且这些武器可以在它的经济和政策组织中加以运用。

今天的美国社会由寡头全国企业和去中心化的地方资本家组成，而这则是由19世纪的美国为它奠定的基础。在20世纪的美国，由于大量族裔冲突下文化市场的活跃，以及先进生产技术带来的生产过剩危机，文凭主义、政府雇佣和无处不在的闲职部门共同发展起来。第五章和第六章将会讨论文凭主义的衍生影响。

第五章 文凭系统的兴起

20世纪美国社会结构上的巨大变化并不是发生在经济领域生产部门的组织和控制上，而是发生在上层建筑里。我们已经看到了"政治劳动"的飞速扩张，政府雇佣中巨大的"闲职部门"的兴起，巨型的教育系统，以及第三部门的总体增长。随着生产技术的稳步发展，所需的工人数量减少了，在这种情况下，为了应对来自大众的经济压力，就发生了非生产领域的增长。不过，这一扩张中最直接的推动因素是教育文凭系统的增长。学校自身是政府雇佣的主要部分（1975年占政府雇佣的42%、占全部劳动市场的10%，参见 *Statistical Abstract of the United States*, 1976 : Tables 452 and 569）。入学率的增长使得潜在劳动力中越来越多的人忙于上学（就像大学生得到政府资助一样，这经常被掩盖为一种福利援助）。教育文凭成为闲职部门建立的手段。通过教育文凭系统，社会建立了专业领域和技术飞地，实现了复杂的官僚职员分工，并在更普遍的意义上帮助专业群体来垄断工作，令他们免受直接生产工作的压力。

美国是世界上文凭主义最严重的社会，它的教育系统也相应地独一无二。当大部分工业国家还有着相对规模较小的中学系统之际，美国不仅很久以前就推进了全民高中入学，在 1960 年代还差点在青少年中普及了全民高中毕业。大学入学率在年轻人中已经将近一半，大学毕业率将近五分之一，研究生也以前所未有的速度增长。更有甚者，如前所示（表 1.1），这些趋势自从 19 世纪晚期以来就一直稳定存在。

美国的教育系统不仅在数量上无可匹敌，在结构上也与大部分工业社会大相径庭。大部分其他社会都将中学教育分为两种或三种机构：精英组织（英国的公立学校，德国的高级中学，法国的国立高等预科学校）教授的是传统的上流文化，通往大学入学；商业高中直接培养学生进入商界或从事文书工作；有时还存在第三个种类，那就是为工程师和技师设立的技术学校，或者是在更低层级上为潜在的工人阶级设立的职业文科学校（如果他们在十一二岁的分级考试中失败之后没有直接离开学校的话）。这些形式被描述为一种"保荐式流动"系统，一旦到达分流点，学生的职业前景就已经被决定好了,之后学生会在保荐之下逐步前进,无须更多烦扰(Turner,1960)。

相比之下,美国教育系统被描述为"竞争式流动"系统,其中没有关键的分流点。不同种类的中学并没有明确的分野,甚至不同种类的本科学院也没有。在不同项目中转来转去或是在退学之后重新进入系统都是相对容易的(Eckland,1964)。在这种模式下,学生会经历年复一年不间断的消耗战,从高中一直到高级专业训练,因为"竞争"一直都在持续。此外,这种系统并没有一个固定的终点。教育对职业的影响是相对而言的。欧洲教育系统将学生分流到了不同的专业训练中,在早期选择点就制造了截然不同的职业类型(比如医学和法学训练是在高中结束之后就直接开始的),而美国系统则把专业划分一直推迟到整个教育阶段的最后。而且这一终点还一直在改变:曾被视为精英的高中文凭变得几乎全民皆有,常见的本科训练也已被研究生教育所取代;对那些回报最高的专业来说,甚至需要博士后专业训练才行。

简单来说,前者是精英职业在早期就已经通过学校的横向分支划分完毕,后者则一直存在纵向排序,理论上来说只要有毅力就能坚持下来,而精英职业地位则意味着要在教育系里停留很久。[1] 在美国系统中，不同等级的不同学校在质量上也有差别[2]，但这些差别是一点一滴累积起来的，而不是突然发生分流，而且每个学生都能在竞争中横向流动，而他们也的确是这么做的。此外我们还将看到，声望较低的学校一直在进行改变，试图去模仿声望较高的学校。

美国系统显示了活跃的文化市场的作用。首先，关键条件是充足的物质产品。当物质资源被投入到专业的文化生产组织中，就产生了文化市场。这些组织越是去中心化和有

---

[1]（表格）请注意以下数据：1960年代早期工业国家人口中完成不同水平教育阶段的比例

国家	完成高中教育的比例[a]	进入大学的比例	大学毕业的比例
美国	75	39	18
苏联	47	19	9
日本	57	11	12
法国	30	11	—
英国	12	6	5
西德	11	6	—

数据来源：Bereday（1969，80，281）；Havighurst（1968，55-56）；Blewett（1965，113，118，122，158-159）。

a. 比例是相对相应年龄组而言的。

[2] 有人认为，美国高中内部对学生的追踪分班（Rosenbaum，1976）和大学中专科与本科学校的区分（Karabel，1972）与"保荐式流动"形式是相同的。美国与大部分欧洲教育系统的区别是程度上的，因为后者中也有"竞争"的元素存在。上面注[1]给出的数据显示，苏联也有"竞争性流动"模式；日本在进入大学时竞争十分激烈，但随后就是"保荐式流动"。我们还应该注意，不同系统的特点不可能在这种数据中得到完全体现，因为哪怕存在不同种类的高中，它们在这个表格中也被放在了同一列里。

竞争性，文化领域的竞争就越强，特别是如果同时文化还与分层挂钩，经济与政治统治都围绕文化群体身份组织起来，就更是如此了。在美国，20世纪初期，这些条件达到了顶峰。美国在地理和政治上的去中心化，不仅阻止了任何特定群体垄断对教育系统的控制（大部分欧洲社会都出现了这种垄断），还主动推动了各个层级学校的建立，推动者包括州政府和地方政府、教会以及私人企业家。美国不仅不存在国教，还有许多分支教派在建立学校上互相竞争。中产阶级新兴社群也可以通过在地方自主建立学校来形成组织。最重要的是，美国经历了世界历史上最大规模的多元族裔移民。在政治和地理上去中心化的情况下，这一多元族裔社会为争夺文化霸权而展开了激烈的斗争，其重要手段就是建立庞大的学校系统。

系统支配权力的去中心化意味着学校原有的任何特定目标都可能在群体竞争和不同情境下遭到吞噬。商业人士也许会想让学校将劳动力社会化（Bowles and Gintis，1976）；普通的盎格鲁-新教市民也许会想让学校将具有冒犯性的外来文化美国化（Katz，1968）。财阀精英想要建立排他性的私立学校，好隔离自己的孩子（Baltzell，1958：337-348）。天主教社群或其他少数宗教和族裔群体也许会出于自己的文化自豪感而建立独立的学校（Curti，1935）。但是，周围的环境不会让任何学校独立存在；学生们身处更广阔的世界中，人群接受着越来越多的教育，而工作准入门槛对教育水平的要求也是越来越高。学校开始互相模仿：中学是为了将毕业生送进名牌大学，大学和专业学校则争先恐后地想让自己的学生至少能获得抵达社会巅峰的机会。美国的学校因此形成了统一的阶级，在垂直的方向上不断延展。

尽管美国的竞争文化最初主要是通过族裔和宗教体现出差异，但是教育的具体内容却是越来越不重要。随着系统越来越复杂，对任何特定种类和等级的教育而言，具体学习内容都越来越无所谓，而越来越重要的是获得特定等级的学位和正式文凭，好进入下一个学习阶段（或者最终达到要求，进入一个垄断性的行业）。特定群体的文化逐渐转变为抽象的文凭。用理论术语来说，日常社会交流的特定文化被转化成了一种通货。这种文化通货越来越具有自主性，也越来越取决于其生产领域内的组织力量。学校中的官僚化过程本身进一步推动文化通货远离原本的族裔和宗教内涵，并在实际上抹除了不同改革者试图加诸其上的任何科技内容。

这种竞争系统用教育文凭的形式生产着抽象的文化通货，它的崛起成为20世纪美国最重要的塑造社会分层的新力量。从学校内部组织开始，文凭从精英垄断的专业一路往下渗透了职业结构，并成为一种决定性的推动力，促使所有领域内发展出超级复杂的官僚系统。正如族裔斗争塑造了19世纪末到20世纪初的其他社会斗争一样，教育文凭对专业领域的渗透也塑造了近几十年来社会分层的主要问题。

这是否意味着族裔和文化问题已经盖过了经济中的阶级冲突？这个问题其实误解了社会组织的本质。经济阶级和文化群体并不是独立存在的。在实际社会中，个体会各自（individually）利用能够为自己带来利益的资源和地位，而世界就是由这些互动的个体构成的。个体不仅仅能利用文化武器来获得和垄断经济地位，文化产品也同时决定了个体将与谁结成联盟来争取利益。换句话说，并没有像铁板一样固定的经济阶级来共同争取经济上的生存或特权。"工人阶级"和"资本家"只是统计上的类别，存在于理论家的头脑里，只不过真实的人们会组成联盟并像这些群体一样行动而已。这些群体的形成是一个文化问题（复杂的马克思主义理论家已经很清楚地认识到了这一点，他们认为阶级的形成要通过"提高意识"来动员群体）。事实上，经济斗争几乎总是发生在更多小群体之间，因为将它们联合在一起的文化通常只能延伸到地方：要么通过特定的组织或职业领域，要么通过特定的族裔群体。如果族裔群体或其中的一部分普遍垄断了某一职业地位，那么它们就是具有经济利益的群体。相比马克思主义理论下宽泛的阶级定义，这种"族裔分工"（Hechter，1974）或"族裔阶级"（Gordon，1964）在经济行动中要常见得多。这也同样适用于20世纪基于教育文凭这种抽象文化通货而形成的新群体。所以，在描述文化群体的冲突时，我实际上是在描述美国阶级斗争的面貌。

因此，本章的目的就是勾勒出美国教育文凭系统的兴起及其条件。这包括首先检视令美国成为多元族裔社会的移民过程，以及它如何塑造了美国的政治和经济冲突。接着，我们将检视教育组织的发展：单一族裔殖民地时期的美国仅有最简单的教育，之后随着族裔冲突升级而发展出了中小学，最后则是发展出了大学系统。第六章将分析专业教育的变化，以及它如何与一个统一的文凭系统挂钩。

美国的多元族裔冲突

相对于其地理疆域和经济资源来说，美国的人口十分稀少，这在19世纪制造了巨大的劳工需求。最终，移民带来了世界上最为分化的文化，引发的冲突导致美国关闭了其边界。在这之前的开放移民政策几乎是独一无二的。法国、西班牙和荷兰的殖民地都被留给了它们自己的国民,它们的国境内已经有庞大的本土人口,因此并不需要大量外来劳工,于是便将移民限制为精英阶级。但是,北美由于大量的劳动力缺口而引进了昂贵的劳工,从而推动了大众消费产业的兴起和经济的飞速发展。[1]美国最初的定居者是激进新教徒,殖民时期的条件也更有利于他们的中产阶级文化,而大移民时期的外来文化则对他们的文化统治发起了冲击。这一冲击在制度上引发的后果,很大程度上决定了美国社会结构的独特性。

1790年,美国建国初期的人口大约是400万(*Historical Statistics of the United States*, Series Z20)。其中,大约66%有英国–苏格兰背景;8%是爱尔兰人(大部分是北爱尔兰新教徒);还有10%是荷兰人或德国人。总体来看,整个国家大约85%是新教徒,而且大都会讲英语;剩下的15%是非裔黑人,大部分是奴隶。

美国有着整个现代史上增长最快的人口。1790年,美国人口不到400万;1850年已经增长到2300万,1900年是

---

[1] Emmanuel(1972)通过比较经济学分析展示了昂贵的劳动力有什么好处。Hartz(1964)描述了国家人口相对较少在政治上有什么后果,不过他忽视了美国社会结构中特殊的族裔传统和冲突的影响。

7600万，1950年是1.51亿，1970年达到2.05亿（*Statistical Abstract*，1971：Table 1）。人口增长的一部分是内部增长，但大部分还是移民。最初带有早期美国文化的400万人绝大部分都是白人、新教徒、英语群体和他们的黑人奴隶，他们面临着被大量带有外来文化的移民所吞没的威胁。

移民的文化威胁在19世纪迅速发展。正如表5.1所示，到1850年，美国10%的人口出生在国外（这是从仅有的数字估算的；该数字仅限于男性）。我们并不知道还有多少人的父母是在国外出生的。黑人占15%；因此，到19世纪中叶，原有的本土多数人口已经下降到大约75%，也可能更低。然而，更大的转变发生在内战时期。1900年，大约14%的美国人口出生在外国，20%的父母出生在外国，黑人人口下降到11%。这些加起来达到了45%——也就是说，人口中将近一半已经不是最初的那一批人了。直到20世纪，这一趋势才开始退潮，到1950年，自己或父母出生在外国的人口加上黑人大概只有三分之一。

这也许能让我们感觉到盎格鲁–新教美国人在过去一个半世纪里感受到的压力，但接下来的数字会让这种压力变得更加强烈（*Historical Statistics*，C218-283；H538-543）。1850年，70%出生在外国的人口来自北欧、西欧或加拿大。

因此，他们通常也是新教徒，尽管其中有些人讲德语或斯堪的纳维亚半岛的语言。到 1900 年，出生在国外的人口里有一半来自北欧。这一时期的大致趋势是，移民主要来自"陌生"的文化。到 1890 年，美国有 40% 的人口是天主教徒，5% 是犹太教徒。由于黑人大都是新教徒，这也就意味着，到 1890 年，美国的天主教徒和犹太人加起来可能已经超过了白人新教徒的人口。

表 5.1 本土、外国和黑人人口（成年男性），1850—1950 年

	1850	1900	1950
本土出生的白人男性，父母也是本土出生	75	55	68
国外出生的白人男性	10	14	7
本土出生的白人男性，父母是外国出生	—	20	15
黑人男性	16	11	10
男性成年人口总数（百万）	12	38.5	74.4

资料来源：*Historical Statistics*, Series C, 218-283。

在这种情形下，冲突变得格外严重，这是因为许多群体都是基于不同的文化背景组织起来的。它们的背景从盎格

鲁－新教的独立商业农民，到欧洲封建农业社会的天主教农民，到来自波兰和俄国与世隔绝的犹太小村落的传统犹太商人和工匠，到来自园林部落的非洲奴隶，再到本土印第安部落——其中许多都还生活在狩猎与采集文化中。事实上，美国不只移植了多语言的欧洲，同时也从世界历史上存在过的大部分重要社会类型中采集了文化，并将它们同时集合到了一起。

这些文化在政治、经济和社群组织上的重要差异并不仅仅是在语言、食物、服装风格上制造了表层的不同，而是也在工作风格、对权力的态度、宗教及人际互动上制造了深层的区别。例如，盎格鲁－新教人口对工作、储蓄、娱乐和性行为都持禁欲主义态度（Main，1965；Morgan，1966）。这些态度适用于小型独立社群，在那里，大部分人都能获得经济上的体面生活，市场也推动着坚持不懈的自律。相比之下，许多天主教移民都来自封建领主统治下的社会底层；在那些情境下，努力工作和节俭都是外力导致的，而不是内化的理想；他们还带有一种宿命论，伴随着时不时的狂欢和奢靡（Thomas and Znaniecki，1918；Arensberg and Kimball，1948；Banfield，1958；Gans，1962）。政治风格上也有类似的差异：盎格鲁－新教徒习惯于共同管理社群事务，并共同施压来遵守宗教准则，而天主教农民则习惯于在政治上从属于统治者，后者会施加给他们家长式的传统的政治忠诚标准（Weber，1968：458-472，1006-1067）。这些差异承载着天差地别的道德观：盎格鲁－新教徒认为移民懒惰、放荡，在政治上腐败透顶；关于天主教信徒对前者的态度没有记录，但很可能他们会认为新教徒狂热、自负，对家庭和朋友不够忠诚。[1]在个人生活方面可能存在更多敌意：新教徒毫无疑问会认为移民的家长制做派太过情绪化和喧闹，也许喧闹得带着罪恶；天主教徒、犹太人和黑人则必然会认为对市场敏感的新教徒冷漠、非人和自以为是。

简单来说，这些不同群体之间的边界是由文化差异所维持的。当然，有些群体之间的差异并没有那么大，有些文化风格相似的群体之间的同化也会相对较快。德国和斯堪的纳维亚新教徒都来自市场农业和小镇背景，与盎格鲁－美国人类似，因此很快就被同化了[2]；天主教徒群体之间也倾向于互相同化（Kennedy，1952；Greeley，1970；Laumann，

---

[1] 在少数族裔政治机器的帮助下，伍德罗·威尔逊（Woodrow Wilson）于1911年当选新泽西州长；但是后来他却对少数族裔发起了迫害，并认为这是正派的。对少数族裔政治家来说，这证明了新教徒的不可信任（Hofstadter，1948：251-253）。
[2] 这一事实说明语言差异仅仅是表面差异。相比之下，尽管爱尔兰天主教徒也讲英语，但是他们却长时间以来都拒绝被同化。

1969，1973）。但是，文化差异越强，同化就越难发生，也更容易产生文化敌对。因此，非裔移民由于不同的情绪、性与社交风格[1]而被所有欧洲群体轻蔑对待，差异同样很大的印第安部落也是如此；欧洲群体更是借此将他们视为低人一等甚至非人，并将这种态度予以正当化。因而，19世纪晚期美国的文化多元不仅仅产生了文化冲击，也制造了深层的情绪敌意和道德愤怒。现在，建立在不同道德观之上的群体开始为争夺同一个经济和民主政体的控制权而发生冲突，他们都是正式的参与者。并不意外的是，当新教徒的统治地位遭到威胁时，他们开始采取越来越激烈的手段。

19世纪晚期，那些让中产阶级新教徒能够将文化权威封存起来的条件已经不复存在。大城市的崛起，国家经济的增长，大型官僚机构、大众媒体以及移民带来的挑战——新教中产阶级曾将高效体面的文化视为日常信仰的一部分，而

---

[1] 非洲文化在奴隶制和相应条件下的存续一直以来引发了激烈的争论（Metzger, 1971；Lyman, 1972）。黑人工人阶级群体有着高度的社交性、良好的口头表达能力、充满活力的身体、性自由的态度、对待娱乐和宗教在情感上外露的特点；这些被解读为对贫穷和歧视的反馈，是一种补偿性的享乐主义（Liebow, 1967）。不管怎么说，黑人与白人的下层和工人阶级文化之间有着明显的族裔差异。比起同阶级的白人，黑人更可能归属于某个社会群体（Orum, 1966；Olsen, 1970），有精神疾病、酗酒和自杀等问题的可能性更低，有更高的幸福度和自尊（McCarthey and Yancey, 1971；Farley and Hermalin, 1971）。这些似乎来自于更具有社交性和在情感上更外向的文化，也正是在参与度较高和相对民主的非洲部落社群中所发现的文化（Murdock, 1959：17-19, 64-100, 222-264；Oliver and Fage, 1962：102-124）。

如今，这种机制已经被这些新元素瓦解了。文化资源的衰退意味着对劳动市场失去控制；随着文化资源衰败，它所支持的经济利益也遭到了威胁。早期殖民地的紧密社群关系一直能用铁的纪律来维持公共准则。随着移民向西推进和经济发展，这种权力也愈发遭到侵蚀。到20世纪初，新教文化不仅衰退了，它的支持者也失去了权力，无法再用传统方法维持它残存的部分。

然而，仍然存在一些条件，能够支持新教文化的某些变体，并提供了组织反击的基础。仍然存在受到尊敬的中产阶级社群，以及通过努力工作来获得社会流动的机会。盎格鲁–新教文化的自律风格仍然在他们的日常交往中受到肯定。这种体面仍然能让他们在盎格鲁雇主那里得到好工作，从盎格鲁银行家那里获得贷款，并在盎格鲁客户中建立良好的职业声望。[1]在盎格鲁–新教徒控制着主要经济资源的世界里，新教徒们不断努力推进自己事业的过程，也让他们的文化显得仍然重要。

至于哪些标准影响力更大，一场多边斗争一直在为此进行。一边是更传统的盎格鲁–新教徒，一边是城市新教徒摇

---

[1] 韦伯（Weber, 1946：320-322）在1904年访问美国时注意到了这一现象。

摇欲坠的道德标准；商业利益激活了传统美德，被用来为阶级统治正当化；开明派也引用传统道德观来正当化他们的改革。它们形成了一个更庞大的文化群体，一同为保持自己对移民的文化优势而斗争。

新教徒的反击有两种形式。其一是用充满敌意的保守手段来压迫非盎格鲁群体，或将他们完全排除在外；其二则是清醒的"开明派"试图同化移民和新教徒中的堕落者，好让他们重新服从于传统新教文化。保守者的反击渗透了政治与经济领域。最极端的是本土主义政治运动，通常带有暴力色彩，包括从 1840 年代反天主教和反共济会的"一无所知运动"[1]，到 1920 年代"三 K 党"的复兴以及随之而来的右翼思潮（Billington，1938；Solomon，1956；Jones，1960）。这些排他性的本土运动从来都没有在政治上获得过多大成功，但本土主义论调却由此渗入更重要的党派的纲领里。他们最重要的提案就是禁止移民（从白人新教故土来的移民除外），并最终在 1920 年代得到实施。这一提案之所以没有更早获得通过，很大程度上是因为美国商业领袖的反对；他们

---

[1] "一无所知运动"（Know-Nothing Movement），1840 年代到 1850 年代本土美国人发动的一场政治运动，主要是由于他们害怕国家被爱尔兰天主教移民控制而引发的。该运动主要致力于控制移民。运动名称来自于其领导政党的秘密性；当成员被问到组织行动时，他们通常都会回答说"我一无所知"。——译注

通过派中介去为移民安排通路，积极地推动了移民的到来。

这意味着族裔差异塑造了阶级分层的界线。只要可能，管理工作都会被留给盎格鲁人。移民群体仅限于体力劳动，或者最多是体力劳动者的工头。在体力劳动者中，不同的族裔群体争夺着对自己有利的位置：大致来说，爱尔兰人逐渐控制了技术工种，意大利人和斯拉夫人占据了非技术工种，黑人则受限于服务工作。族裔团结成为工人反抗雇主的基础。1940年代的研究发现了一个持续的模式：那些行动起来控制工作节奏的工人群体通常是天主教徒；抢拍者——无视集体惩罚而尽个人最大努力参与生产的人——则更可能是盎格鲁-新教徒（Collins et al., 1946：1-14；Hughes, 1949：211-220）。类似地，工会成员通常更可能是移民，而工会组织者及其意识形态则往往直接来自欧洲社会主义运动或以之为榜样。盎格鲁商人会通过私人保安（例如私人侦探）、司法权力和联邦军队来击溃罢工和摧毁工会组织（Johnson, 1968：104-143；1976）。工业劳工组织在1930年代之前的失败，很大程度上是因为这种积极的镇压；1930年代之后，联邦政府的权力终于开始对少数族裔投票者作出反应，从而发生了变化。

另外一种反击则有意表现得更加温和，尽管其文化目标基本上是一样的。它的关键词是"改革"。在政治领域,"改革"意味着一种努力,在"好政府"的名义下,去摧毁天主教政治机器的力量,并将城市政治权力归还到更加有教养的盎格鲁精英手中(Gunsfield,1958:521-541;Banfield and Wilson,1963:138-167)。既然美国城市都是州政府的合法产物,盎格鲁控制下的州立法机构就可以夺走地方城市政府的自治权,将其归还给州立法机构。其他改革——例如创造城市管理者的职位,取代市议会中的不分区代表(他们代表着本地利益)——则是为了重新加强盎格鲁控制;引入公务员管理条例来规范政府雇员,也是为了打破老板们的任免权。改革派政府也用警察力量来尝试进行文化控制:突袭脱衣舞厅,试图打击卖淫和赌博,这些都是在新教的"惩恶"意识形态下进行的。

　　城市文化改革在草根层面的努力主要是以宗教为先导的。内战前,在曾经的美国开拓地带,新教迎来了一波复兴,并重建了中产阶级的体面。内战过后,复兴运动转向了城市。从比利·桑戴(Billy Sunday)到葛培理(Billy Graham)领导下的无止境的改革运动不太可能对少数族裔的文化造成多大影响,但这些运动也许成功地阻挡了城市中新教移民的信仰衰退。城市改革运动部分由城市商业精英提供财务支持,包括摩根和范德比尔特等人，如若不然没人会注意到他们的虔诚；这一事实证明，反少数族裔和反工人阶级的力量联合起来了（Hofstadter，1963：110）。与城市复兴紧密联系在一起的是救世军和基督教青年会运动。后者的成员是宗教大学毕业的中上层盎格鲁－新教徒，正在发展壮大的社会福利运动也是如此。社会服务中心的建立就是为了将移民美国化，这些中心教授英语和体面的文化、行为与道德准则，还会根除"恶行和不良行为"。教授英语的项目似乎有一定的影响，因为它提供了一种技能，移民可以用它来获得国籍和政治权利。福利工作者的其他目标则没有那么受欢迎，收效甚微（Whyte，1943：98-104；Platt，1969）。

基督教改革更暴力的部分体现在禁酒运动中（Gusfield，1963）。清教文化总是视醉酒为罪恶，但它在传统上更强调的是节制。清教殖民者认为适度饮酒可以被视为药用，因此只是小罪。酒精只有在19世纪晚期才成为一个大问题，当时它已经代表了对传统新教价值的大规模挑战。利用国家权力、通过修改宪法来禁酒，这在一战之前获得了认可；《禁酒令》最终于1919年开始实行。之所以会是这一时点并非偶然。数十年之前，新教文化在地方上仍然势力强大，无须通过这种行动来强调自己。数十年之后，这一行动将不可能实现,因为美国农村已经不再占据多数;事实上,到 1930 年代,城市与少数族裔的力量已经足够强大,从而推动了《禁酒令》的废除。针对禁酒的斗争反映了族裔斗争中的危机时刻,那就是一战前后的几十年。H. L. 门肯、"猴子审判"[1]和斯科特·菲兹杰拉德反映了这一时期的文化冲突。[2]

为了守卫盎格鲁-新教文化,最重要的努力投入在了教育中。公立学校靠义务教育法在面临最大移民潮的州里迅速发展起来;教育者们声称公立学校可以将移民美国化,这成为他们获得公众支持的主要原因。19 世纪晚期,在争夺社

---

[1] 猴子审判(Monkey Trial),又称"斯科普斯审判",1925 年 3 月,美国田纳西州颁布法令,禁止在课堂上讲授进化论。教师斯科普斯主动走上法庭挑战这项法律,引发了轰动整个美国的"猴子审判"。——译注
[2] 显然,门肯是生活在城市里的德国人,菲兹杰拉德是爱尔兰天主教徒,两人的作品都关注他们身边的族裔冲突。美国文学的历史清晰地显示了族裔的转变。19 世纪的经典文学作家都是盎格鲁-新教徒:霍桑、库珀、梅尔维尔、惠特曼、詹姆斯、豪尔斯,而且通常来自于传统的东正教寡头政治;他们的主题很大程度上反映了清教道德,并体现了对文化衰退的关注。20 世纪早期的作家则是外来族裔:德国人(德莱塞、斯坦贝克、门肯、格特鲁德·斯泰因、亨利·米勒);爱尔兰和其他天主教徒(菲兹杰拉德、尤金·奥尼尔、多斯·帕索斯、海明威)。仅有的重要盎格鲁-新教小说家,出于某种原因,都是南方人:托马斯·沃尔夫、福克纳。盎格鲁-新教对诗歌领域则盘踞得更久:艾略特、佛罗斯特、庞德、杰弗斯、卡明斯、威廉姆斯、史蒂芬斯,大部分都来自传统清教文化中心哈佛,大部分都在哀叹周围社会中的文化"衰退"而带来的幻灭感。(在艾略特的作品中,常常会光明正大地表现出族裔偏见,例如阿帕尼克·斯威尼【Apeneck Sweene】等;海明威在 1926 年出版的《在我们的时代里》一书中的"艾略特夫妇"中塑造了一位自负且压抑的诗人作为反击。)二战之后,犹太人和天主教徒既夺过了小说的世界(梅勒、罗斯、贝洛、塞林格),也控制了诗歌的领域("垮掉的一代":凯鲁亚克、金斯堡、费林盖蒂、科尔索)。似乎文化创造力会集中在动员程度最高的族裔群体中,无论他们是为了守卫即将逝去的统治权力,还是为了首次闯入全国知名的领域。

会特权的斗争中，美国开始越来越依赖教育文凭。这不仅影响了学校，也影响了工作领域和整个职业结构。

最后，族裔冲突开始退潮，不过一直到1970年代末都未完全消失。多元文化的最高峰是一战之前；随后，文化上最陌生的移民被挡在了门外。在接下来的数十年里，有些文化差异因为同化而消失了，有些族群藩篱也因为同化而被打破了（Lenski, 1963, 1971; Schuman, 1971）。当然，并不是所有的文化差异都消失了；族裔社群的弹性比社会学理论一直以来认为的更高；在不同的职业层级和领域中，我们仍然可以看到重要的族裔差异（Glenn and Hyland, 1967; Wilensky and Ladinsky, 1967; Duncan and Duncan, 1968; Jackson et al., 1970），在婚姻和友谊模式（Greeley, 1970; Laumann, 1973）、政治参与（Greeley, 1974）、社会态度（Featherman, 1971），以及情绪表达（Zola, 1966; Zbrowski, 1969）等方面也同样如此。此外，文化多元重新焕发了光彩，尽管是以较小的规模；这主要是因为来自墨西哥、波多黎各、拉丁美洲的持续不断的移民，以及黑人们动员起来，从南方农村涌入了大型工业城市。这些运动在最近十几年里带来的冲突已经众所周知。

为了解释美国的文化市场，仅仅描述目前文化多元性的程度和族群之间的边界有多么根深蒂固是不够的。美国历史上，多元族裔带来的最关键的后果已经成型，那就是创造了一个制度模式，一个"竞争式流动"的文凭系统，它将多元的美国文化集合起来，注入一个冷冰冰的文化市场，这个市场有它自己的抽象通货。哪怕今天文化差异完全消失，这一制度结构依然会伴随我们，并在我们的社会分层系统中占据关键位置。而时至今日，多元族裔依然存在，墨西哥裔、波多黎各裔、黑人、亚裔以及各种白人族裔（甚至也包括清醒地作出反击的盎格鲁–新教徒）都在今天的文凭系统中争夺权益，这只不过是因为几代人之前就已经奠定基础的通道加速了整个系统的发展。

美国的教育机构：早期背景

美国多元族裔冲突的高峰发生在 20 世纪早期。但是，文化冲突的过程，以及随之而来的文化市场的建构，却是在几代人的时间里逐渐发展起来的。我们可以宽泛地说，族裔文化问题在内战后不久就渗透了社会分层中的斗争，因为当时非英语母语的移民激增。但是，爱尔兰天主教徒的移民开始于 1830 年代，并在 1840 年代增长到了十分可观的数量，他们早已带来了冲突；而在此之前，早期盎格鲁–新教社群中也有涉及阶级关系的文化冲突。为了作出对比，我们应该回溯美国教育机构的历史，检视19世纪初种族相对单一时的情形。

与现代美国教育漫长的过程和复杂的分支不同，19世纪初的美国教育十分简单，教育系统也规模不大[1]。读写能力和算术等基本技能在若干场所都能学习：家庭（由父母来教；如果是富有的家庭，则会有家庭教师）、教会、学徒的工作场所，或是本地的公立和私立学校。更高层级的教育由大学提供，它们教授的是经典课程（中世纪的文法、修辞、逻辑三学科，以及算术、几何、音乐、天文四学科）。少数学院还会在基础的经典课程之上提供更多课程。

这三种教育机构并不是依序进行的。大学和学院基本上教的是同样的课程，从学院毕业也并不一定会进入大学；在中世纪欧洲，许多大学要求的只不过是具有读写能力而已。初级学校并不提供社会证书，进入这些学校也并不是大学入学的前提。大学之外的学校在训练中并不涉及太多社会地位；它们的存在只是为了教授读写能力等最基本的功能，而读写

---

[1] 关于这一点及之后谈及材料的更多信息，可以参见：Bailyn（1960）; Curti（1935）; Hofstadter and Metzger（1955）; Rudolph（1962）; Folger and Nam（1967）; Greer（1972）。

能力本身是很明显的,不需要提供额外证明。早期美国殖民地是读写能力较普及的社会,但读写能力是在学习其他有用技能的同时获得的。学校之间的主要区别在于社会阶级构成:初级学校和学徒制度的参与者主要是工匠;拉丁文法学校和大学(以及家庭教师)主要为上层阶级服务;学院出现在18世纪,课程相对不那么古典,主要是为城市中的商业中产阶级准备的。

  大学教育当时主要是二级教育。与初级教育不同,它并没有明确的技术目标,但却有提供认证的权力:大学是合法机构,由政府许可,并因此获得了权力,能够授予欧洲大学中的传统学位——本科学士学位。17世纪最早的大学拥有传统的权力来授予更高的学位(硕士和博士),包括医学和法学学位,但这种在职业上十分重要的认证权力很少真正实施。在流动性很强的开拓者社会中,劳动市场十分不稳定;医学和法学的学习主要是通过学徒制度来实现的,而为了进入特定职业,也不一定需要进入大学。最早的大学主要是为教堂提供受过教育的牧师;这一专业功能被保留了下来,不过后来也出现了神学院来提供快速的神学训练。(某种意义上,美国大学成为二级学校,为神学院的"高等教育"做准备。)

19世纪早期的美国正式教育是很基本的。地方支持下的初级学校不断涌现，它们教授经典课程，不提供文凭认证；大学的数量增长到了非同寻常的程度，它们与学院教授基本相同的课程，提供本科学士学位；最后，还有少数神学院，它们从大学毕业生里招收学生，但同时也招收没有大学学位的学生。所有这些机构的入学要求都是很基本的，也并不取决于其他教育机构的文凭。学院、大学和神学院仅有的限制条件就是性别（只有男性能进入）、读写能力（有时除了英文之外还需要懂拉丁文和希腊文）、付得起一笔不多的费用，以及遵守管理学校的教派的规条。没有年龄要求，因此大学学生的年龄从十几岁到二十五六岁都有。大学学习需要几年，也没有严格规定，不过中世纪的传统是四年。只有神学院会提供与专业相关的认证，但就连它们也并没有垄断成为牧师的路径；福音派的神职授予也是一条常见的路径，特别是在正在开拓的殖民地更是如此。大学提供了学位证明，但很少有大学生获得学位（大部分人在认为自己获得了足够教育后就退学了），学位似乎也没有带来什么职业上的优势。

正式教育只对两个职业是重要的：牧师和教师。在沿海地区，特别是在新英格兰，牧师的地位和薪水都很高，大学与牧师之间有着相对紧密的关联。精英的公理教会和英国国教牧师几乎都是世袭阶层,他们的儿子会在家里和学校垄断特定的文化训练(Main, 1965: 139-141, 275)。不过,如果说传统地区的牧师比较富裕,教师则不然。教书的报酬很低而且极不稳定,教师能够勉强负担中下层阶级的生活方式,而代价通常都是放弃婚姻。教书并不是受欢迎的工作。尽管它似乎吸引了许多大学毕业生,在通往教会工作的路上作为暂时的跳板,但教师的教育资质要求却远低于大学(Bailyn, 1960: 96)。因此,即使对教师来说,正式的学校文凭也并不是很重要。

总之,美国革命之前的殖民地教育系统类似这样一种理想型:入学门槛和象征性的文凭认证都没有什么意义。在此基础上,我们可以追溯这一系统的发展:在某些地区,学校教育在技术上的重要性越来越高,而与其相关的社会制度则要发展得更快一步。

公共教育的兴起

美国建立起教育文凭系统的第一步就是建立免费的公立小学。虽然小学自身不是文凭认证机构,但它们却为接下来数年的公立教学打下了基础,而这些教育最终则会指向高中文凭,并由义务教育法统一起来。

殖民地时期的美国，初级教育在许多场所进行：家庭、学徒场所、教堂、私立学校、私塾，以及部分公立学校。公立学校只是其中的一小部分。它们得到地方小镇的支持，但通常都要靠学生父母支付一小部分费用，真正免费的教育主要只提供给愿意声明自己非常贫困的那些家庭的孩子。结果，公立学校的入学率相对较低，很大程度上局限于繁荣的新英格兰和中大西洋地区。基础教育可以在学校之外获得；有读写能力的成年男性大约占一半到三分之二，系统的总体效率由此可见一斑[1]。

从19世纪初起，州政府开始要求地方小镇建立免费的公立小学，之后不久便开始为它们提供财政补贴。到1860年，大部分新英格兰州都建立起了免费的公立小学系统；南部州则一直到内战后的重建阶段才被迫接受了北方模式。西部的州和领地则在正式组织起来不久就开始这么做了。

推动公立小学建立的力量主要来自上层阶级和中上层阶级的专业人士，特别是牧师、教育工作者和律师。在早期，这些人是宗教领袖；在19世纪世俗化的环境下，他们则变成基督凡人论的改革主义者，试图通过道德改良来重建文化

---

[1] Folger and Nam（1967：112）。女性的读写能力似乎一直都要高得多。

统治。爱尔兰天主教徒在1830年代和1840年代之间涌入新英格兰地区，自此之后，少数族裔的涌入为文化创新提供了特殊的机会。公共教育只是许多原因中的一个。同样的一群专业人士也在积极反对奴隶制、战争、酗酒、因债务入狱、酷刑、不人道地对待精神失常者、有害的劳动条件。他们呼吁限制童工，建立公立医院和社会福利系统，也包括建立免费的公立学校。

这些改革者利用了许多论证方法来为公共教育争取政治支持，他们声称教育能够提升劳动力、维持政治稳定、改善道德风气。这些论点中，有一些得到了工业主义者的支持，但许多制造业和商业的从业人士都对提供免费教育犹豫不决，主要是因为税务开支。底层民众总体来说都很反对。在开拓地，底层民众和农民反对公共教育，是因为他们并不需要它（Curti，1935：66-68，87-90）。城市工人也大多漠不关心，特别是因为公立学校里主要是上层阶级的孩子，学校会将上层阶级中服从权威的意识灌输给无拘无束的工人阶级青少年。例如，在1860年马萨诸塞州的贝弗利市，工人阶级在一次鞋匠罢工中动员起来，压倒性地投票废除了新建立的公立高中，而上层阶级则投票要求保留它（Katz，1968：19-93）。

也有一些相反的趋势。工会有时会要求建立服务所有社会阶层的免费学校，这通常与限制童工导致的竞争相关（Ensign，1921:41，52;Curoe，1926:13-15，29-31）。但是，劳动者从来都不是公立学校的主要推动者，甚至也不总是支持者。他们的影响更可能是间接地通过支持反童工法案来体现的。这进一步提出了中上层阶级的卫道士们关注的问题：没有工作的孩子们可该怎么办呢？

显然，大规模的小学教育之所以创立，主要不是因为工业上的需求，也不是因为大众认为它能带来实际利益，而是因为殖民地教会精英后代持续的政治影响力；他们组成了政治联盟，并制造了意识形态上的呼吁来推动他们的目标。在运动的发源地新英格兰地区，运动领导者作出一副守卫者的架势，仿佛在保护传统的道德文化，而这种文化正在遭受来自多个方向的挑战：商业和工业扩张带来的投机观念；在工会和都市化下动员起来的工人阶级文化；外来移民特别是爱尔兰天主教徒的涌入。这不仅仅是在单纯的文化战争中防止地位下降的问题。新英格兰地区的教会和专业精英实际上是一种亚阶级，他们要保护自己的经济和政治利益，而他们的文化特权则紧密地与这些利益绑定在一起。他们发现，其他社会群体正在越来越强地动员起来，挑战他们在经济、政治和文化领域的支配地位。但是，这些群体内部也并不是铁板一块；通过形成合适的同盟，旧有的牧师阶级能够把教授传统文化的正式义务教育的好处兜售给其他群体。

也许最重要的群体并不在早期沿海殖民地，而是在内陆；在那里，从18世纪末开始，宗教复兴断断续续地向西部传播。早期开拓地带充斥着土地投机、暴力和无法无天的男性狂欢。随着开拓地带向西挺进，土地被用于常规的商业农业，中产阶级的自律、禁欲主义工作文化和家庭道德观也就开始生根发芽。宗教复兴正是这一运动的工具，用来将前开拓地带的社群重新组织起来，形成体面的小资产阶级社区。因此，尽管在18世纪末，阿巴拉契亚山脉以西的人口变动使得坚持宗教信仰的人只剩下10%左右，但后来的复兴主义运动仍然横扫了内陆地区，特别是在1830年之后（Hofstadter, 1963：55-141）。这些复兴运动的推动者是卫理公会和浸信会派传教士，到1850年，他们已经成为最大的新教派别。随着宗教的复兴，教育也发展起来，通常是在同样一批企业家和传教士的推动之下发生的。

因此，教育被新近扩张起来的中产阶级接受了。在新近才从暴力和松散的开拓地带稳定下来的领地上，他们创造了一个商业社会。传统的盎格鲁–新教文化在宗教和教育的形式下被用来维护坚实的中产阶级控制——事实上,这些新来的商人一开始就利用它来自我组建为当地的统治阶级。文化组织是他们的武器,用来对付他们眼中的"野蛮",也就是早期定居者们更具冒险主义和个人主义的作风。正是对传统文化的需求给了牧师阶级新的机会,但他们不再是毫无疑问的社区领袖,而是作为企业家来兜售文化,并因此为公共文化市场打下了基础。

19世纪前半叶,小学教育的基本模式已经建立起来。它将会在改动不大的情况下扩展到南部和西部新建立的州。小学教育的主要目的是灌输道德观念和基本的社会读写技能。为了达到这一目的,它的课程主要是宗教和经典内容,方法则主要是死记硬背和纪律管束。对于教育的价值和必要性,公众的感受一直摇摆不定。一方面,甚至在没有强制义务教育法的情况下,入学率依旧上升了,到1840年达到了年轻人中的40%,1880年则达到了60%[1]。另一方面,入学率似乎并不是主要问题,因为小学生的年龄从5岁一直到18岁都有(Folger and Nam, 1967: 6-8)。留级率在农村地区最高,而高中在那里则发展得最晚;似乎在建立免费公立

---

[1] Folger and Nam(1967: 3-4)。这些数字指的是整个5—18岁年龄的人群;由于留级率很高,这主要反映了小学而不是中学的情况。

高中之前，父母们只是零零散散地将孩子送进小学。在小学被当成是通往中学教育的一步之前，严格的年龄–年级对应并不重要。

我们也许可以总结说，小学教育本身满足了一种中度的大众需求。如果大众并不怎么关心教育，不愿为孩子的教育付学费，那么当他们的农场和商店不需要孩子帮忙时，就会把孩子送进免费的公立小学。毫无疑问，19世纪晚期禁止童工的法案让学校变成吸引力很高的托儿机构。零散的入学模式说明孩子们会一直上学，直到他们获得了似乎够用的读写能力，然后就会退学，除非他们打算上高中。对大部分人来说，免费公立小学主要是为了训练基本的读写能力，也是用来帮助建立基本的中产阶级地位，特别是在开拓地带更是如此。只有当公立高中兴起之后，正式文凭才变得重要起来，小学本身也发生了转变。

统一的中学教育

到 1860 年，马萨诸塞州、纽约州和宾夕法尼亚州等东部州已经开始出现由公共管理和税务支持的高中，这种学校在 19 世纪剩下的时间里扩散到了整个国家。赢得了公立小学教育的上层和中上层宗教改革主义者，继续为推进公立中学教育而斗争。正如在之前的例子中一样，为了支持这一新举措，他们声称公立中学能为公众带来各种好处。1877年，一位教育工作者声称，单靠学校就能使美国免受法国公社带来的可怕威胁；另一位领导者在争取公众的支持时声称："衰退的农业、糟糕的道路、年轻人的不满和无用，我们所抱怨的诸多弊病都能靠一个良好维持的教育系统来解决。"（Curti，1935：274；209-210，216-218）他们抓住每个政治危机和议题来强调社会需要更多的公众教育。

为了建立州政府支持的中学，各种各样的同盟参与进来，不过有一个关键要素是不变的，那就是教育工作者自己。19世纪上半叶建立的公立学校为下半叶发展起来的免费中学教育提供了主要的元素：一群善于言谈且十分热忱的人，他们强烈地相信教育的价值，并十分擅长争取公众支持。他们就是各州教育部门的官员和管理人员。教育系统一旦建立起来，就会像其他组织一样努力扩张自己的规模、资源和影响力。为了达到这一目的，教育工作者成功地让一个接一个的州通过了法律，不仅仅建立起了公立中学，还开始强制特定年龄阶段的孩童入学。最早的此类法律是在1852年的马萨诸塞州通过的，第二个是在1867年的佛蒙特州。截至1890年，已经有25个州通过了此类法律；大部分其他州（集中在南部和西部）在 1920 年之前也通过了此类法律（Folger and Nam，1967：24-26）。一开始，法律规定的年龄是 6 岁到 14 岁，但其上限逐渐提高到了 16 岁，在某些地方甚至提高到了 18 岁。在宗教改革者和教育工作者争取公众支持和义务教育法的同时，为通过和拓展反童工法而作出的努力，无疑帮助他们赢得了劳动者的支持。

争取公立高中和义务教育的论点与推动公立小学的论点基本一致。有时，工业上的好处会被提起，但主要理由是教育有助于建立良好的公民意识、维持政治稳定和培养道德品质。总体来说，义务教育法必须放在群体冲突的背景下来理解。学校是由中上层阶级的改革者建立起来的，其教学内容和方法被用来灌输理想的乡村社会中的美德。1860 年，高中自愿入学率在盎格鲁－新教中产阶级的孩子中是最高的，而不是工人阶级。在主要由盎格鲁－新教居民组成的传统新英格兰小镇上，孩童的入学比例（28%）比中等规模的城镇（15%）或城市（8%）更高[1]。但是，尽管学校主要吸引的是那些中产阶级和乡村文化的承载者，建立公立高中的努力却

---

[1] Katz（1968：39）。我们应该注意，当时马萨诸塞州的高中数量比整个国家其他地方加起来都要多。

是在城市里变得更强（Katz，1968：48）。这一方面是因为城市学校能够争取到更多的税基，但它主要还是反映了城市工人阶级移民文化的挑战，公立学校是对这一挑战的回应。

义务教育法的通过模式让这一切变得更加明显。义务教育法来自两个相关的问题：一是旷课，二是为了管束不听话的青少年。小学管理者一直都在抱怨出席率不稳定，因此要求出台法律来阻止学生旷课。1850年，马萨诸塞州首先通过了禁止旷课的法案，这比最早的义务教育法还要早两年。但在这之前，马萨诸塞州已经在1848年建立了少年管教所，它的主要目的就是提供一个场所，好把冥顽不灵的学生送进来。这其实是一种文化冲突，通过当时男生最常见的问题可见一斑：按照频次顺序，在这所学校1850—1851年接收的440个男生里（Katz，1968：175），394人"使用了渎神语言"；350人"在入学前无所事事，或没有稳定工作"；303人"去戏院或类似场所找乐子"；259人"使用了猥亵语言"。按照卡茨（Katz，1968：172-173；164-185）的回忆，通常被认为是不良行为的罪名包括以下几类：

> 第一桩罪通常是逃学。逃学者会渐渐对"赛马、保龄球沙龙、戏院和其他娱乐场所、道德败坏和犯罪"熟

悉起来。在保龄球馆,"一开始是被雇来摆保龄球瓶",但他很快就开始"渴望像男人一样",并成为"青少年赌徒"。随之而来的渎神、酗酒和放荡的生活,很快就会将他推向犯罪和毁灭的道路。

这些"罪犯"大部分都是城市工人阶级家的男孩,其中许多人都是爱尔兰天主教徒。对改革者来说,解决方法就是少年管教所,这些学校设立在最淳朴的乡下,在新教福音牧师的指导下进行强制的宗教教育。正是在这种模式下,义务教育法发展起来了。马萨诸塞州似乎一马当先,这既是因为它有着中上层阶级的领导者和社群对个人实行宗教控制的传统,也是因为来自早期外来移民的文化挑战。义务教育法在内战之后的扩散,似乎伴随着移民和城市化。随着本土新教徒和外来移民族裔之间的冲突愈演愈烈,学校作为一种控制武器的重要性也在与日俱增。19世纪,小学成为义务教育的一部分;20世纪,中学也紧随其后。

中学教育主要被视为一个社会化的过程,课程一开始关注经典研究,与商业生活风马牛不相及。但是,这与中学教育工作者的计划发生了矛盾。一方面,他们致力于提供包括文化社会化的教育,但这种社会化应当在小学教育的程度之上，因此应当包含某些特殊的内容。这种内容可以在传统高等教育中找到：经典、语言、文学、历史、科学。另一方面，这种内容已经在现有的大学中教授，我们将会在本章中关于大学和学院的部分看到这一点；甚至在推动高中教育之前，大学在美国就已经很普及了。因此，高中与大学互相竞争，因为年龄和年级的对应关系尚未建立起来，它们都在吸引同样年龄阶段的学生。

义务教育法从1850年左右的反旷课法发展而来，是当时道德社会化改革运动的一部分；它规定一定年龄范围的孩童必须上学，但并没有规定年级或学校类型（Folger and Nam, 1967：24-26）。直到1870年代，年级、四年制高中、八年制小学以及最重要的每年升级的规定才发展起来。当时有着严重的留级问题：一直到1910年，大部分14—17岁的学生仍然在小学里；大约25%的小学生在13岁以上，80%的中学生在18岁以上；高中学生可能已经20多岁了（Folger and Nam, 1967：6, 8-10）。大学继承了一直到19世纪末的美国都存在的中世纪传统，学生从十几岁到二十五六岁都有。大学并不要求高中学历，甚至也不要求学生上过小学，只要学生有读写能力就行（有时也会需要拉丁语和希腊语的读写能力）。许多大学还为需要满足这些前提条件的学生建立了自己的预备部。

此外，这两种学校针对同一年龄段也为专业训练展开了竞争。19世纪中期，医学、法律、神学和工程学的专业训练大部分都是通过学徒制进行的，大约从十几岁开始，一直持续到二十多岁。虽然专业学校也存在，但它们并不要求学生有任何教育背景（正如中世纪的欧洲大学以及英国的律师学院一样），只要有读写能力就可以了；它们对学生的年龄也没有要求，从十几岁往上都可以。[1]

在这些条件下，所有传统教育的内容都遭到了大众的频繁攻击，被认为毫无用处，也就不足为怪了。人们提出的替代方案通常是为现代社会准备的某种与职业相关的新型教育。有些教育工作者反对这么做，但其他人则从1880年代开始组织建立职业高中。实用主义教育的理想出现得更早。内战之前，中上层慈善改革者中就开始出现一种对手工业劳动训练的理想化认知，作为重现乡村生活美德的一种努

---

[1] 换句话说，在发展出现代官僚制的学校序列系统之前，中学教育、高等教育和职业教育之间并没有区别。在19世纪之前的欧洲（甚至更晚），"学院"一词既可以指当地的非特许学校，也可以指一所综合性大学的一部分。教育等级的区分一开始是通过十分随意的内容区分来进行的。因此，在德国和法国，中学刚刚出现时比英国和美国采用了更多大学课程的内容：前者会教授哲学等大学科目，后者则只是延伸了小学对语法的学习而已（Aries, 1962: 141-161）。这些区别显示，并不存在什么内在的原因让学校一定要对特定年龄的学生教授特定的科目。

力。因此，手工业劳动开始被引入牧师的训练，好让他们为在西部传播福音做好准备（Fisher，1967：16）。手工业劳动也是少年管教所的主要课程，被视为纠正犯罪和不良行为的灵丹妙药，而手工业劳动的道德价值则一直到该世纪末仍然被社会工作者们所吹捧，例如简·亚当斯（Jane Addams）就曾说过，它能给未来的产业工人提供生命的意义（Fisher，1967：47）。

然而，在内战后迅速工业化的时代，这种感性的慈善观渐渐消失，对职业训练的鼓吹开始转向职业训练能够培养新的精英工程师群体。这一论点最重要的推动者是卡尔文·伍德沃德（Calvin Woodward），他是一名哈佛大学毕业生，后来成为华盛顿大学圣路易斯分校职业技术学院院长。他建立了一所手工业劳动训练高中，旨在取代传统的与职业无关的教育系统。伍德沃德的学校吸引了许多注意力，特别是在当时，霍雷肖·阿尔杰[1]的意识形态在商人之中颇为流行。

无论如何，工程师们自己对手工业训练项目并不欢迎。工程师作为一种职业开始将自己与学徒制的熟练技师类职业

---

[1] 霍雷肖·阿尔杰（Horatio Alger，1832—1899），19世纪的美国作家，其小说风格大多是描述贫穷的少年如何通过正直、努力和坚持不懈而最终取得成功。——译注

区分开来，而1862年的《莫里尔法案》[1]则为他们开启了赠地学院的大门。相应地，他们也并不渴望在中学阶段加入工程师培训。"一个引领了世界文明的职业是至高无上、无比尊贵的……"1891年，美国工程师协会主席在题为"作为学者和绅士的工程师"的讲话中如此宣称（Fisher, 1967：66）。美国机械工程师协会对手工业劳动训练学校并不关心；从1890年代末起，他们开始推动手工业中等职业学校作为一种非精英的职业训练替代品[2]。

20世纪初期，职业教育工作者开始回到为低级职业提供教育的理想上来，推动为工人阶级设立单独的中等职业技术学校或项目。这种项目在1900年之后得到了美国机械工程师协会、全国制造业协会和全国教育协会的支持。制造商和工程师认为，中等职业学校的发展能够挑战外国移民控制的工会，那些工会让美国男孩无法学会职业技能。弗雷德里克·泰勒（Frederick Taylor）提倡用科学管理来解决劳资冲突，他认为"教育"就等于"生产"。根据菲舍尔的记录

---

[1] 《莫里尔法案》（Morrill Act），又称《土地赠予法案》，由林肯总统于1862年签署，规定联邦政府向各州划拨公共土地，用来建设新型的农业学院或机械技术学院，这些学院即被称为"赠地学院"。——译注
[2] 伍德沃德的手工业训练学校毕业生的职业模式证实了人们的怀疑，那就是高中教育很难导向真正的精英地位：大约一半毕业生成为了簿记员、普通助手、会计或绘图员；不到八分之一成为了工程师。其他人则确实在制造业、销售业和专业领域获得了白领职位。

（Fisher, 1967: 89; 115-131）:

  在泰勒在国会特别委员会面前提供的证词中，这一点格外明显：他形容了如何科学地管理铲工。泰勒说，当一名铲工遇到问题或生产效率低下时，一名"教师"会被派去教他如何更快更轻松地完成工作。"现在，先生们，"泰勒继续对委员会说道，"我想让你们清楚地看到这一点，因为这就是科学管理的重要特点之一；这并不是在压迫黑鬼，这是善意和教育，是一桩大善事，如果我是个男孩，想要学习如何做好一件事，我也会希望被如此对待。"

考虑到这种对中等职业教育的观点，塞缪尔·冈珀斯[1]和工会通常对它抱持怀疑和敌意也就不足为奇了，尽管这在某种程度上也符合他们的利益：通过把手工业劳动纳入学校课程，能赋予它更高的地位。从第一章中引用的证据可以看出，职业教育从来都没有很高的实用价值。其鼓吹者的动机更多是意识形态上的，这些项目也常在政治危机时期获得

---

[1] 塞缪尔·冈珀斯（Samuel Gompers），美国工人运动史上的重要人物，是当今美国最大工会联合会（AFL-CIO）前身的创始人和首任主席。——译注

实行。因此，为职业教育提供联邦支持的《史密斯-休斯法案》[1]是在美国加入一战后的排外潮流中通过的。该法案的延伸发生在 1933 年和 1934 年，作为罗斯福新政的一部分，用来处理"年轻人的问题"；1958 年的国防教育法则发生在冷战中"斯普特尼克"引发的爱国主义热潮和经济衰退中[2]。

美国中学教育的领导者往往对职业教育运动怀有敌意（Curti, 1935: 317, 148; Cremin, 1961: 27ff.）。他们认为职业教育破坏了教育在文化社会化和培养公民方面的理想；他们无疑也感到职业教育对自己的地位产生了威胁。大体上，职业高中及其课程也许会彻底取代更倾向于人文学科的高中，也许学校系统会沿着阶级分野发生分化。教育工作者通常会同时反对这两种威胁。比起表面上更吸引人的技术教育，为人文学校提供资金在政治上会遇到困难，这被视为一种威胁；此外，教育工作者致力于实现教育在道德和社会上的价值，这令他们反对任何结构上的分化，因为这会降低他们的道德影响力，并破坏教育本身在政治上的包容性。

---

[1]《史密斯-休斯法案》（Smith-Hughes Act），于 1917 年通过，规定由联邦拨款在中学建立职业教育课程，这标志着美国职业教育体系开始形成。——译注
[2] 菲尔舍（Fisher, 1967: 213）描述了联邦职业教育委员会的论点：在这个国家，现在有着比任何时候都更多的"不适应社会的人"，委员会（引自《读者文摘》）指出："犯罪和违法行为"正在激增；每年都有数千名美国人在交通事故中死亡或伤残。国家应当采取关键行动来解决这些问题，那就是提供职业教育；这样，犯罪率将会下降，许多因事故而残废的美国人也会重获人生。

然而，职业教育从来都没有造成严重的威胁，因为它本身有一个重要的弱点。职业教育也许比起死记硬背经典来说更吸引人，但职业学校本身却在与职业实践的竞争中败下阵来。手工业劳动的训练完全可以在工作中获得，或是通过学徒制获得，而职业教育纯粹只在手工业技术方面提供训练，这让它在价值上低于人文教育。教育丧失了声望，但相比起在工作中获得技能的手工业劳动者来说，职业教育的学生并没有获得多大优势。名义上来说，技能会提高劳动的地位，而"艺术"与"技术"之间的区别也被描画得十分清晰。然而，这种试图赋予手工业劳动以地位的努力并没有说服力。学生们反对用手工业训练来取代中产阶级文化教育，因为后者能够提高他们的社会地位；例如布克·华盛顿（Booker Washington）的塔斯克吉学院[1]中的学生就是这么想的（Curti，1935：293）。总体来说，在公众的脑海中，手工业训练常与罪犯改造联系在一起（Fisher，1967：78-79）。

其一，比起工作中的训练或其他非正式训练来说，职业教育缺乏优势；其二，职业教育无法为学生带来社会流

---

[1] 塔斯克吉学院（Tuskegee Institute），建立于1881年的美国私立传统黑人大学。美国内战之后，南部非常贫穷，为了改变南部黑人的生存状况而建立了这所学校。—译注

动性,也无法教给他们中产阶级文化;这两个弱点结合在一起,也就意味着职业教育无法战胜人文科学教育。学生更倾向于人文科学课程,或者干脆退学。当文书工作的数量逐渐增多,特别是在20世纪初,打字员的出现和随后雇用的女性文书人员更是大大增加了相应的工作岗位;然而,高中教育却并没有因此而更加重视教育的职业价值。商业学院课程比手工业学院课程更加成功,尽管它主要吸引的对象是女生。不过,无论在内容还是在地位上,它都与人文科学课程相近,因为它既教给学生中产阶级文化,也教给学生文书工作所需要的技能。职业学校自身并没有蓬勃发展。1950年,职业学校不到100所;只有1958年的国防教育法案才带来了职业教育的重要扩张,当时,学校被视为一种防止无业青年流窜到街头的手段(Fisher,1967:218)。

回溯起来,我们也许会将职业教育运动视为一种尝试:当义务教育法使得大批下层阶级学生涌入高中,教育工作者中的一部分试图适应这种状况。教育工作者们努力通过了义务教育法,借此扩张自己的影响力,结果却发现自己的教育与许多学生的人生并无关系。然而,他们并没有因此而放弃义务教育法,而是去寻找一种理由来继续将学生留在学校里。同样的解释也适用于教育中的进步运动(progressive movement），它试图用一种模糊的"生活适应"训练来取代经典课程。其中有些创新，例如体育课和其他课外活动等，无疑满足了学校内部的某种功能——为不情不愿的学生提供一些转移注意力的方式，进而对他们施加一些控制，特别是通过学校体育活动来进行。[1]

　　进步主义改革比起职业教育主义来说影响更加深远，部分是因为它并没有威胁到学校的社会化和流动性功能。在为躁动不安的青少年提供发泄途径的同时，学校开始不那么强调学术科目，这降低了面对庞大且怀有敌意的工人阶级学生时的教学压力。这些压力在大城市体现得格外强烈。1909年，在37个最大的城市里，58%的小学生的父母出生在国外，而也正是在这些城市里，进步主义教育率先发展起来（Swift，1971：44）。

　　进步主义在短时间内提供了一种有用的意识形态来抵抗对课程无用性的批评；它强调科学教育法和科学测试，这为教师们争取专业地位提供了基础。一旦大学入学在美国成为被广为接受的目标，高中教育自身也就不需要作为一种目标进行自我辩护了；进步主义作为一种流行的意识形态也就开

---

[1] 参见 Bidwell（1965）对相关研究的总结；此外也可参见 Swift（1971）。

始衰退（Cremin，1961：175ff；Trow，1966）。无论如何，进步主义实践依然影响深远，这既体现在对体育运动和课外活动的强调中，也体现在学生中普遍存在的价值观里。因而，科尔曼在1957—1958年间对十所中西部高中的研究发现，运动员和社会活动中的领导能力是最受关注的，学术上的竞争力相对并不那么重要；这些态度甚至在那些准备考大学的中产阶级学生中也很强烈（Coleman，1961）。事实上，反学术的价值观在中上层阶级的城郊高中里表现得最为明显，而在那里，考大学是一种普遍规范。1920年代对高中的研究发现，学生和老师们都全心全意地接受了课外活动方面的进步主义改革，这让学校变成中产阶级学生及其父母的某种社交俱乐部（Lynd and Lynd，1929：188-205，211-222；Waller，1932：103-131）。

因此，针对中学教育在实践中毫无用处这一点的攻击，被几桩相对细微的改革化解了。社会需要职业教育的说法只不过是一种方便的修辞，它实际上反映的是一种不满，因为当时任何教育形式与职业的相关性都令人怀疑。这在最新的学校形式高中里体现得格外明显。这背后的问题是职业之间的地位差异，以及特定种类的教育能够帮助学生向上流动。但公众（在这个问题上就是教育工作者）对教育市场的实质并没有这种抽象的洞见。他们的不满是真实的，但在解决方案上，他们又回到了最常见的"实用"论点上。他们对职业训练的实际反应，更真实地展现了其行动的根源。

随着1870年代高中的发展，组织问题对教育的本质产生了决定性的影响。在圣路易斯的学监威廉·哈里斯（William T. Harris）的带领下，高中被设定为四年制，通过定期考试来升级。大量的学生让教学和测量的标准化变得不可或缺；学校强调死记硬背、出席率和高效原则，好让学生大批量地升级（Cremin, 1961: 19-21; Swift, 1971: 67-77）。

与此同时，学校变成更大型的行政单位。学区统一是从1870年代开始的。1870年，最常见的学校形式是只有一名教师，所有年级的学生都待在同一间教室；学区的统一让这种学校开始衰退。校长和学监开始出现，到20世纪初，学校在学生和管理人员数量上都变得很是庞大。一旦官僚制的组织形式建立起来，它自己的发展逻辑就占据了支配地位：1920年到1950年间，公立学校的学生人数增长了16%，教师人数增长了34%，管理人员人数则增长了188%（Swift, 1971: 81）。由于基于年龄的义务教育法案和官僚制的组织形式，学校开始在年龄上标准化，学生中的年龄差距也极大地降低了，在高中和小学都是如此。1910年，大约25%的小学生大于13岁，80%的中学生大于18岁，而到了1950年，这一比例分别降低到了2.4%和4.2%（Folger and Nam，1967：6，8-10）。这意味着，对学生来说，灵活的入学时间不复存在；这同样意味着，学生在学校里的升级很大程度上要靠年龄而不是学业成就[1]。在这一转变过程中，对管理效率的关注是显而易见的：留级遭到公然批评，因为它带来了额外的开销；进步主义城市学校中的管理者带头建立了基于升级率的效率评价标准（Callahan，1962：168-169）。

美国的中学教育系统由此成型：它是一个单一的序列，对所有人开放且强制入学，主要是为大学教育做准备，年龄与年级严格对应，格外强调让学生按顺序一起升级。不过，20世纪公立学校的整体趋势并不仅仅是为了应对内部控制和人数增长的问题而出现的官僚化。小学和中学教育最后都在工作领域找到了一个不惹人注意但却十分坚实的位置，让自己成为通往大学教育的漫长通道中的一部分。因此，学生在较初级的教育阶段究竟能学到什么内容也就变得越来越不重要，甚至就算他们没有经历真正的考试就升到下一年级也

---

[1] 留级率的降低并不能用退学者的增多来解释，因为14—17岁青少年的高中入学率从1910年的12%增长到了1950年的75%。另外一种可能的解释是学生的学习更有效率，但这种可能性很低。

无所谓。与职业相关的分野被推后到越来越高的教育阶段：进入大学，大学毕业，最后则是进入研究生院或专业学院，等等。初级教育阶段中毕业率的上升，只不过是高等教育扩张模式的一部分而已。

我们接下来将会讨论这一模式。

学院与综合大学

美国一直以来都有大量高等教育机构。独立革命时期，殖民地就已经有9所学院；在整个欧洲，虽然人口是当时美国的50倍，但也只有大概60所学院。19世纪初，美国经历了新的建设潮，到1860年已经有差不多250所学院。到1880年，美国大约有811所学院和综合大学；到1970年更是达到2556所（参见表5.2）。美国不仅仅从一开始其高等教育机构数量与总人口的比例就是全世界最高的，而且之后这一比例仍在稳步增长。而到了20世纪，欧洲大学的数量并没有比18世纪时增加多少（Ben-David and Zloczower, 1962：44-85）。

学院数量的差别似乎并不是因为大众对高等教育的需求而有所不同，因为美国学院的供应在历史上大部分时候都远远超过需求，这一点对高等教育在美国社会中的地位有着重要的影响。我们必须检视是哪些推动力和条件在美国培养和容许了如此之多的学院存在。让学院广泛传播的条件包括：政治上的去中心化，国教在革命之后的解体，以及当时在学校牌照发放上相对宽松的法律传统。（毕竟，达特茅斯学院的案例[1]在公司法上是具有里程碑性质的。）美国民主和地方政府的存在让获得州政府许可来建立学院变得十分容易；在欧洲，中心化和专制的政府限制了牌照的发放源，欧洲大学与势力强大的教会之间的关联也让建立新的大学变成教会政治的一部分。

表 5.2　美国高等教育机构数量和人口之间的比例

年份	学院和大学	每百万人口中的数量
1790	19	4.9
1800[a]	25	4.7
1810	30	4.2
1820	40	4.2
1830	50	3.9
1840	85	5.0

---

[1] 指1819年发生的达特茅斯学院案。1816年，新罕布夏州试图修改学院宪章，使其成为公立学校，并在次年成立了达特茅斯大学，占据了达特茅斯学院的建筑。达特茅斯学院毕业生、后来的美国国务卿丹尼尔·韦伯斯特向美国最高法院提出控告，指出州政府对学校宪章的修改是对合同的违法修改，从而扭转了局面。——译注

续表

年份	学院和大学	每百万人口中的数量
1850	120	5.2
1860	250	7.9
1870	563	14.1
1880	811	16.1
1890	998	15.8
1900	977	12.8
1910	951	10.3
1920	1041	9.8
1930	1409	11.4
1940	1708	12.9
1950	1851	12.2
1960	2008	11.1
1970	2556	12.5

数据来源：*Historical Statistics of the United States*，Series A-1 and H-316，*Statistical Abstract of the United States*（1971：Table 198）；Tewksbury（1932：16）；Rudolph（1962：486）。不同来源的数据之间有微小的差别。

a. 1800年到1860年的机构数量是估算而非准确数字。

美国的政治局势让建立新的学院变得很容易，而互相竞争的政治、地方和宗教群体也利用了这些机会。一开始，学院在殖民地的适度增长主要是因为教派之间的竞争——正统教派为了对抗自由主义的哈佛而建立了耶鲁；长老会的分裂带来了普林斯顿；浸信会建立了布朗；荷兰归正会建立了罗格斯……等等。某种程度上，建立学院的热潮也是因为许多地方希望能在附近方便的地点有一所学院。独立革命之后，特别是在西进运动中，地方和各州为了自己的骄傲而建立了大量新学院。此外，开拓地不仅扩张了特许经营权，也削弱了东正教的力量和殖民地上层阶级的文化垄断。在这一变动的局势中，清教贵族阶级用来维护其地位的工具——学院——开始对穷人敞开了大门。福音派的下层阶级教堂、浸信会派、卫理公会派和其他教会在每个地域都建立了自己的学院，只要那里有足够多的教会成员，或是有来自敌对派别的学院作为威胁。在这种情况下，出现了一种职位，它支配着美国的高等教育，一直到进入 20 世纪还是如此，那就是大学校长——教育领域的企业家。

19 世纪初在美国扩散开来的学院是在模仿最初的殖民地学院；直到 19 世纪后半叶，它们才开始对内容狭窄的经典内容进行创新。经典课程最初来自于欧洲综合性大学里的人文学院，学生完成课程后会拿到传统的文科学士学位。在中世纪的综合性大学里，文科教学的本质是一种预备学校，是为神学、医学和法律等领域真正的大学教育做准备的。中世纪的大学是一种高等教育机构，它所在的社会除了当地教会开办的小学之外并没有其他教育机构；大学因此结合了中学和一系列职业学校的功能。（一直到 19 世纪初，欧洲大学的学士课程才开始升级到中学内容之上，当时，真正的中学已经开始发展起来。）然而，美国的学院一开始就没有职业训练和文凭认证的功能。美国的法律受到英国影响，而英国的法律传统则是在大学之外培养律师；新教教会反对在大学里建立神学院，这导致神学院被抹消了；而美国当时的医学领域才刚刚萌芽，非常分散，自然也就不可能在大学里建立医学院。殖民地的学院从根本上来说与中学是等价的，而19 世纪的大学则是对最初模型的忠诚模仿。[1] 在美国缺少中学的时候，学院成为一种替代品；此外，学院学生的年龄分布——从十几岁出头到二十五六岁——与 19 世纪中期出现的中学的情况是相同的。

19 世纪的美国学院主要用来灌输对特定教派的宗教虔诚，以及用来授予学院及其学位的地位价值。这时，学院的功能里只有地位认证是重要的，因为死记硬背经典课程的训练和严苛的纪律并没有学术上或现实中的价值。学院与中学

---

[1] 因此，美国早期学院的高比例不应该拿来跟欧洲大学的比例相比较，至少是跟那些已经改革过的大学（例如德国大学）比是不合适的。但是，这些美国学院将会在结构上升级为真正的高等教育，将世界上很大比例人口的受教育时间前所未有地大大延长。

的区别仅仅在于名字和学位，而不在于其实质内容。大量美国学院的起源并不是因为经济的需求，也不是因为工业革命的需求；学院的发展不仅早于经济扩张，它们提供的训练也绝不是为了培养实际技能而设计的。

到1850年代，美国的学院面临了危机。学院规模都很小，持续面临财务困难。失败率是很高的：教育领域的狂热创业潮在内战前建立了大约上千所学院，这其中大约700所都以失败告终（Rudolph，1962：47）。显然，学院数量大大超过了需求。但在19世纪中叶，危机似乎变本加厉了：学院不仅不再增长，在规模上也开始萎缩；1870年，新英格兰学院的学生人数已经在不断下降，无论是看总人数还是看学生人数在总人口中所占的比例都是如此（Rudolph，1962：218）。此外也开始有攻击的声音出现，声称学院及其课程与绝大部分大众的生活和利益无关。然而，在这段时间里，大众的读写能力普及率则开始上升，公立小学得到巩固，公立中学也开始出现。学院的目标客户增长了，但学院的景况却并未好转,而是每况愈下。[1]

这一危机显然是发展过剩的结果;美国当时的学院数量可能达到了全世界其他地方加起来的五倍,这个数字大大超过了需求。不过,这种发展过剩仍然贯穿了整个19世纪;这一危机似乎还反映了大学教育价值本质的改变,以及一种外部竞争的出现。似乎大学教育的地位价值(status value),已经被学院的庞大数量稀释了。新出现的学院只不过是在模仿新英格兰地区地位较高的学院,它们无法提供更多,只能让大学学位更容易获得,结果反而降低了学位的价值;这就像一个排他性的俱乐部突然对公众开放,结果浇灭了人们加入它的欲望。它的魅力很大程度上来自于紧闭的大门;一旦走进去,公众很可能会发现里面的扶手椅已经发霉,也并不舒适。教育企业家们游走于全国各个学院,其中有些是他们自己建立的,有些是他们放弃的;他们希望将教育通货加入由地位带来的财富中,但最终却引发了这种通货的贬值。

中学的扩张可能对这一危机有所影响。无疑,中学分担

---

[1] 波茨(Potts, 1977)认为学院并没有面临危机,至少在1860年之前是这样。他的论点基于下面这一点:关于入学率趋势的数据是碎片化的,在表格的有些部分我们会发现在1800年到1860年之间发生了增长。但1860年的学生总数只有25000—30000,这个数字并不算大。波茨讨论了地方对那些因为经济原因而威胁要搬走的学院的支持,但即使从这些讨论中我们也可以清楚地看到,学院的消失已经成为一个问题。

了学院的一部分功能，那就是为确实需要的人群提供实质的教育；不过，与学院相比，中学享受了反童工法案、公立小学运动和相关的义务教育法案带来的好处，也享有无须负担学费和位置离顾客很近的优势。此外，中学和大学学生的年龄范围基本上是一样的：人群中只有一小部分会进入这两种机构中的一种（参见表1.1），因此它们在互相竞争，吸引同样的一群人数有限的学生。

学院唯一的武器就是它发放文凭的权力，但人们之所以渴望获得文凭，是因为它代表着一种地位，其吸引力来自中世纪排他性的大学；然而，此时学院正在飞速丧失排他性。学院的课程并不能满足大众需求，在神学、法律和医学方面提供的专业训练也完全可以在学院之外获得。对此，教育企业家们提供的第一个解决方案是进行了少量谨慎的职业课程实验，但也未能成功。原有的课程反复遭到攻击，因为它无法提供有用的训练；然而，当非经典的课程被引入学院（例如在1820年代和1830年代的迈阿密、弗吉尼亚和纽约），用来取代经典的人文学士课程后，却因为吸引不到学生而失败了（Rudolph, 1962：126-129，238-240）。旧有的文凭越来越不受尊重，但是新方法将其吸引力**完全**建立在技能训练上（这种项目完成后并不能获得学士学位，而只能获得一份技能证书），结果却比经典课程的需求更小。对一部分改革者来说，实用主义似乎是一个简单的解决方案，但保守主义者却看得更清楚，死死守住了旧有的地位授予形式。一名大学校长如此形容："在其他人屈服于大众压力之时……让我们继续致力于培养学者而不是工兵、矿工、药剂师、医生或农民。"[1]大学的功能主要是发放文凭而不是提供训练；如果完全基于实用主义来宣传大学教育，就意味着连发放文凭的权力都丢弃了。

1870年代，教育领域内的企业家领导者们偶然发现了一种改革方向，那就是从"传统的"学院转变为现代大学。1880年代，这种新形式迅速传播开来，美国高等教育的处境开始改善。失败率大大下降，大学的数量一直快速增长到20世纪；学生人数和学校规模都增长了，学生在18—21岁人群中所占的比例从1876年的1.7%增长到1970年的53%。这一创新以少数新型大学为首，包括1870年代到1880年代的约翰·霍普金斯大学和康奈尔大学；同时也有一些老牌大学带领，包括哈佛大学等，它们将自己改建成为综合型大学。这些领头者的成功引发了模仿热潮。当然，其

---

[1] Rudolph（1962：240）。请注意，这里对医生是一种贬抑态度；他们直到20世纪初才成功地完成了地位上的翻身（参见第六章）。

背景是日益激烈的族群－阶级文化冲突，它让老牌文化机构在不断增长的移民面前感受到了新的紧迫性。

课程发生了改变，在学士课程之外又出现了研究生（硕士和博士）课程。课程的改变主要是通过引入选修系统，让学生可以在一系列不同的课程中自行选择（Rudolph，1978）。这意味着学校必须在经典课程之外提供更多课程，因此带来了科学、现代语言和文学、社会科学等课程，最终则带来了职业领域的课程。研究生院的创建对课程有类似的影响：一系列专业领域的学术和科学研究取代了经典课程。

正如维西（Vesey，1965）所展示的，这些改变是打着各种理想主义的旗号进行的：现实中的实用性，以及纯粹的科学、学术或高雅文化。尽管这些理想的支持者通常对彼此满怀敌意，但却没有任何人能战胜其他人，也没有人真正能影响到学生们的生活。无论如何，这些理想似乎在克服高等教育面临的危机上起到了关键作用；它们提供了必要的公关手段，用来复兴大学学位的声望，并吸引大量学生。

过去也有人尝试过实用主义的理想修辞，然而，尽管实用性能够提供一种标准，让人能宣布经典课程是令人沮丧的失败，但它却并不能吸引学生，因为学校提供的训练在校外也一样能够获得（参见第一章）。如果只强调技能训练，大学就会面临丧失其主要价值的危险，那就是对地位的认证。尽管实用主义修辞在1862年被用来推动在国会通过《莫里尔法案》（即赠予土地并建立学院），但却很少有学院尝试开设实用的农业课程；哪怕是开设了此类课程，也几乎吸引不到学生（Curti，1935：212）。对大学教育来说，唯一看起来成功的实用主义宣言，就是宣称它能培养具有公共风度的政治精英，这种理想在康奈尔得到了成功的运用，此后又在普林斯顿和其他地方获得成功。

科学、学术和高雅文化主要吸引的是那些渴望加入旧文化精英的人。有意思的是，这些人通常也是一个特殊的职业群体，那就是希望成为大学教师的人。由于这段时间大学正在扩张，对大学教师的需求也足够大，这让研究生院的扩张成为可能，因为可以打着培养教师的名义把它正当化。本科生教育强调科学和学术研究科目，这对大部分学生头脑的训练可能并不比经典课程强多少，但它至少承担着一个规模很小但正在增长且极为重要的群体的声望，那就是科学研究者。因此，通过热忱而模糊地将教育描述为具有更重要的作用，并让它为那些自己并不会成为科学家（一般也不会很努力地学习科学）的学生承担科学的声望，教育领域的企业家们成功地复兴了大学学位的地位。

对许多学生来说，大学复兴后的主要吸引力并不在于它提供的训练，而在于进入大学能够带来的社会经验。老牌精英存续下来，转变成一种更加平易近人的新形式。在大学的革命发生的同时，大学之间的体育比赛也发展起来，而且是同样的精英机构引领了这两种变革（Rudolph，1962：373-393）。通过橄榄球比赛，学院第一次吸引到公众的目光，校友和州立法会议员也对自己的母校产生了新的忠诚感。与此同时，兄弟会和姐妹会也散播开来，在它们之中产生了狂饮、派对、游行、跳舞和"学校精神"等传统。[1]毫不夸张地说，大学的社交文化取代了改革之前的虔诚宗教文化，这在吸引学生方面是很关键的；毋宁说，是橄榄球而非科学拯救了美国的高等教育。

不过，这两个发展方向：一是享乐主义和仪式主义的本科生文化，二是课程内容的转变，并不是对立的，因为它们发生在同一时间，也同样是复兴大学地位的努力的一部分。本科生文化的兴起，首先意味着大学教育开始被新兴的产业上层阶级视为一种消费，不过与此同时，它也吸引了越来越多对学术感兴趣、想要成为教师的学生。大学在上层和中上

---

[1] 这并不是说之前就完全没有狂欢行为。兄弟会在有些地方可以一直追溯到1820年代。但总体来说，风格上的转变还是很明显的。

层阶级的美国年轻人眼里变成充满乐趣的人生插曲，入学率的升高有一部分来自生活水平的提高。不过，本科生生活的仪式还有另外一个重要方面：它直接体现了社会分层非正式的一面，那就是社交关系。通过参加大学生活中的派对和恶作剧，美国年轻人建立并巩固了友谊。正如斯科特所展示的（Scott，1965：514-527），姐妹会是因为父母努力推动门当户对的通婚而兴起的。兄弟会在1830年代就已存在，但却直到这时才变得十分重要。大学文化承担了将中上层阶级的孩子聚集到一起的功能；在大学活动中产生的感情让他们成为朋友，最后则是走向门当户对的婚姻（Baltzell，1958：327-372）。因此，在美国，新型的橄榄球–兄弟会大学在形成精英地位群体上变得十分重要，并用一种世俗的形式夺回了早期殖民地学院的地位。

新型大学最开始的成功是因为它在地位上的吸引力，而不是因为它在培训能力上的效率，这一点从1880年代"加速"运动的失败可见一斑。一部分实用主义的学校管理者攻击四年制课程，认为这是从中世纪大学继承下来的无用传统；他们进行了改革，让学生能自由安排进度，根据个人情况来学习（Rudolph，1962：446-448）。这一努力试图将大学的核心功能放回到技能训练上，但最后却失败了。学生并不想打破大一新生与大二学生之间的敌对关系，也不想失去大三舞会和大四特权。"加速"运动的领导者对他们自己的改革修辞太过认真，他们误解了大学教育对许多客户的吸引力：大部分学生都认为大学教育的核心是一种愉快地获得地位认证的仪式，以及大学中的社交生活，而不是在教室里的学习本身。

大学的内部形式是由它的历史塑造的，一方面是要吸引学生，另一方面则是要满足学生在娱乐与认证方面的需要。四年制课程之所以会被保留下来，是因为传统的认证形式有着重要的价值。在漫长的吸引学生的过程中，学院很大程度上也世俗化了，不再依靠教会维持；它们在财务上承担不起因为宗教而将学生拒之门外的后果。出于类似原因，直到进入20世纪之后很久，大学的入学标准都很低，甚至不存在。对客户的需求也打破了性别的限制。在大学改革期间，男女同校开始出现，并传播到了大部分规模较大也较成功的学校里；这一过程是自我满足的，由于大量适婚年龄男性都集中在大学里，因此女性也有强烈的动机入学。公立学校开始雇用越来越多要求学位的职位，这也吸引了许多女性，因为她们能够借此获得教书的工作机会。

在改革期间，美国的学院与综合性大学之间第一次开始出现声望上的差异。引领改革的学校——最初的殖民地学院、获得大量捐款的新私立大学，以及得到良好支援的中西部州立大学——很快就在自己跟那些没能跟上的学校之间画出了界线。随着高等教育的扩张，领头的学校开始吸引成千上万的学生，而那些在改革上落后的学校则只能维持较小的规模。财务和学术上的差异也开始出现，因为资源不同的学校吸引到的教师质量也不同。随着橄榄球及与其相伴的本科文化的兴起，耶鲁、哈佛和密歇根成为人人皆知的名字。一旦这一声望上的阶层建立起来，并因为财务上的成功而得到巩固，里斯曼（Riesman，1958：25-65）所谓的"学术财产"也就成型了，保守而落后的学校被迫去模仿那些盆满钵满且名声远扬的对手（Jencks and Riesman，1968）。

　　一流大学获得的地位让它们能够在教育领域设立标准，后来它们甚至能够支配所有形式的教育：中学教育、职业教育和教师培训。1890年代，一流大学通过美国大学联盟组织起来，开始通过设立入学标准而越来越多地对中学实行认证权力。中学开始更清晰地与小学区分开来；由于大学新设立的标准要求在入学之前必须有十二年的教育经历，中学与小学也开始严格区分年龄群体（Rudolph，1962：281-286；Wechsler，1977）。哈里斯回应了大学施予的压力，开始反对在公立高中进行职业教育（见本书198页）。由此，大学教育就将自己与十二年的中小学教育挂上了钩。随后，天资和成就测试在20世纪发展起来。高中学历是大学入学首先需要满足的正式要求，直到今天依然如此；而针对个人成就的标准化测试原本可以取代它的位置。

美国大学通过在社交和课程方面的创新获得了声望，并对世界教育产生了重要影响。这一影响体现在若干方面。有能力的学校自己转变成为综合性大学。其他学校，例如那些提供职业和专业训练的学院，则选择附属于大学，或是被大学吞并。互相竞争的教育形式需要找到特定的领域，从而避免竞争同一群学生。为了做到这一点，它们调整了自己的课程，定位要么在学士项目之前，要么在其后。

正如詹克斯和里斯曼（Jencks and Riesman，1968）所指出的，高等教育的特定形式——从师范学校到原教旨主义学院、天主教大学、女子学院和面向社区的两年制专科学校，这些都开始强调由学者们统治的学科序列，就像一流的综合性大学所做的一样。从1890年代开始，师范学校（培养师资的机构）发展出了标准的四年制本科课程，并要求必须有高中学位才能入学。通过这种方式，许多州立师范大学转变成了州立学院，几十年后，其中有些学院成功地设立了研究生院，并改名为大学。类似地，在《莫里尔法案》下建立的州立农工大学也开始限制它们的职业培训功能，并拓展了文科和理科课程，用来模仿那些有着大量研究型学者并不断发展的一流大学。就连专科学院运动——建立时声称是一种社区服务和职业培训，直接与大学的学术课程相矛盾——也无法再坚持它们独特的课程理想。不可抗的力量来自于学生；比起为工作做准备的最终学位，他们更偏好人文科目和适于转学的预备课程。专科学校原本是作为大学的另外一种选择而设计的，现在却成为中学成绩较差的学生们最后的教育流动机会，同时也被用来抚慰那些未能进入大学的学生（Clark，1960：569-576；Jencks and Riesman，1968：480-509）。

早期美国大学最危险的对手是专业学校，尤其是因为它争取的是同一群学生。19世纪晚期，要想进入法学院或医学院并不需要本科学位，而且对经典学院教育无用性的批评可能也促使许多学生转而选择在专业学校中接受直接训练。但是，专业学校并没有取代大学教育，而是成为本科教育的次级部门。大学建立起自己的专业学院，并让它们成为研究生院，要求必须有本科学位才能入学。这消除了大学与专业学院对学生的竞争，并提高了本科学位的吸引力，因为它附带了可见的价值（尽管可能是人为制造的），成为职业道路中的一步。专业学校并未拒绝这种方案，因为它们自己也面临麻烦，我们将会在第六章中看到这一点。毕竟，专业对工作的垄断是不稳定的，特别是在控制入行门槛方面；美国的专业化职业在 19 世纪后半叶就是因为内部的地位冲突而遭到了破坏。大学中旧有的传统盎格鲁 – 新教地位对专业精英来说是一件趁手的武器，可以用来抵挡少数族裔和下层阶级的入侵。于是，联盟形成了，大学的力量崛起了。

教育序列的建立

由此，大学巩固了它们刚刚建立起来的声望，并稳稳地建立了四年本科学制，或是在某些职业领域（工程、工商管理、教育、护理等）建立了本科的类似产物，作为通往高中以上文凭的一个阶段。无论需要的训练有多少，它要求的都是四年；此外，任何想要获得较高职业声望的领域都必须在本科学位之上树立起自己的位置。首先是法学院和医学院（从这些声望最高的职业开始，通过模仿而传播到其他职业中），随后是工程、工商管理和教育；研究生项目成为通往高声望的路径，并在雇佣要求中被正式化了。

与大学竞争的教育形式从未能够获得任何地位：函授

课程和商业技校（例如那些在工程专业或商业方面提供有限训练的学校）勉强存在，仅能在劳动力格外短缺的领域（例如1960年代的电脑编程）或是地位较低的工作领域（汽车维修、秘书等）吸引到足够的学生来维持稳定的收入，或者只能求助于不知廉耻的广告手段和财务方案（Hollingshead，1949：380-381；Clark and Sloan，1966）。这种学校强调的只是训练本身，它们不要求高中学位（毕竟高中学位与学习特定技能很可能毫无关系），不会将教学拖长到四年，更不会包含额外的非技术课程，也不会用课外活动来占用时间；它们只会认证自己训练的技能，而不是一种模糊的社会地位。然而，正是大学学位的名头（中世纪起出现的本科学位及其现代延伸）承载着大学的声望并吸引着学生。在这里，就像在其他地方一样，文凭比训练更重要。

到20世纪中期，大学已经实现了自我应验的预言。通过絮絮叨叨地强调大学学位对"成功"有多么有用，但却并不具体讲清楚作用在哪里，大学成功地存续下来并发展起来，直到大学学位被认为能够带来特定的回报。随着研究生领域的广泛兴起——既是在职业领域，也是在学术事业领域（后者变得越来越吸引人，因为本科教师的职位在不断扩张）——本科项目转变成为教育序列中的一环，并因能通往下一环而有了存在的理由。因此，大学巧妙地利用了它们原有的地位，从大学学位与未来教育毫无关系的时代，一直等到未来的教育阶段兴起，从而使本科教育有了存在的理由。

历史帮助大学在另一方面隐匿了事实。通过不断告诉大众教育能够通向精英地位，并通过提供社会流动的机会，大学吸引了人群中大部分能够获得机会进入精英阶层的人。现在，大学可以宣称它们的预言是真实的，因为它们已经吸引了大部分中上层和上层阶级，以及中产阶级和大部分有野心也有天分的下层阶级；它们可以指出，美国社会的精英位置越来越多地被大学毕业生所占据；它们故意不去提起现在也有大量大学毕业生未能获得精英地位。按照数字来看，大学毕业生本身并不能算是精英地位，因为它们已经超过了精英位置的数量（就算是把那些它们自己创造的位置计算在内也是一样）。[1]但是，大学已经制造了既成事实，再也没有回头路。现在，大学毕业成为许多职位的门槛，而此前这些职位并没有过这种要求。大学教育曾经是精英地位附带的伴生

---

[1] 1967 年，7.9% 的技术手工业工人和 5.7% 的技工曾有过 1—3 年大学学习经历，前者中的 1.6% 有大学学位（U.S. Department of Labor, 1967）。此外也可参见 Folger and Nam（1964：19-33）关于受教育年限（一直到大学）与职业成功之间的关联不断下降的研究。

物，现在却成为获得体面生活的必要前提。

就像我们已经看到的，教育文凭首先是在学校系统内部建立起来的。关键转折点是精英学校开始将高中文凭视为大学入学标准，从而部分解决了它们对同一年龄段学生的竞争问题。竞争的另一部分则是这么解决的：大学的另外一个敌人——专业学校——开始将本科学位设定为进入项目的前提，从而将自己与大学绑定在一起。因此，教育文凭首次成为正式要求，是发生在学生在一系列学校中前进的道路上。[1]因此，学位一开始就像今天的成绩和分数一样，在职业领域中并没有直接讨价还价的价值，但它确实能够决定一个人能否接受更高程度的教育。而更高的学位则开始在特定职业领域产生重要影响，因为这些职业领域获得了州政府的许可，能够垄断对学历文凭的要求。这究竟是如何发展起来的以及教育文凭如何散布到经济中的其他领域，将是下一章讨论的内容。

我已经指出，这整个发展过程的主要推动力是美国社会在19世纪中叶之后严重的多元族裔冲突。如果学校系统的创立是为了通过降低文化多元性来解决冲突，那么我们可以

---

[1] 学校随后也成为在雇佣中要求学历的领头者（Collins, 1969），不仅仅是进入教书和行政岗位时需要学位，往往薪酬水平也与完成额外的学分挂钩。

说，它获得了一定程度的成功。它的确让所有特定年龄的儿童必须经历盎格鲁－新教文化和政治价值观的训练，也的确让学生几乎必须接受越来越长时间的教育，只要这名学生想要在经济上获得成功。然而，即使按照它们自己的标准，我们也无法称之为彻底的胜利。庞大的、包容的教育系统建立了起来，这让学校成为一个为了获得能够用来讨价还价的文化通货而无限延伸的序列中的官僚组成部分。因此，教育的内容越来越不重要，学生只是努力在短期内通过一门课程，甚至只是临时抱佛脚来通过考试。学习成果几乎完全存在于难以解读的学分记录、平均绩点和学位中。因此，原本用来保护盎格鲁－新教文化的系统，现在更可能摧毁它。

　　与此同时，大众中族裔文化的多元性只是在缓慢地降低。在1922年切断大规模移民后，已经经过了三个完整的世代，而族裔文化至今仍然在一定程度上明显存在。新近动员起来且有着明显差异的族裔文化——黑人和拉丁美洲文化——已经对学校中所推行的文化的正当性产生了新的压力。虽然这些冲突十分激烈，但如今它们已在一个制度化的系统中（within）得到了安全的引导。尽管它们有着各种修辞——包括保存族裔文化，甚至也包括分离主义——但是这些冲突的主要结果却是让少数族裔更容易获得抽象的官僚制度下的文凭。甚至就连这一点也有着讽刺性的后果。随着通过初级和中级教育阶段变得越来越容易，引发了一种累积效应，使得这些等级的文凭通货发生了贬值，并制造了更多的压力，让人们去追求更高的教育水平。无论族裔冲突最终如何解决，文凭系统的扩张都很可能与此毫无关系。

第六章　专业的政治学

专业领域及相关职业是美国劳动力市场上增长最快的部门：从1900年的4.3%增长到1970年的14.2%（*Statistical Abstract*, 1971）。不仅传统的专业领域发生了增长——例如教师、工程、科学、医学、法律——其他技能也发生了升级，并产生了新的专业。我们现在有了社会工作者和持执照的房地产经纪人；殡仪员摇身一变成了专业殡葬师，商学院发言人则把工商管理称为一个专业。这一发展十分惊人，因为从内战开始一直到19世纪晚期，美国劳动力市场的发展趋势都是反方向的。美国经济的早期发展见证了传统专业中封闭型的企业控制的解体，以及整体上职业准入过程的民主化。专业主义的回潮发生在19世纪晚期本土主义者对陌生文化移民的反攻氛围中，也发生在为保护盎格鲁–新教中产阶级的地方势力而进行的政治改革中；封闭的专业领域得以复兴，与此同时，作为文化精英的大学控制了不断扩张的教育阶层，其势力也得到了巩固。就像我们将会看到的，现代美国专业的发展并不是技术精英管治的胜利，而是一个我们十分熟悉的过程的新变种，那就是通过垄断机会而实现社会分层。

专业协会的兴起是在现代化和改革的流行口号之下发生的，这一理想化的形象不仅主导了大众观点，也主导了学术视角。最流行的社会学描述也是理想化的：专业是一种自我规管的社群（Goode，1957：194-200）。它通过排他性的权力来训练新成员并允许他们执业，通常还有国家撑腰。它根据自己的标准来实践其专业，不容外人干涉。它保留了评判其成员表现的权力，并拒绝外行人插嘴；它自己就能决定是否需要惩罚能力不足的成员或取消其资格，因为从理论上来说，只有它能判断技术能力究竟是什么。它有一套行为准则，宣称自己的工作是为全人类服务，发誓提供无私且合格的工作表现，并谴责商业化和追名逐利。

根据这一描述，专业被认为是现代世界的救世主也就不足为奇了。[1] 当然，并不是所有"专业"都符合这一模型。

---

[1] 在1930年代的意识形态争斗中，帕森斯（Parsons，1939）称专业提供了资本主义自私自利的个人主义与社会主义压迫性的集体主义之间的第三条道路。最近，有学者称专业的发展已经反转了工业官僚制的反人性趋势，并且专业主义被当成解决国内警察暴力和国外军事独裁的灵丹妙药，仿佛只要把暴力机关专业化，就能让它们变成利他主义的完美存在。

这一理想定义主要来自医学界，也较好地拓展到了科学、法律和建筑学界。当把它应用到大公司雇佣的工程师或是官僚教育系统中的教师身上时，就不太合适了。随着官僚系统中雇佣的律师和科学家等传统专业人士越来越多，关于专业的社会学也花了许多精力来研究角色冲突问题（Kornhauser，1962；Miller，1967：755-767）。相关问题还包括"类专业"，例如社会工作和精神科医生等，他们的专业地位尚有疑问，因为他们缺乏能够有效展示出来的技能。

显然，在严格的定义下，并不是所有职业都能被称为专业。我们看到的是一个连续光谱，或者是若干特征的连续体，它们都有助于形成一个自我规管的职业社群。特殊的条件也是必不可少的（Wilensky，1964：137-158）。一个强大的专业需要真正的技术能力：能够生产可以展示的成果，并且能够把技术传授给他人。只有这样，专业才能通过控制谁来接受训练而垄断技能。技能必须足够困难，必须要通过训练才能获得，同时也要足够可靠，能够生产出成果。但是它也不能太过可靠，因为那样一来，外行人士就能通过成果来判断工作能力，并通过这种判断来支配专业人士。理想的专业应该有这样一种技能，它占据了一个连续光谱的中间位置，光谱的一端是完全可以预测的成果，另一端则是完全不可预测的成果。一端是水管工和技工的技能；他们无法形成一个强大的专业，因为外行人能够判断他们的工作是否出色。另一端则是模糊的技能，例如管理政治活动或是看手相；这些工作无法被垄断，因为它们太不可靠也太特殊，无法成功地通过训练来传授。其他所谓的技能也许根本就不存在，例如社会工作者，他们的专业修辞下其实是社会福利公务员的活动；还有精神科医生，他们治愈病人的可能性并不比纯靠几率高多少。当然，必须要有客户强烈地需要这些专业提供的服务，这样他们才会愿意让从业人士享有高度的自治和尊重。

这样一来也就将理想型的专业范围缩小了。不过，这一视角哪怕是对医学、法律和科学等"理想"专业来说也仍然显得太过理想化，它也无法解释现代社会正在兴起的类专业浪潮。要想垄断专业实践，技能水平的可预测性并不是唯一的变量；此外还有纯粹的政治权力和控制象征性地位的技术。

政治权力几乎存在于任何成功的专业中；专业之所以能够获得垄断性和自治权，是因为它们获得了国家权力颁发的执照，并靠国家撑腰对其成员建立起了集体性的权威。医学考试委员会和律师协会最终可以通过警察的惩罚力量来控制其专业领域（Gilb，1966）。[1]因此，政治资源的差异决定了专业和类专业的重要程度。二者在现代美国的蓬勃发展是因为组织资源唾手可得，而组织群体则能通过这些资源获得政治影响力。这是在美国民主及其联邦多元主义的结构下发展起来的；在这里，无组织的大众无法获得代表，而有组织的利益群体则能为各自的喜好讨价还价。这一现象在美国的族裔多元化及其带来的群体冲突中愈演愈烈；在这些冲突里，专业组织被当成一种公开的、正当的控制工具。执照发放的权力延伸到了各个职业群体中，而这则是打着自由主义改革的旗号实现的，推动者是一大群互相支持的专业群体。

在专业群体获得资源来把外行人士挡在门外的同时，也有着纯粹的故弄玄虚。最早的专业是萨满和巫师，他们通过秘密的训练来获得超自然的力量。这些力量本身就是用来装神弄鬼的；如果没有了神秘感和表演，巫师们就无法操控人们的情绪，影响他们对现实的主观认知，令他们在心理上更容易被暗示，进而制造出相应的结果。牧师则将这些技巧和对社群的道德和政治领导力结合到一起。正是基于他们的群

---

[1] 科学是一个重要的例外：这个专业的技能本身太难懂，要想学会它，就必须获得一名业内人士的指导；从业者的事业生涯也始终取决于社群的评价，要看每个个体的工作对整个学界的进步作出了怎样的贡献。

体组织和培训机构(中世纪大学),大部分其他专业(教育、医学、法律、科学)才分化发展了起来。

另外一种传统专业是军官。它起源于骑士团,而骑士团则起源于阶级社会,在那里存在一个小型的统治阶级,他们拥有重兵器和盔甲,用来装备自己、领地和农奴。他们把这一位置用故弄玄虚和自吹自擂的意识形态伪装起来,例如圆桌武士和行吟诗人的传说,以及骑士精神的行为准则(Bloch,1964:283-331)。这些富有利他主义和绅士精神的理想符合一种高贵的(非商业的、非体力劳动的)生活方式,最终结合了对家族传递的强调,制造了中世纪晚期的欧洲封闭的贵族阶级。韦伯引用欧洲贵族起源于军人的过程作为一个重要事例,来解释封闭的地位群体如何基于阶级发展起来;他举出的其他例子还包括印度的上层种姓如何从婆罗门祭司中发展出来(Weber,1968:932-937)。因此,专业垄断的模型只是一个更普遍的过程中的案例,这一过程就是如何形成具有明确自我意识的、排他性的群体,也就是韦伯所谓的"地位群体"(status groups)。

地位群体是建立在共同且独特的经验、利益和资源之上的。地位社群既可以来自于职业,也可以来自于地域(族裔)。基于阶级的地位群体是根据以下条件建立起来的:共同的职业经验，为争夺权力和财富而形成的共同利益，为实现某种生活方式、群体动员和文化理想所需的特殊资源，等等。基于族裔的地位群体则是根据以下条件建立起来的：曾经孤立的社群中的共同经验，群体在与其他族裔群体接触和对抗时形成的共同利益，以及族裔自己的文化和仪式构成的资源，这些资源让他们作为可以行动的群体动员起来。专业是一种职业社群；因此，它们是基于阶级的地位群体，只不过这一社群是完全围绕工作本身而不是消费领域建立起来的。它的基础是某种专业的、易于垄断的技能和一些程序步骤，这些程序本身要靠神秘感和理想化来起作用。通过贩卖这些服务，并努力保护其专业的服务质量和理想形象，专业群体有了共同的基础；其成员在财富、权力和声望方面的利益促使他们对内部实施严格的集体控制，并对外行实行垄断；他们的资源——专业技能、操控外行人士情绪的技术和机会、财富，以及能够转化成政治影响力的个人社交关系——帮助他们组织起了有着强大控制力和防卫力的职业社群。

这些都发生在现代美国专业的发展过程中。今天的专业一开始能组织起来并获得高地位，这个过程中使用的技巧很多都基于其真正技能的神秘感和秘密性，以及对地位背景而非真正技能的利用。美国精英专业发源于旧有的士绅精英：其组织来自于上层阶级俱乐部，将它们正当化的意识形态也来自于上层阶级的利他主义传统和宗教领袖地位。专业的起起落落既反映了政治权力平衡的变化，也反映了盎格鲁-新教美国中敌对族裔和阶级文化的威胁。

现代技术对美国专业的蓬勃发展有一定贡献，不过这并不一定是因为技术专业化自身的重要性。正如韦伯所指出的，官僚化让中层甚至下层官员获得了强大的权力，因为大量的文件工作和复杂的行政管理像盾牌一样挡在了他们和上司中间（Weber，1968：987-988）。在中心化和独裁制的欧洲官僚体系中，这造成了组织阶层中的地位意识，并带来了典型的惰性和保守主义。而在疆域辽阔和经济活跃的美国，组织结构是去中心化的，位于中层的雇员通过声称自己具有专业地位而获得了自主性。在现代美国，行政部门与生产部门分离并获得了长足发展，组织也格外强调技术专业的修辞，这是持续斗争的结果；在斗争中，控制权在中层官员之间变得前所未有地分散（Barnard，1938；Chandler，1962；Crozier，1964：231-236）。

因此，专业在美国的兴起是古老斗争的延伸，在这场斗争里，利益群体对传统技术加以完善和利用。它们并不代表一个崭新的技术管治社会的技术需求。不同的工业社会有不同形式的专业组织，这反映了它们的政治史，以及不同部门在争夺财富、地位和权力的过程中能获得怎样的组织资源。

那么利他主义呢？医学研究者无私奉献、甚至给自己注射白喉病菌的形象难道是一场骗局吗？我们应该注意，大部分专业人士都不会这么做。他们的奉献只不过是在医学院里待上几年，而在现实中并不难做到这一点；医学院现在也许很难进入，但要被退学也不那么容易。[1]专业人士确实比一般人工作时间更长，也许远远超过朝九晚五。但所有位高权重和野心勃勃的人都是如此——企业家和政治家同样如此——因为他们的工作能够带来很高的回报，这种回报通常是以费用（fee）而非薪水（salary）的形式支付的（Wilensky，1961：32-56）。[2]事实上，利他主义的专业恰恰是报酬最高的，而且这种"利他主义"还能带来地位和尊重等其他形式的回报。

关于专业人士的利他主义伦理准则，一个更好的解释

---

[1] 1974年6月，加州大学圣地亚哥分校的医学预科职业咨询办公室提供的信息显示，美国医学生入学之后，未能毕业的比例大约是5%—7%（相比之下，大学生未能完成学业的比例是50%，参见第一章表1.1）。
[2] "费用"系统的意思是短期服务合同，与基于工资或薪水的劳动合同相比，费用系统意味着更加不稳定的市场。职业群体必须通过垄断性的力量才能将自己的服务卖给如此开放的市场；然而，当市场被一小部分从业人士垄断，他们也就能通过这种方式来获得最高的报酬。这一现象十分惊人。

是，这是为了应对客户潜在的不信任（Wilensky，1964）。[1]一个垄断了重要技能且保留权力来评判自己成败的职业，难免会让那些依靠它的人心生疑虑。当医生或律师上门时，客户通常都会显得十分无助、心烦意乱。此外，哪怕是在最高的技术表现之下，其成果也往往令人怀疑：疾病可能无法治愈，案子可能无法打赢。面对客户（或其在世的亲人）不满的怒火，为了自我保护，职业群体设立了严格的标准，并施加在所有给整个职业带来麻烦的执业者身上。正如齐尔布格（Zilboorg，1941）所言，是大众创造了希波克拉底誓言，而不是医生自己。

专业人士的个人利益在多大程度上要求他们遵循伦理准则，以及强调伦理准则的哪些方面，这些根据领域而有所不同。律师和医生的伦理准则成功地基于上流社会的礼仪建构了一个限制性的圈子，用来避免竞争，从而保持费用高昂。在专业人士中引入严格的伦理准则，总能为他们带来经济和社会地位的提高，并让其他人更难进入他们的圈子。

---

[1] 伯兰特（Berlant，1973：83-159）指出，是医生们号召通过垄断来保护他们自己免受能力不济的从业人员伤害，而不是愤怒的病人要求这么做的。不过，垄断性的惩罚手段很少出于这种目的被使用；因为执业失误而遭到专业组织的惩罚或被吊销执照的情况是非常罕见的，在相应案例中少于1%（Berlant，1973：101-102）；大部分惩罚都发生在身份罪错（status offenses）上，例如吸毒、非法开药或是违反经济上的行为准则，包括参与群体性的健康保险计划等。

也许有些人在自己的事业生涯中的确受到了高尚理想的引导。有些专业人士，例如医学传教士，确实对财富兴趣不大。但不管是只用人们自己的阐释去理解其行为，还是将他们的主观理想从社会学的阐释中剔除，都会犯下错误。获得尊重是一种目的，如同其他目的一样。它通常伴随着对权力的渴望，特别是渴望能够建构其他人脑海中的现实。医学传教士将自我满足的西方文化加诸贫弱的社会之上，同时也带来了西方的政治支配。我们应该记得，利他主义是伴随着有组织的神职兴起而发展起来的理想，它声称自己代表着社群的利益；同时，这些神职组织也是政治斗争历史中的重要元素。因此，利他主义也只不过是冲突的一部分，而也正是这些冲突构成了充斥着暴力和财富的历史。

关于本书中提及的社会分层的冲突理论，专业也并不例外。现代美国社会中，流动通道的不同形式很大程度上取决于专业发展的方式，这事关如何理解在过去和现在塑造着专业的一系列冲突。本章我们将会讨论现代社会中规模最大也是最重要的三个专业：医学、法律和工程学。还有一个专业——教育——已经在第五章中讨论过了。

接下来的证据要比本书中其他部分提供的证据在时空上的分布更加广泛。这有一个重要原因。专业能够攀升到接近社会分层阶梯顶端的位置，这一事实被技术管治论的支持者当成最重要的证据用来阐释现代社会。因此，如果专业的崛起能够用基于文凭主义和政治资源垄断的另外一种理论来阐释，那将会构成更充分的证据，用来证明这一理论比技术管治论更加优越。这一论证过程的核心就是对比。因此，我将会从若干维度来检视这种对比。

这里有跨越时间的对比，展示了专业垄断如何随着政治机会的变化而起起落落。对其中一些专业，我追溯到了相当久远的历史，因为专业垄断的组织形式在某些关键案例里远远早于它们真正的技能。同时我也比较了专业在不同的现代工业社会中的不同形式。为了展示专业在组织上有其他形式，这么做是很重要的。功能主义或结构普适主义者声称必然出现的形式，往往只是地方特色罢了。还有一点很明显，那就是专业组织在美国、英国、欧洲大陆和苏联国家中的不同形式并没有穷尽一切可能。但是出于建构理论的目的，当我们检视产生不同形式的条件时，有些形式是更关键的。一旦抓住了这些原则，我们就能较容易地将这些实际的类别进行延伸，并设计出未曾尝试过的组织形式。最后，我还对检视过的三种主要专业进行了比较，特别是拿工程学的命运与法律和医学相对比，这令人茅塞顿开，展示了最接近现代生产技术核心的职业却可能缺乏关键的资源，无法通过组织文化群体来获得正式认证的权力，从而无法攀爬到社会分层中靠上的位置。

通过垄断特定工作来垄断其收入，这种政治过程是十分常见的。今天，它仍然存在于各个层级：文凭认证和执照发放能对过度拥挤的劳动力市场施加压力。它并不仅仅发生在传统的、地位较高的"专业"中，它也发生在技术行业中，在那里，国家合同承包商的执照系统正在欣欣向荣地发展；它还发生在利润丰厚的销售行业，例如现在被房地产经纪人考试所垄断的行业。这一过程正在越来越多地塑造着经济分层的细节。

医学垄断

医学与工程学一样，都属于少数这样的专业：它们显然存在基于普遍原则的客观技能，而且这些技能可以被传授。医学教育常被认为代表着正当的技能教育，与此相关的对技能的专业垄断似乎也是一个清晰的案例，反映了一种顺利运作的限制。如果基于权力和地位的社会组织在塑造医学专业和医学教育上十分重要，那么它们在其他职业和教育形式中也一定如此。之所以推测这些社会条件卷入其中，是因为在工业社会，比起其他任何职业，医生们通常有着最高的社会地位，也往往有着最高的社会阶级背景。试图提高医学训练中的技术等级，这种改革增强而不是削弱了这种模式。现代医学是技能水平最高的职业之一，但是它的存在也表明，如果单纯用技术来解释其社会地位，那将会留下许多模糊不清的部分；它告诉我们，应该在更广阔的社会分层过程中去理解技能和教育。

传统的自欺欺人

医学的早期历史格外发人深省。医学在中世纪欧洲是一个光荣的专业。它是中世纪大学提供的最高水平的教育中教授的三门科目之一，另外两门是神学和法律。它和法律一样吸引了最富有的学生（Schachner，1962：183，373）。大学学位带来了对执业的垄断。在英国，牛津大学和剑桥大学在16世纪和17世纪衰落了，它们的垄断权力转移给了皇家医学院（建立于1518年）。后者教授传统医学文本中的知识，并严格限定成员资格，从而维持了很高的社会地位（Carr-Saunders and Wilson，1933：66-75）。内科医师、外科医师和药剂师之间有严格的界限。后两者是被轻视的，因为他们关乎手头工作，有着类似技工的生活方式。只有内科医师才能获得上流社会的地位，因为他们有着渊博的知识，也因为他们扮演了尊贵的顾问角色，超越了商业利益。类似地，在殖民时期的美国，"更好的"医师有着传统的教育背景和无私的做派，他们是上流社会的一员，而外科医师的地位就要低得多（Main，1965：144-146，200-203）。

医学在传统上地位很高，但令人震惊的是，它几乎不需要建立在真正的专业水平上。[1]内科医师们引以为傲的训练包括盖伦（Galen）等人的古代作品，其中一些医学理论如果付诸实践，恐怕不仅是错误的，还会是有害的。当时流行的疾病理论让放血疗法和催泻疗法等成为主流治疗手段。在殖民时期的美国，最著名的内科医师是学术渊博的上流费城人本杰明·拉什（Benjamin Rush），他致力于传播一种理论，那就是对所有小病都采用大剂量灌肠疗法。总体来看，除了詹纳在1798年发明的天花疫苗之外，1850年之前根本没有什么有效的医学治疗。之后，科学的进步（主要在法国和德国）让我们区分开了不同类型的疾病，理解了感染的原理并发明了消毒剂，也认可了公共卫生在控制传染病上的重要性（而不只是采用古老的隔离手段）。直到1880年之后，医学

---

[1] 参见 Schachner（1962：132-134，152-155）关于中世纪欧洲医学知识的描述，以及内科医师的群体特权。

科学才开始发展出积极有效的疗法（Shryock，1947：129-204，224-273；Mason，1962：517-519，525-526）。[1]

19世纪晚期之前，内科医师虽然宣称自己的垄断地位和高声望来自于治愈疾病和减轻痛苦的能力，但实际上却是基于欺诈。事实上，真正的实践技能更可能存在于外科医师和药剂师而非精英内科医师身上（Reader，1966：31-40）。然而，后者不仅享有上流社会的地位，还能从富有的病人那里获得丰厚的回报。医生面对未知的疾病作出仪式表演，仿佛自己掌握力量一般；这为病人提供了某种心理安慰。医学专业的垄断组织和经典学习对病人来说只不过是代表地位的装饰品。医生总是出现在紧急时刻，当时病人恐慌无助、需要安慰；由此医生们发现，通过强调利他主义的意识形态来缓和病人的恐惧是十分重要的。在英国，这是通过禁止医疗执照持有者通过诉讼来收取欠费等规矩来实现的。

医生能与他们最喜欢的客户——也就是最富有的客户——在地位上平起平坐，这一点也是他们所希望的。因此，他们更强调有教养的上流社会生活方式，而不是唯利是图的作风；他们还强调传统教育，以及用来将非上流人士挡在门

---

[1] 从古代起就有一些关于药物的知识，但在如何使用药物上却存在许多主观随意的想法。

外的垄断组织。由于这些要求,就连中世纪的医生也来自于最富有的阶层;成功的治疗方案需要通过奢靡的生活方式才能吸引到合适的顾客。一旦治疗方案确立起来,最终可能会带来丰厚的回报,因为有些富有的病人也许会在医生的照看下碰巧自行痊愈,随后就会为医生奉上谢礼。这些情况也解释了为什么大部分医生都集中在大城市里——在英国,医生基本上都住在伦敦,而在殖民时期的美国,著名医生都住在沿海大城市里——因为那里也是富有的病人们居住的地方(Main,1965:99-101;Reader,1966:16-20)。

当19世纪晚期医学终于获得了有效的技能基础后,主流的社会模式也已成型,改革也被吸纳其中。在英国19世纪普遍的中产阶级政治动员的背景之下,外科医师和药剂师争取到了执照发放的自主权,这让他们获得了广泛的执业范围,同时要求具备更严格(也更实用)的训练资质。在这些压力之下,内科医师们在1858年被迫进行改革,并在随后几年里进行了更多改革,提高了他们自己的技能资质,让自己的组织与外科医师们看齐。然而,药剂师仍然处于从属于医生的位置上。因此,医学专业分化成地位较高和较低的两部分,分别从中产阶级中的上层和下层吸引从业者(Carr-Saunders and Wilson,1933:75-89;Reader,1966:59-68)。

在法国，一场更广泛的革命发生了。旧有的医学院教师在1789年革命的余波中被完全抹杀，取而代之的是基于公立医院训练并且更倾向于科学研究的医学专业。正是这群人开始将医学上升到科学的高度，随之而来的是该世纪中叶德国大学中研究导向的医学部门。他们更强调技能的有效性而非营利性，这可以从"治疗的虚无主义"（therapeutic nihilism）这一意识形态的崛起中看出来；这种意识形态强调，医学研究者的目标是理解病症，而不是假装去治愈病症。因此，政府雇佣的医学科学家在欧洲大陆获得了最高的声望，而私人执业者则在19世纪相当长的时间里都被当成江湖郎中（Shryock，1947：129-176）。

然而，在美国出现了另外一种模式。原本的英国组织形式在殖民时期因为政治和地位上的平等主义潮流而发生了改变。内科医师与外科医师之间的区分消失了，医学从业者开始通过非正式的学徒制度得到训练，这种训练通常会持续上六年（Stookey，1962：3）。在内陆城市，标准更加放松，并有大量认证水平不一的执业者勉强维持温饱。

19世纪后半叶，美国上流社会的内科医师们逐渐组织起来，试图获得他们在英国曾经享有的专业统治权。能够承担得起旅行开销的人去了欧洲，特别是苏格兰或荷兰，以获得大学学位带来的附加地位。在这些人的带领下，医学协会成立起来，并开始传播伦理准则，要求限制商业广告，反对公众对其他执业医师的批评，同时从 1760 年到 1830 年间在大部分殖民地和州里推动通过了执照法案（Shryock，1947：215，219）。这些精英内科医师还通过医学训练来努力提高专业地位，尽管这种训练是以科学上毫无价值的传统形式进行的。美国第一家医学院是宾夕法尼亚大学在 1765 年建立的，随之而来的是 1767 年在国王学院（之后的哥伦比亚大学）、1783 年在哈佛大学和 1798 年在达特茅斯学院成立的医学院。然而，在这场革命之前，美国的 3500 名内科医师里只有大约 400 人上过医学院。无论如何，在精英医学协会的压力下，行医执照成为医学院的特权；到 1820 年左右，在获得医学学位的道路上出现了相对统一的要求：为一名业内医师做三年学徒，其中后两年进医学院深造（Shafer，1936：33-36；Carver，1965：100-101）。

民主化

在杰斐逊和杰克逊带来的民主浪潮中，联邦主义的贵族阶级开始衰退，这扭转了美国向上流阶级统治的英国模式发展的趋势。早在 1810 年，要求正式教育的限制性权力就已经随着许多医学院的成立而被削弱。19世纪，美国和加拿大成立了约450所医学院，其中155所一直坚持到了1907年（Flexner, 1940: 77）。就像附属于大学的学院一样，它们通常都是私人股份制的，由一群业内人士组织起来，通过瓜分学费来获得收入。由于学院获得的特许权让它们有着近乎无限的权力，而医学院又无须在师资方面有所支出，许多学院也就收购了名义上附属于它们的医学院。教学通常只有几个月时间。这种商业性的安排冒犯了上流社会的医生，他们多次尝试建立由州委员会主导的检查制度。成立于1847年的美国医学协会（AMA）曾尝试过推动这一努力。

然而，大众对上层阶级统治的憎恨让这些努力付诸东流。到1845年，已经有十个州废除了对执业的限制，而在几乎其他所有州里，仅存的法律也是无人执行（Shryock, 1947: 215-218）。与此同时，传统医学专业的地位面临严重的攻击。除了美国政治的变化之外，医学本身的发展也对其衰退造成了重要影响。随着欧洲医学科学的逐渐兴起，以及它在"治疗虚无主义"方面的立场——当不存在治愈方法时，就诚实地拒绝宣称能够治愈——大量伪系统和伪科学的疗法纷纷涌现。这些疗法从专利药物到保健方法和精神伎俩不一而足，例如玛丽·贝克·埃迪（Mary Baker Eddy）的基督教科学教会等。无论是科学取向还是传统取向的医生（两者都更多存在于上层阶级背景的从业人士中）都反对商业主义取向的从业人士，视他们为"江湖郎中"。然而与此同时，他们也无法提供更好的方案。因此，精英医师压制商业主义的努力被广泛视为一种自私自利的行为，目的在于垄断医学执业，而事实也的确如此。[1]

改革

1870年之后，一系列变化开始让医学精英获得了更多的资源。欧洲开始发展出有效的医学科学。跟以前一样，只有富有的阶级才能利用这些机会——他们能到国外获得训练，并投身公共卫生运动；这些活动在19世纪开始降低疾病率，同时也复兴了医学专业在有效性和利他主义方面的声望。随着这些发展，医学教育也发生了转变。约翰·霍普金斯医学院于1893年建立，它直接引进了医学研究取向的德国大学模式；哈佛、密歇根和少数其他学校也雇用了许多在德国接受训练的教职人员。这些教师与美国医学协会中的上

---

[1] 对"江湖郎中"的反对声音几乎全都来自医生，而非深受其害的普通人。事实上，顺势疗法、折衷疗法和其他医学"流派"的医师从来都没有超过医学从业人员的10%；问题主要是它们与正统医学本身的竞争（Berlant, 1973：284-286）。

层阶级医生们结成联盟，开始改革教育系统的其余部分。

技术资源的改善——更准确地说，是技术首次作为有效的工具被发明出来——发生在更广阔的社会背景之下，这一背景让当时地位更高的医生们动员起来，并给他们带来了重要的外部同盟。1870年之后也恰恰是大规模天主教移民进入美国、族裔意识高涨的时期。正如在其他领域里一样，盎格鲁-新教医学精英享受着新的政治和意识形态支持，利用它们动员其成员，形成了更加团结的组织，并加入了主流的政治"改革"潮流。改革者们唤醒了道德主义的新教传统，用来对抗天主教的恶习和政治权利，这些传统在利他主义和科学主义的医生身上得到了彰显：他们正在努力让世界免受疾病困扰，同时还试图摆脱江湖郎中对自己专业的影响。

不过，还有第三种结构变化带来了医学精英们需要的政治资源。1870年之后的时代也正是国家经济得到巩固的时代。商业社群内部发生了激烈的冲突，一边是新出现的、带有威胁性的全国规模垄断企业及其金融同盟，另一边是小型的地方和农业公司。因此，世纪交替之时，伴随着其他冲突，也同时发生了小型企业尝试限制全国垄断企业的运动。"反托拉斯"运动中更重要的一面反而不容易被人发现：在地方上，商业利益群体动员起来保护自己，它们在州这一层级推出了大量有利于地方联盟和限制贸易的法案（Cutler，1939：851-856；Wiebe，1967；Berlant，1973：299-301）。从这一时期起，零售商和小型制造商的联盟控制了 20 世纪美国的地方经济。这种限制贸易的法案同时也对专业联盟有利，美国医学协会趁机攫取了它目前的垄断地位。

1875 年到 1900 年之间，医学协会成功地让许多州重新建立了 19 世纪早期曾经存在的考试和执照发放委员会。1891 年，美国医学协会帮助组织了各州执业医师执照发放委员会全国大会，来推动各州建立统一的行医执照发放程序。大量带有公开商业取向的医学院构成了主要的障碍，特别是它们的毕业生会进入医学专业的各个层级，甚至进入了美国医学协会内部，使得协会束手束脚。1890 年，美国医学院联盟成立了，但它并没有成功地将执照发放的权力限制在更加精英的学校里。不过，1900 年，美国医学协会内部的改革力量终于将它重组成了更符合精英利益的模式（Shryock，1966：30-32）。但给不同医学院打分的任务仍然太过棘手，使这一组织没法坚定执行。因此，它召来了外部援助，那就是卡内基教学促进基金会（Carnegie Foundation for Advancement of Teaching）。

这个基金会成立于 1905 年，是在亨利·普利切特

（Henry Pritchett）的带领下建立的，他是一位来自上流社会的科学家，曾当过麻省理工学院的校长；他说服了安德鲁·卡内基作出这笔捐赠。普利切特找来一个外行人士亚伯拉罕·弗莱克斯纳（Abraham Flexner），让他以中立局外人的身份起草一份关于医学院的报告。然而，弗莱克斯纳恐怕只有在商业意义上是中立的。他来自一个向上流动的德国-犹太家庭，曾就读于约翰·霍普金斯、哈佛和柏林大学，自己开了一家私立学校，专门帮助富有的学生为报考常青藤学校做准备；他还因撰文推荐美国采用德国模式的教育改革而出名。弗莱克斯纳得以拜访美国的医学院，是因为这些学校认为他可能会带来潜在的卡内基捐款。1909 年，弗莱克斯纳访问了美国和加拿大所有 155 家医学院，在每所学校通常都只待上几个小时（Flexner，1940：70-88）。

1910 年，卡内基基金会出版了他的报告，指名道姓地描述了每一所学校的条件；报告称，几乎所有学校都缺乏实验设备，教职人员缺乏学术资质，学生也没有多少教育背景。155 家医学院，只有 50 家要求高中学历或同等学力才能入学，而且就连这一要求也常常未能实行（Flexner，1910：29-36）。弗莱克斯纳的建议是，医学院应当将两年大学训练作为入学要求——当时只有 25 家医学院有这一要求——不过根据地域条件可以有所不同。在南方，欧洲式大学教育的发展最为落后，弗莱克斯纳因此绕开了大学，号召医学院的入学要求应当与州立大学相同；对于一流医学院，例如霍普金斯和哈佛，他则建议要求将四年大学就读经验作为入学条件。他还进一步提出，应当彻底废除水平较弱的学校，将医学院数量从 155 家缩减到 31 家，并号召各州医学委员会在设立入学要求、监管教学设备和对毕业生发放执照方面进行干预。

到 1920 年，弗莱克斯纳黑名单上的所有学校几乎都关闭了。所有存活下来的医学院几乎都附属于大学，并开始将入学要求提高到本科学历。跨州的执照协定被标准化了；1910 年，之前的委员会重组成了美国国家医学联合会（Federation of State Medical Boards）并稳定下来。美国医学协会的教育委员会建立于 1904 年，它接过了弗莱克斯纳对医学院的打分，并把它作为一项持续进行的工作；到 1920 年，它已经成为对医学院具有绝对权威的中心组织。美国医学协会的权力稳固地建立起来。1916 年，在它内部出现了专业委员会，尽管在法律上是基于自愿的，但却获得了强大的影响力。因此，就连它非正式的安排也获得了强制性的力量（Shryock，1966：42）。

美国医学教育组织的建立有若干影响。随着标准的建立，之前类似行会精英的阶级复兴了。弗莱克斯纳报告的余波让美国的医学生从 1904 年的 28000 人减少到 1907 年的不到 20000 人，自此之后，人均医生比例长期持续下降：从 1910 年的每 10 万人 164 名医生，降低到 1930 年的 125 名，后来又上升到 1960 年的 142 名；虽然医学院宣称训练质量提高了，但患者能够接触到的医生数量却减少了，医生的平均收入也是水涨船高（Friedman and Kuznets，1945；Shryock，1947：285；*Historical Statistics*：B181；Rayack，1967）。非正统的执业人士和江湖郎中被大大限制了，其他拒绝专业协会的政治与经济政策的医生也同样如此。医生的声望在 19 世纪中期曾经大大受损，但到 1925 年却又再次上升到所有职业地位调查的最顶端（Hodge et al.，1964：289-302）。如果说医学生的社会阶级背景在 19 世纪医学院的发展中曾经有所下降的话，那么此时他们已经重新回到了所有大学生中最高的排名上（Davis，1965：Table 2.19）。

同一历史时期，医学实践的场所也发生了重要转变：19 世纪晚期几乎全部是家庭护理，到 20 世纪早期却变得极度依赖住院。[1]美国医院的数量从1873年的149家增长到1923年的6762家。在这一变化中，1913年建立的美国外科医师协会带领的医院组织运动起到了十分重要的作用。这一组织转变对专业造成了巨大的政治和经济影响。家庭护理被取代，这在对私人执业人员建立有效控制上格外关键，因为医院委员会不仅能通过实习和住院医师等新规则来影响到职业通道，还能对所有专业成员实行永久的控制，因为它控制着使用医院的特权。与此同时，在1910年到1920年这十年间，医院的经济政策从传统上的慈善取向转变为更关注付费的私人患者。比起同一时期发展起来的层级性更强、由政府管控的欧洲医院，美国医院在本质上成为地方私人医师联盟的附属品，依赖这些医生来提供垄断服务，对他们的费用没有任何控制权；医院被迫为他们提供免费的诊断和行政服务，外加专业辅助。从专业的权力、地位和经济回报来看，美国医生们获得的结果是十分理想的。

医学专业的新型组织形式与美国教育总体结构的关系特别有利于提高基于人文学科的大学的地位。不附属于大学的医学院已经因为缺乏有力的后盾而基本消失。存活下来的医

---

[1] 关于医院，可以参见 Shryock（1947：283）；Perrow（1963：112-146；1965：948-949）；Rosen（1963：1-36）；Glaser（1963：37-72）。

学院开始要求本科学历，因此消除了可能的竞争关系。与此同时，美国医学院还避免了欧洲大陆模式；在欧洲，医学教育是从进入大学时开始的，英国模式则是在教学医院里进行训练。美国医学教育却完全成为研究生教育，医院训练则推迟到获得医学学位之后。美国教育系统漫长而昂贵的竞争式流动模式被进一步加强了。

竞争式流动在医学专业内部也变得愈发明显。基础医学服务和专业方面的训练仍旧是非正式的，但在那之前，所有人都要修读统一的医学院课程，之后才会以医院实习和住院医师的形式进行训练。因此，真正的医学实践技能是在工作中获得的，正如大部分职业一样（参见第一章）；进入医学院之前对教育背景的额外要求和医学院本身都是为了筛选学生，让他们接受教化、融入群体，同时也是为了维持理想化的表面形象。通过延长训练时间本身而不是在早期进行分流，专业内部出现了不同的地位。医学专业内声望最高的职业会要求最昂贵的训练，这强化了医学专业的上层阶级地位。

如果让能力有限的专业人士去从事简单的例行工作，就能让更多人接受医学治疗，但是医学专业组织的模式却拒绝这么做。产科成为研究生训练的一部分，过去存在的职业助产士消失了，因为它被医师们的工作吸收了，而没有被升级为一种单独的专业。类似的过程也阻止了护理专业接管例行的公共卫生功能。医学专业内部的女性有一个封闭的、附属的职业层级，这只不过是宗教和慈善事业中传统性别隔离的延伸：女性总是被分配到卑微的工作职位上，并且有着单独的组织（仿佛是为了避免她们玷污这些领域中占据支配地位的男性角色的官方魅力）。因此，虽然在20世纪女性已经进入了医师层级，但是性别分层的传统依然存在；护士成为一个独立的封闭职位，与底层的卑微工作有所不同，但基本上都是女性，而且不可能晋升到医学权威系统中更高的职位。在美国，护理在教育要求和内部地位层级上变得越来越"专业化"，但是组织内部的封闭障碍却一直在强化它的从属地位。具有讽刺意味的是，比较研究显示，比起接受更多正式训练的美国护士，欧洲护士被赋予了更多的医学权力（例如麻醉、接种和一般的接生工作）。

因此，美国医学组织在刚刚获得技术有效性的时候就吸纳了各个方面的传统社会分层。新的结构建立在旧有的组织优势之上，精英阶级十分幸运地在20世纪早期的社会斗争中找到了正确的同盟。医学专业的历史告诉我们，技术专业等级的提高、利他主义奉献精神的展示、对经济和地位优势的争夺，这些绝不是互相排斥的。

法律行会

正如美国政府一样，美国的法律专业也根植于英国政府组织的历史之中。在法律及其程序方面的全职专业人士最早出现在 12 世纪和 13 世纪，一开始是作为国王法庭的官员而存在（Carr-Saunders and Wilson，1933：37-55；Harding，1966：167-190，285-291，351-354，389-394）。最早的职业法律人士是法官，他们通过学徒制来训练后继者。学徒在法庭中工作，并逐渐垄断了在皇家法官面前执业的权力。训练被挪出了法庭，进入了律师学院（Inns of Court），那里驻扎着法官和执业律师。后者对自己的等级进行了数次重组，最后成为一个新的群体，那就是诉讼律师（barristers）。律师学院成员组成了强大的行会，他们有着共同的上流社会或贵族出身背景，并垄断了法律方面的训练及其更基础的资源，也就是说控制了进入政府的正式渠道。

牛津和剑桥在不同时期都曾有过法学教授，但大学却从未能打破伦敦在法律训练上的垄断。法律执业的垄断是一个政治权力问题，这在所有专业中最清楚不过；而权力条件则有利于伦敦行会。另一方面，大学是教堂的机构，那里教授的民法本质上是成文罗马法，也就是官僚集中化的工具。与之相反，学徒制中教授的普通法（Common Law）却包括程序知识和历史判例，这让执业者获得了更多的权力（Weber，1968：785-788）。因此，为专业群体所垄断的技能的本质，是被相应的政治权力塑造的。

英国国王及其中心化的官僚机构相对较为弱小，加上17世纪革命中下层贵族最终获得胜利，这巩固了律师行会的权力。（相反，在欧洲大陆，法律是以法典的形式存在的，其教育由大学垄断，律师成为政府官僚机构中的行政人员。）在英国，一小群自我选择的精英诉讼律师在律师学院中提供非正式训练，他们垄断了伦敦政府法庭中的辩护权，也垄断了这些法庭中的法官职位。另一方面，英国的太平绅士通常都是从地方贵族中选取的业外人士。诉讼律师对法庭功能的垄断，导致法律专业内出现了第二个群体，那就是事务律师（solicitors），他们为客户提供咨询、准备审判，并处理法庭之外的事务。这一群体吻合了客户的需求，特别是那些伦敦之外的客户；事实上，诉讼律师忙于法庭事务，很难对外人有所回应。诉讼律师的等级高于事务律师，一方面是因为他们垄断了通往法庭的渠道，另一方面也是因为他们控制了训练。事务律师一开始常常是那些进入了律师学院，但待的时间不够长（有时所需训练长达十年到十五年），因而无法成为诉讼律师的人。（这是十分漫长的训练，需要付出大量财富，因此十分有利于上层阶级垄断法律专业。）后来，事务律师几乎完全由学徒制训练，或是通过他们自己的学校训练。美国并没有出现这种法律专业内部的等级分化，这是因为它在政治权利组织上有着独特的条件。

殖民时期的寡头统治和独立革命后的民主化

殖民时期的美国是对英国机构的移植，但倾向于更强地去中心化。殖民地远离英国，内陆定居地远离沿海中心，而当时交通条件很差，开拓地带却在不断扩张，这一切共同造就了这一模式。然而，美国独立革命之前，法律实践几乎全被上层阶级富有的商人和种植园主所垄断，他们极力模仿英国模式，因此建立了封闭的法律领域（Main，1965：101-103，146-147，203-206）。在南方，富有的种植园主常常会将他们的儿子送往伦敦的律师学院去接受法律训练。在北方殖民地，1750年之后，律师协会在人口最集中的地方发展起来，一开始是作为社交俱乐部，但是后来则逐渐控制了执业准入权。殖民地的立法者遵循了英国先例，让法庭享有了控制出庭权的权力。18世纪晚期，地方律师协会，特别是马萨诸塞州和纽约的律师协会，被指派来推荐出庭律师，最终获得了实际上的控制权；他们的成员组成了强大的政治精英群体。[1]

美国独立革命扭转了形成法律寡头的趋势。由于律师与上层阶级无论在出身背景还是实际利益上都关系紧密，这一群体也就成了同情英国的人扎堆的地方。因此，相当多的律师由于战争中对托利党人的迫害而离开了美国。此外，由于律师协会将法律执业权限制在一小群精英手上，这也让律师更加不受欢迎；更何况在独立战争之后，他们还努力为富有的债权人收债，这些民众都看在眼里。在新开拓的各州的斗争中，公民权得到了扩展，社会也变得相对更平等主义，这让权力转移到了那些对法律界特权人士怀有敌意的人手中。结果，律师执业考试变得格外容易通过，律师协会随着权力萎缩而崩解消失。殖民时期的美国曾效仿英国区分诉讼律师和事务律师，如今这一区别也随着法律专业的民主化而不见了（Griswold，1964：10）。

1800年到1870年间，律师执业许可的权力被移交给了地方法庭；由于定居地的飞速拓展和通讯技术的不可靠，地方的权力进一步加强。在最极端的形式下，这意味着当律师在一个法庭上获得执业许可之后，并不能应用到其他法庭

---

[1] 关于美国法律专业的发展，参见 Hurst（1950：249-311）。除非特别指明，有关这一话题的事实资料都来自此处。

上；不过，更常见的是在同一州内，只要获得一个法庭的执业许可，就可以在州内其他法庭上执业了。1840年，30个州里有8个实行了集中化的执业许可（存在于理论上但往往未能付诸实践）；1860年，39个州里也只有10个这么做。

律师执业考试本身通常是口头考试，形式十分随意。执业考试的准入资格原本是非常高的。这些资格要求来自于殖民时代的寡头统治，但是随着独立革命之后推动公开准入的运动而被取消了。1800年，18个州和领地内有14个要求在参加执业考试之前必须经过一定时间的专业学习，到1830年这一数字下降到30个州里的11个，到1860年更是下降到39个州里的9个。

整个19世纪，法律教育都是非正式的。教育的主要形式是在一名律师的办公室里做学徒，在这一过程中，学徒会做一些简单的服务，例如准备文书、复写法律文件等（直到该世纪末发明了打字机）。在空闲时间，学徒会阅读手头上能找到的法律、历史和一般书籍。在知名律师的办公室里，学徒往往会被收取费用。考虑到这种训练的花费（就算没有费用，学徒也无法从工作中获得报酬），许多人都是靠自学来为进入法律专业做准备的。亚伯拉罕·林肯是最著名的一个例子，但是就连富有家庭的公子也会这么做，对他们来说，这不过是之前普遍存在的家庭教育或私塾的延伸而已。[1]

当时有些大学里也设立了少数法学教授职位，最早可以追溯到 1779 年的威廉和玛丽学院、1793 年的哥伦比亚大学、1817 年的哈佛大学和 1824 年的耶鲁大学。但是，法学专业的学生太少，哥伦比亚大学的法学专业系主任职位从 1798 年到 1823 年都是空缺的；费城学院从 1790 年开始进行的法学教育实验只持续了两年。这些课程都很短，也是非正式的，与学徒制学到的材料一样，并且还允许学生按照自己的情况随时来去。通过课程的标准也不高，通常只需参加一次期末口头考试。

除了大学，也有一些私人股份制学校是由律师运营的。其中最著名的一所由一名法官在康涅狄格州的利奇菲尔德市从 1784 年运营到 1833 年。它提供 14 个月的课程，学生中有许多后来都获得了显赫的政治地位，其中包括两位副总统、三位最高法院法官，另有无数州法院法官、内阁官员、国会议员和州长。不过，这所学校并不授予学位。当时，大学的法学学位毫无价值。学校系统并不提供正式文凭；19 世

---

[1] 尽管有许多传说提供了反面的说法，但林肯自己并不是穷人。他做了许多工作，其中有一门回报很高的事业，那就是为铁路公司做律师；铁路是 19 世纪中期美国最赚钱的生意。

纪美国政治权利的平等化也延伸到了法律实践中。利奇菲尔德的这所学校似乎主要是靠精英家庭的成员组成非正式俱乐部来获得成功的。但就连这所学校也在1830年代垮掉了，因为当时政治权力从新英格兰联邦主义建制中转移到了西部。1833年，据估算，所有学校中的法学学生不到150人，包括股份制学校和大学；学徒制在法学训练中占有压倒性的地位。

精英统治运动

从1870年代开始，发生了一些互相关联的变化，它们重建了法律专业内部的正式分层，并让大学法学院获得了居高临下的地位。随着大公司对全国经济的控制得到巩固，出现了一群全国知名的律师。与此同时，大学里的法学教授也开始宣称法学具有科学地位。这些结合起来，再加上上层阶级和中上层阶级对抗城市移民和工人阶级的政治运动，共同导致律师协会的重建和限制执业权的努力。

内战之前，大部分法律工作都与土地和商业有关，特别是代表了西方的投机利益。19世纪中叶之后，利润最高的生意被大公司所掌控，而这首先是从铁路开始的。内战之后，铁路公司的总法律顾问是最受尊敬的法律职位；

1880年代和1890年代，高级法官在退休后也会接受这些职位。同一时期，律师开始与大型银行关系紧密，并开始成为董事会成员。律师对公司发展来说十分关键，他们设计了新的章程，帮助公司和托拉斯来组织全国的生意，同时借助各州的公司法和税法来获得尽可能高的利益。在他们的帮助下，当时主要的金融利益群体确实通过操控股票和其他工具控制了制造业。内战后，经济集中到垄断企业手中，这一过程中的许多细节也是通过法律专业来完成的（Ripley，1916；Chandler，1968：223-234；Berle and Means，1968：119-243）。

正是通过这些活动，大型现代法律事务所出现了。1850年之前，法律执业是以私人或两人合作的形式进行的。1850年之后，最知名的合伙人——那些专门处理企业商业利益的律师——开始在内部细分，其中一个人负责出庭，另一个人成为"办公室人员"。与此同时，商业客户也开始从法律事务所获得正式的"意见"，咨询关于未来政策的法律问题，这渐渐使得法律事务所与公司之间建立起了固定关系。知名法律事务所的规模开始增长：纽约斯特朗和凯威莱德律师事务所（Strong and Cadwalader）从1878年的6名律师和4名助手增长到1913年的23名律师和20名助手，到1938年更是增长到57名律师和85名助手。目前知名的凯威、斯温和摩尔律师事务所（Cravath, Swaine, and Moore）于19世纪中期与时任的财政部长威廉·苏厄德（William Seward）合伙成立，它在1906年发展到拥有19名律师，到1940年则有94名律师。

当然，这种大型律所是一个例外，即使在今天也是如此。大部分私人执业律师（1964年占到56%）仍在单打独斗，通常都是在某个特定的族裔社群里工作，这无疑也是一直以来的模式（Carlin, 1962；Ladinsky, 1963：47-54；Griswold, 1964：5）。目前，大型律所主要集中在纽约（1959年，雇佣超过50名律师的37家律所中有20家在纽约；Smigel, 1964：29, 178）。显赫的"华尔街律所"与大型企业联手，这一现象出现在19世纪晚期；律所与企业共同发展，前者帮助后者获得经济上的控制权。并不是律师整体的经济地位提高了，而是这一专业内部出现了精英群体，他们与新近才巩固了自己地位的商业精英有着紧密的联系。

大约同一时间，法律教育也开始发生转变。1870年，哈佛大学开始通过案例教学法来教授法律。教师会带领学生讨论指定的案例，进而总结出共同的原则，而不再采用传统的阅读文本和讲座的方法。案例教学法的支持者们——其中最著名的是哈佛法学院院长克里斯托弗·朗德尔（Christopher Langdell）——认为法律是一种普适科学，它的原则能够通过检视案例材料实验性地归纳出来。与此同时，哈佛开始雇佣能将毕生精力投入在法学研究中的教师，而不再雇佣曾经的执业律师。这两个创新都得到了哈佛大学新校长查尔斯·艾略特（Charles Eliot）的支持，他曾经是麻省理工大学的一位化学家，也是第一位担任美国一流大学校长的科学家；正是他最先在大学教育中提倡使用科学研究者的教学方法。在这个科学进步的时代，法律教育者们必须假装参与到这些发展中去。在这种新的强调之下，法律学位宽松的口头考试被换成了一系列书面考试，这些考试的标准也愈发正式。1896年，哈佛开始要求在进入法学院之前必须先获得大学学位（Griswold，1964：51-52）。

在1890年之前，案例教学法和哈佛的其他改革只影响到了其他常青藤学校；直到1900年之后，这些改革才正式形成固定的模式，以供其他学校模仿。在这期间，一场运动开始推广哈佛的方法，那就是律师协会的建立和他们对法律执业准入的控制。第一家律师协会成立于1878年的纽约，是由一群知名律师带领建立的，目的是为了对付特威德控制下的政治机器所涉及的一系列阴谋。富有的芝加哥律师于

1874年建立了律师协会，同样是为了控制一群卷入当地政治机器的非精英律师。总体来看，1870年到1878年间，共有16个城市和州建立了律师协会，它们几乎都伴随着市政改革，并且对那些活跃于腐败的地方政治中的律师协会成员加强了控制。

精英法律专业比美国医学协会更加明显地通过19世纪晚期族裔危机中的文化和政治动员组织起来。律师协会是被盎格鲁-新教徒控制的；"腐败"的律师则大多是少数族裔，或者是代表了少数族裔企业的利益。"腐败"这一概念本身只不过是强加的盎格鲁-新教价值观；在政治机器保护之下的非法或不道德的活动包括赌博、运动、卖淫、酒馆和狂欢娱乐，这些都是移民和工人阶级文化所偏爱的。

上层阶级律师的组织热潮在1878年8月达到顶峰。美国律师协会的组织者西米恩·鲍德温（Simeon Baldwin）同时也是多年来的领导者，他是耶鲁大学法学院教授，也是一位法官，同时还为大型金融组织担任顾问；他在政治上是坚定的保守主义者。美国律师协会的上层阶级本质是显而易见的。1889年，它在萨拉托加斯普林斯举办了年会，而那里则是上层阶级的避暑胜地；美国律师协会的核心是一群富有的律师，他们经常在那里度假。多年来，美国律师协会从未努力吸收会员，因为这符合它的组成和目标。事实上，它的准入条件相当苛刻，在 1912 年的新时代之前，它的成员人数从未超过美国律师总人数的 3%。甚至在扩张期之后，它在 1940 年也只包括美国律师中的 17%，在 1964 年则包括 40%；它的管理人员一直都有着上流社会的家庭背景（Hurst，1950：289；Griswold，1964：23；Domhoff，1967：61）。

这符合美国律师协会以及知名地方律师协会的目标：在专业内部重新建立上层阶级特别是盎格鲁白人新教徒的统治，同时将这种统治延伸到政治中去。美国律师协会从 1896 年到 1937 年的政治宣言压倒性地倾向于保守派，包括反对资本增值税，在罢工中倾向于发出禁制令，在学校里教授"美国主义"，以及鼓吹软化反托拉斯法等（Hurst，1950：363）。然而，它的主要活动却是在法律专业内部的改革：强调更高的教育要求，并设立更严苛的执业准入条件。

美国律师协会带头组建和资助了统一州法全国委员会。委员由州政府正式指定，但实际上却是由美国律师协会在其内部挑选指派的。地方律师协会也参与推动了执业准入标准的提高。1890 年，只有 4 个州有集中化的州律师执业考试委员会，而到 1914 年已经扩展到几乎所有州。书面考试由一流大学法学院引入，在 1900 年之后很快就取代了口头考试。到 1937 年，35 个州采用了美国律师协会的最低资历要求。1860 年，39 个州和领地里只有 9 个要求律师有一定的法律学习经历；到 1890 年，这一比例已经上升到 50%；1920 年上升到 75%；1940 年，所有州都要求律师拥有专业学习背景。

这些标准的改变实质上是采用了一流法学院的标准。非正式的口头考试被书面考试取代，这种考试形式与学校考试类似，通常由与一流大学关系紧密的律师协会成员设计和打分。参加考试之前必须要达到正式的教育水平要求，这一点进一步加强了法学院的存在价值；到 1940 年，已经有 40 个州要求三年学习经历。随着一切步入正轨，法学界开始努力推动将最知名也最难进的法学院入学标准吸纳到律师执业考试的前提条件中，号召（在 1921 年）在进行法律学习之前先在大学里学习两年；到 1940 年，已经有 66% 的州采用了这一标准。为这一整套改革努力的领导者们包括美国律师协会内部的一群大学法学教师，其中也包括美国律师协会的创建者——耶鲁大学的西米恩·鲍德温。1893 年，他们在协会内部组建了法学教育委员会，由一名哈佛大学法学教授主管。这个小组又在 1900 年成立了具有公信力的美国法学院协会。到 1923 年，美国律师协会的法学教育及执业申请委员会在前联邦战争部长伊莱休·鲁特（Elihu Root）的带领下开始正式公布法学院评分，依据是它们是否遵从美国律师协会对教育背景作为前提条件的要求。

然而，控制的进一步加强进行得十分缓慢。律师协会的去中心化状态让人微言轻的律师们也能获得相当大的抵抗力量，而美国律师协会和最重要的东部协会则公然采用上层阶级的排他性政策，这也让不那么富有和不那么保守的律师们十分反感，特别是少数族裔和乡村地带的律师；律师协会的政策设计出来就是为了限制他们。到1920年代，西部律师协会开始号召建立"融合的律师协会"（integrated bar）。这指的是律师协会应当强制入会，正式垄断执业机会，并对其成员拥有合法的强制力和惩罚权。到1940年，已经有20个州通过了此类法律，其中大部分都集中在西部和南部。它们在地理上的集中显示了法律专业内部控制的流变，因为正是在这些州，律师协会更明显地由上层阶级和中上层阶级背景出身的成员组成；相比东部，这里作为敌人的少数族裔社群也没有那么活跃（Adams，1957：360-368）。

特别是在东部，上层阶级律师施加压力，要求在参加律师执业考试之前必须有法学院背景；对这种排他性政策的抵抗主要体现在建立新学校上。结果，颁发学位的法学院从

1900年的102所增长到1910年的124所、1920年的146所，以及1936年的190所。1936年，190所法学院里只有94所经过了美国律师协会的认证，而且只有6个州要求律师必须在协会认证过的学校里学习过。未经认证的学校大部分（96所中的88所）都是夜校或是同时提供日间和夜间课程的学校，而大部分经过认证的学校（94所中的75所）则都是一般大学附属的全日制法学院。为了应对教育水平要求的提高，夜校纷纷建立：1890年有59所日间学校和10所夜校；1900年分别是79所和25所；1910年是79所和45所；1920年则是80所和62所。

针对这些"资质不足"的学校，一场旷日持久的战争打响了，主要手段是推动律师执业许可必须以一流法学院学位为前提条件。这些一流学校也将大学学位作为入学前提条件，以加强与上流阶级群体的联系。这一过程进展缓慢。1890年，61所一流法学院中只有4所有与同一所大学里的文理学院相当的入学要求。只有到了1890年之后，在哈佛大学的带动下，大部分精英法学院才开始要求入学前必须获得本科学位。到1931年，美国律师平均有1年的大学经历和2.25年的法学院或办公室训练经历，但随后，入学要求越来越高。在之后几十年里，法学院越来越紧密地与美国教育的标准序列绑定在一起。1960年代，法学院学生中有66%上的是全日制学校，其中大部分都要求入学前获得本科学位，其余的则是兼职制学校，它们也有着经过美国律师协会批准的入学要求。要想进入法学院，社会阶级背景是重要的决定条件；潜在法学生在社会阶级背景上高于其他大学生的平均水平；法学院在学术上的要求越严格，其学生的平均社会阶级背景也就越高（Hurst，1950：268，281；Griswold，1962：57-59）。

工业化或文化冲突

提高教育水平要求和把法律执业与高等教育序列绑定，这两个运动是19世纪末美国更广泛的阶级运动和地位群体冲突中的一部分。法律专业的改革运动来自于阶级运动中的若干浪潮。因此，律师协会的成立及其试图集中化法律实践管理并提高准入要求的努力，直接关乎盎格鲁—新教白人对政治机器和族长制作风的反击，而后者基本上是移民和工人阶级的文化。与此同时，有些律师也成为政治机器的一部分，而移民（或至少是倾向于移民福利的人）也开始涌入法律专业，这威胁到了整个群体的精英形象。涌入东部大城市的犹太人令他们格外恐惧。他们试图提高职业门槛，并让法律执业变得更加严格，目的在于重建上层阶级和盎格鲁新教白人对法律实践的传统垄断地位。

从 19 世纪晚期以来,一直有人声称"律师协会已经太过拥挤",对这些声音的分析也支持了以上阐释。1930 年代的研究显示,律师的服务几乎全部提供给了美国人口中最富有的 13%,地位较低的人们虽然在许多情况下也需要律师的服务,但却负担不起(Hurst,1950:311-316)。因此,"过度拥挤"的看法肯定是基于上层阶级或中上层阶级的视角。此外,大量律师都集中在大城市里。那里有着大量的移民和他们的律师(通常在经济上处于边缘位置),但同时也有着回报最高的法律实践发生的场所,那就是与大型企业结成同盟的大型律所。因此,这种"过度拥挤"的问题在很长一段时间里一直是由精英律师们提出来的,这主要反映了他们试图在专业内部进行地位封锁的努力。

提高教育水平要求的努力进展缓慢,因为美国政治的去中心化和民主化传统阻碍了它,这也在 19 世纪早期让法律专业相对较易进入。不过,由于上层阶级律师拥有大量资源,他们的努力还是有所进展。全国性大型企业的崛起带来了富有的高级律所,这也让他们有了掌控专业领导权的底气。与此同时,一流法学院也恰恰是长期以来受到盎格—鲁新教白人认同的学校,比如哈佛和耶鲁。这种学校也正在面对它们自己的经济问题，因此很高兴能与上层阶级律师结成利益同盟。让西米恩·鲍德温这种既是法学教授又是大公司律师的人互相建立联系，正是律师协会将精英学校的标准纳入法律专业标准的推动力。

这一政策之所以花了这么长时间才开始有所回报，并且实际上在完全阻止非精英律师方面失败了，是因为美国教育系统对实行垄断控制有一个弱点。在美国政府去中心化的条件下，以及建立学校和其他文化组织的历史传统下，要想通过建立新学校来应对教育水平要求真是太容易了，特别是1890年之后蓬勃发展起来的夜校。社会结构有利于文凭的通货膨胀，而不是立刻生效的垄断。因此，律师协会被迫再次采取行动。它们曾试图让各州通过法律宣布某些学校不符合资格，但这方面的努力并不成功；不过，将大学学位作为法学院的前提条件等间接手段则有所进展。这是为了有利于那些附属于精英大学的法学院；效果之一是让法学教育越来越稳定地成为高等教育序列中的一环，而不是它的替代方案。

也许可以说，现代公司和政府法规的兴起让法学实践变得愈发复杂，因此旧有的学徒制训练已经不够了，正式的学习在功能上越来越必要。不过，比较性的证据并不支持这一观点。在欧洲大陆,一直以来都有高度理性化的基于大学训练的法律系统,且缺乏普通法系传统上的复杂性,因此在专业化程度上并不高。在英国,法学训练包括律师学院为法律"需求"而提供的学徒制训练,这一制度贯穿了多个世纪以来的复杂变化,一直到20世纪仍然存在;我们已经注意到,这些"需求"本身正是律师权力的产物,目的是让普通市民在进入政府部门时必须经过更加复杂的路径。在美国,并没有研究检视过法学院训练和在职学徒制训练在技能表现上的差异;教育要求的提高让后者几乎不可能进入比较研究,同时也可能促使能力更强的人选择更有优势的法学教育形式。1920年代的证据显示,在精英法学院里接受训练的学生们更可能在第一次参加律师执业考试时就通过,其次是那些来自于入学门槛较低的法学院的学生,最后则是在办公室里接受训练的人。不管怎样,在所有尝试参加过律师执业考试的考生里,很大比例的人(87%)最终都通过了(Hurst, 1950:274)。此外也没有证据显示,律师执业考试中的表现与实践中的实际技能有关;律师执业考试主要反映了学术能力,实际技能必须在之后的工作中习得。

公司法的历史显示,在这一问题上,创新早于教育。律师在现代商业历史中的主要角色是改变公司的传统限制、发展托拉斯和其他法律工具来推动美国产业中的垄断统治。第一波此类发展发生在1830年代，并在1889年达到高潮，当时新泽西公司法允许了控股公司的存在。控股公司在1880年代和1890年代快速发展。约翰·D. 洛克菲勒的律师萨缪尔·多德（Samuel Dodd）在1880年设计出了"托拉斯"这一工具，在接下来十年里引发了严重的垄断，并在1890年导致《谢尔曼反垄断法案》的通过。[1]其中涉及的律师通常都是在一流人文学院接受教育，以相对传统的方式接受法律训练，并在实践经验的基础上作出了创新。此外，法学院改革中引入的案例教学法，并不十分符合现代商业或政府的需求。为了努力总结出"科学的"原则，案例教学法更关注上诉阶段，几乎不会实际操作案例，直到20世纪中期还一直在关注法学更加传统的分支，而忽视了更新的进展，特别是在行政管理法领域（Hurst，1950：269-271；Harno，1953：137-140）。当然，许多创新性的法律工作都是在现代社会的制度变化中作出的，但它似乎在很大程度上是基于工作经验的，而学校在教学上则远远落后于此。因此，在工业化时期，美国法学界最重要的角色——加州和美国最高法院大法官史

---

[1] 关于公司律师如何扮演了富有创意的角色，可以参见Levy（1961：43-106）。

蒂芬·菲尔德(Stephen Field)——设计了商法的现代法典和原则,其基础是他兄弟的律所里由学徒制构成的一套法学教育系统(McCurdy,1976)。[1]

在教育上创新的常青藤法学院与精英华尔街律所之间的关系,以及二者与政府内阁和司法权力职位的联系,似乎都是它们共同的成员结构的产物。这一联系在20世纪变得格外明显,但最早至少可以追溯到19世纪中期,当时,正在兴起的全国性企业的律师也正是显赫的内阁官员,例如威廉·苏厄德(Smigel,1964:4-12,37-42,72-74;Domhoff,1967:58-62,84-114)。大部分精英学校与权力最大的司法职位之间的社会联系对教育要求的提高来说十分关键。这意味着法律专业内的成功与精英教育相关,因此让教育要求的提高有了砝码,同时也设立了一种理想的地位,让不那么成功的律师纷纷效仿。

这些过程的结果并不是让上层阶级完全垄断法律;美国教育系统的灵活性太强,阻止了这一点的发生。不管怎样,

---

[1] 尽管韦伯(Weber,1968:890)强调了在资本主义结构背景中纳入一部分循规蹈矩的司法制度是十分重要的,但他也总声称,高度学术化的系统完全不必要:"尽管历史发展中有着诸多差异,现代资本主义却在有着不同规则和制度、彼此迥然相异的法律系统之下同等地繁荣发展起来,并体现出本质上相同的经济特征……没错,我们可以说,伴随现代资本主义繁荣发展的法律系统,哪怕在正式结构的基本原则上也是天差地别。"

通过法律要求和精英法律实践的标准，已经产生了足够的压力，让教育水平要求稳步提高，这既体现在法学院的年限上，也体现在之前的大学教育准备中。因此，律师之间的地位斗争促进了美国教育系统的纵向延伸。它也防止了法律专业分裂成为地位较高和较低的两部分，就像英国诉讼律师与事务律师之间的区别一样。无论律所之间（或者在律所律师与私人执业律师之间）和声望不同的法学院之间有多少非正式的差异，法律专业依然是一个整体，其中的区别几乎完全基于每个人所受的教育，既包括法学院教育，也包括之前的教育。就像在其他领域一样，美国法律专业的结构也推动了有利于学校教育的竞争式流动系统的发展。

工程师的失败

工程师是现代社会中最大的专业群体，而工业主义也显然需要他们提供的服务。如果我们承认工程师（engineers）、技术员（technicians）和技工（mechanics）之间并无明显区别，事实就更清楚了；正是这个群体作为一个整体让工业主义运转起来。相比之下，医生、牙医和护士只不过是在提供一种富有的人群越来越能负担得起的消费服务；律师作为一个群体尽力垄断了解决纠纷和行政方面的工作；对教师的需求则取决于教育系统自身的扩张程度。对这些专业的需求在不同的工业社会中差别很大；然而，任何工业社会都需要大量的工程师。

考虑到在工业社会里工程师比其他任何专业都更重要，我们也许会认为工程训练将主导教育系统。没错，工业社会可以在一个几乎完全集中在工程训练上的教育系统下运转。这一趋势曾体现在苏联、中国和其他共产主义国家中；法国教育系统也以一种排他性不太强的方式给予了工程师特殊的地位。此外，在19世纪中期的美国，教育系统曾被攻击为对职业毫无帮助，而它提供非职业认证的能力也随着学院的蓬勃发展而遭到了损害。无论在高中还是大学，工程方面的职业取向的教育项目都被作为一种替代选择。如果纯粹的技术需求曾经主导一切，这种学校本应成为教育系统的中心，在声望上压倒其他一些教育形式，并能吸引到大量金钱和最精英的学生。如果卡尔文·伍德沃德的高中工程训练（见第五章）在19世纪曾获得强烈支持——假如单纯是为了职业上的效率，它本应获得强烈支持，因为它剔除了非技术的预备训练，并提供了最快获得技术能力的途径——那么整个高等教育系统将可能彻底崩溃，而美国高等训练的时间也将会大大缩短。

但是这些都没有发生，这证明了非技术因素对解释教育在社会分层中的角色十分重要。与职业无关但能带来高地位的经典教育系统并没有遭到毁灭，但却发生了改变，允许来自更广泛的阶级背景下的大量学生涌入。对文凭系统的威胁——特别是来自与职业相关的教育，其中工程类教育是最好的例子——最终被吸收进了教育序列中，就此成为它的支持者而非对手。专业工程师的组织不是单纯的技术组织，而是一种社会现象；工程学对非技术教育系统和更广泛的基于地位群体成员身份、金钱与政治资源的社会分层系统没能造成严重威胁，最主要的原因正是工程师之间的地位利益与冲突。

比较性视角：法国与英国的工程学模式

从历史上来看，工程师这一职业是从一系列角色中产生的。[1]在其中一个层面，其先驱包括技艺精湛的工匠，包括水车工匠、石匠、铁匠、钟表匠等。在另一个极端，则是地位较高的角色，包括军官和政府官员，例如罗马帝国中曾存在的职位；他们指挥大量工人建设道路、桥梁和城堡。在

---

[1] 关于工程师的社会角色，并没有足够的历史分析。一部分历史材料可以参见 Finch（1960）和 Armytage（1961）；后者因其技术管治论的意识形态而有所欠缺。

这两个权力和地位层级之间则是艺术家－建筑师和建筑工程队队长——他负责指挥一大群建筑工人。因此，有着与大规模建筑工程相关技能的人占据了一个暧昧的职位，处于贵族和劳工之间，结合了主人和仆人的双重地位。他的实际地位取决于权力分配的历史条件，因此也取决于阶级之间的分界线。在前现代社会，技术员－工程师地位最高的地方可能是文艺复兴时期意大利中商人主导的城市；在那里，技术工人与老板之间的分界线是最模糊的。

随着工业主义的崛起，工程专家能够利用的技术也随之增多，他们要求在社会中获得更高的地位——成为发号施令者，而非服从命令者——也就是再自然不过之事。但是，单靠专业技术究竟能获得多少权力依然是个未知数。在法国，工程师在17世纪的宫廷政府中就有了一席之地：首先是作为炮兵军官和防御工事专家，之后是在公共管理领域作为道路和公共设施的建筑专家。因此，工程师最早的组织和学校都出现在法国：1672年建立了军事工程师团（*Corps Imperial du Génie*），1747年建立了桥梁与道路学校（*Ecole des Ponts et Chaussées*）。当然，工程师官员是被军队中的贵族和律师看不起的，因为他们沾染了劳工的气质。因此，工程师职位通常都由平民或是落魄的地方贵族充当，例如拿破仑·波拿巴。

18世纪中期，皇家官僚制度从贵族手中接管了法国的实际控制权，法国独特的中心化制度建立了起来。1789年革命除掉了世袭贵族和国王，也让官僚制变得愈发重要。拿破仑在1799年攫取权力之后进一步推进了这一过程。主要后果就是废除了传统的基于教会的大学，并用中心化的工程学校——巴黎综合理工大学——取代它们去训练法国的管理者。之后的反革命和革命浪潮让法国教育的其他形式得以复兴，其中包括法学院；但工程师在法国社会的总体地位依然很高。政府职位主要由巴黎综合理工大学和其他高等专业学校（例如中央理工学院和高等矿业学院）的毕业生所控制，高级职位也被这些人把持。大型产业中的高级职位以企业垄断联盟的形式获得了半官方的地位，它们也是技术精英的领地。因此，法国的技术教育几乎垄断了主要的统治职位（Granick，1960：60-72；Crozier，1964：238-244，252-258；Arta，1966；Ben-David，1971：88-107）。

英国发展出了截然不同的模式。一直到工业革命之后很久，中央化的政府官僚机构都是十分软弱的；大学为贵族精英提供了传统文化教育。直到19世纪，科学都主要是靠贵族中的业余爱好者来研究的。在这一背景下，工程师基本上都是自学成才的手艺人。布林德利（Brindley）、梅特卡夫（Metcalf）、特尔福德（Telford）、瓦特（Watt）、斯蒂芬森（Stephenson）和其他一流工程师都没有受过多少正式教育。工程师学校在20世纪之前渐渐发展起来，但只能作为教育系统中声望较低的一部分而存在；即使到了1961年，也只有22%的机械工程师是这些学校的毕业生（Gerstl and Hutton，1966：42，也可参见6-13；Reader，1966：69-71，118-126，142-145）。整个19世纪，工程师训练的模式都是相对非正式的，主要是建筑和工业领域处于事业中期的工程师通过自学和学徒制来完成；地位较高的教育机构则有意强调为贵族提供非职业教育，其毕业生能够获得带有政府权力的职位。

中心化的法国模式下产生了一群政治-工业工程师精英，英国模式的非正式训练下则产生了中等地位的工程师，它们代表了现代社会工程师的社会组织的两种极端形式。二者都是可行的，但二者都不是"功能上必需的"。大部分其他社会都采用了这两种模式中的一种——法国系统更多被共产主义国家模仿，英国系统则被其前殖民地模仿。德国的模式主要被日本模仿，它代表了一种工程学教育的混合模式。到19世纪晚期，德国大学已经垄断了政府官员职位，但它们只培养医生、律师、牧师和教师。为了满足19世纪对工业的需求，德国设立了一套独立的中学和高等教育系统来专门培养工程师。这些学校比大学的地位要低，所以大学瞧不起它们；结果，工程学校主要从下层阶级中招收学生，在社会中也只能获得不太精英的职位。因此，德国系统代表了一种分流教育系统，技术训练在权力和声望上都属于较低的一个分支（Ben-David and Zloczower, 1962；Armytage, 1965：76-93）。

美国工程师的地位则是独一无二的模式。19世纪中期，用法国模式来统治学校系统也许看起来是一个可能的选择，只不过是以更大的规模进行（可能类似于现代俄国的系统）。大众对传统教育与职业无关的攻击也为这一方向提供了支持。然而，它却发展成了传统英国系统的一个高度民主化的版本，也就是非专业化的、非职业化的中学教育；高等教育对地位的要求则越来越靠近传统人文学院。在一流的工程学院里，一直都存在一种努力，试图避免让纯粹技术教育暗含的低地位反映在其学生的地位组成之中。近年来，这种努力的形式是把精英工程学训练挪到研究生层级，并在本科时引入更多非职业的元素。美国模式虽然号称强调职业，但它实际上仍然是现代世界教育系统中最不注重职业的一个。

美国工程学的源起

美国最早的工程师起源于 18 世纪末和 19 世纪初,他们是道路、桥梁、运河和其他交通设施的施工者。他们的出身背景比较复杂。有些是工匠,被训练为木匠、铁匠或钟表匠;其他人则是商人,在美国第一波经济扩张中敢于去冒有利可图的新风险;还有一些人是文质彬彬的贵族,通常是律师或法官,他们对公共设施有兴趣,钦佩当时法国和英国的建设者取得的成就(Struik, 1962:135-174)。几乎所有人都是通过非正式的方式获得的技能。早期的桥梁和运河建筑工人是通过不断试错来工作的,一开始建造了许多浪费材料的结构。与工匠不同,上流社会工程师们接受过经典教育,有些人曾在殖民时期的大学里就读过,但他们的工程技能却是作为另外一种教育形式通过实践经验或从其他从业者那里学到的。当时的地主们都有测绘之类的技能,一门手艺就这样手手相传,通常是在家庭内部。至于更复杂的项目,例如建造带船闸的运河,美国的组织者们利用了欧洲的技术:或是通过前去拜访英国业内人士,或是雇佣他们来为美国的项目做监工并提供建议。

大型项目的组织和投资都落在了富人手里,也只有他们能负担得起通过海外旅行来获得先进技术。一旦建设项目成为有利可图的生意,实践知识开始在一个更加先进的层级上积累起来,而不再采用原始的试错模式,土木工程就开始固化为一种上层阶级而非工匠阶级的职业。这一趋势随着1802年美国西点军事学院的建立而得到加强。西点军校的目的是训练精英工程师,它仿照的是法国在1797年建立的巴黎综合理工大学。时任总统杰斐逊将这视为一种开端:按照法国模式,用国立大学系统来训练通过理性组织起来并接受科学教育的精英。

然而,在美国的条件之下,建立中心化的精英选择系统的努力失败了。政治去中心化随着西进运动而得到了加强,它不利于一个孤立的精英群体控制整个美国政府;私立教育的强大地位也阻止了联邦资金流向单一的国立机构,尽管西点军校对美国的工程学专业仍有十分重要的影响(Struik,1962:311-316)。1817年之后,它的领导者是西尔韦纳斯·萨耶尔(Sylvanus Thayer),一名上流社会出身的军官,麦迪逊总统曾派他去巴黎综合理工大学留学深造。萨耶尔让西点军校的最初计划运转起来,引入了法国工程学课程和法国教师。工程部队成员成为美国土木工程专业的基础。政府派他们去建造铁路;铁路在1830年之后的十年里迅速发展,几乎所有铁路都是在西点军校出身的工程师的帮助下建造起来的。1824年,伦斯勒理工学院（Rensselaer Polytechnic Institute，RPI）在一名富有的纽约地主的资助下建立起来，它是对西点军校模式的直接模仿，目的是培养通过科学方式训练的精英工程师。

多年来，这两所机构是仅有的提供土木工程训练的学校。基于综合理工大学的传统，它们强调工程学是一种精英专业，并拒绝与其他技术人员混为一谈，因为那样会自降身价。就连那些并非毕业于这两所学校的土木工程师也抱有这种精英主义观点：他们强调自己的贵族地位，避免沾染任何体力劳动，并且在一定程度上也避谈商业主义。非军事工程师们因此越来越多地倾向于去做独立顾问或政府工作（Calhoun，1960）。他们的工程学模式本质上是在向18世纪的法国看齐，而不是面向美国正在兴起的工业中的商业组织。

机械工程师的起源也很类似。早期从业者主要是两类人：其一是木匠、钟表匠和其他工匠，他们通过实验新的机械装置来发展自己的技能；其二是富有的上流阶级，他们通常接受过经典教育，会向有利可图的新领域投资，例如建造蒸汽机或大规模生产火器和纺织品等，并在这一过程中获得了必需的技能。早期，美国工业极大地依赖来自欧洲的借款。铁路机车是通过购买英国模型引进的，然后美国人研究了英国模型，并将它作为未来发展的原型。也有直接引进英国机械的情况；不过，更常见的可能是美国上流阶级到英国去拜访英国发明家，有时也会去法国访问综合理工学院（Struik，1962：175-200，303-334）。

后面这种训练模式只有富人才能负担得起，因此他们比工匠出身的工程师更有优势。此外，对19世纪规模不断扩大的工程企业来说，金钱上的支持十分重要；富有的上流阶级因此统治了机械工程领域。在这群人里，训练是通过一种学徒制进行的，他们会在生产和改进机器的工坊里工作一段时间。表面上来看，这些工坊里似乎有着相当程度的平等，富有的贵族家庭的儿子与未受过正式教育的技工并肩工作；在后来围绕工程教育的争论中，领头的机械工程师们将会充分利用早期工坊里的平等主义和自由的流动机会来展开论述（Calvert，1967：3-27，63-85）。

但是，流动机会并不是平等的；贵族在进入商业合作或其他领域的指挥者角色时要快得多；他们从技工那里学到了实践中的技能，后者却更可能落在后面。因此，技工与工程师之间的区隔很早就浮现了，这本质上是基于阶级背景的。它之所以直到19世纪末期才变得格外明显，是因为一系列因素，例如技工确实有一些机会向上流动并获得指挥者的角色

（哪怕不可能成为厂长）；此外，工程师-商人们也努力对其宝贵的劳工们维持着一种非正式的、家长式的控制系统。

工程学教育的斗争

在决定专业工程师中主流的教育形式和专业组织形式时，地位问题是关键所在。美国工程学即使在今天也没有强大的专业组织，这可以追溯到19世纪时工程师与未来工程师之间的多重地位冲突。互相竞争的派别推出了五种不同的工程学教育模式：

1. 19世纪上半叶，机械学院（mechanics institutes）蓬勃发展（Struik，1962：266-271；Calvert，1967：29-30）。有些是商业性质的，有些则由富有的捐款人支持；这些机构的目的是让工匠或工人获得更加正式的科学和数学教育背景，好进一步成长为工程师。它们强调的是向上流动，其顾客群体是非贵族出身的阶级；这一顾客群体有时十分庞大。这些机构在当时之所以兴盛，是因为工人阶级技工仍然有一定机会晋升到管理层级；贵族出身的工程师也在同样的工坊里向技工们学习技能，这种紧密的联系让技工们产生了获得更高地位的希望。然而，内战之后，技工自由进入工程师专业领域的希望破灭了。工会形式的组织开始流行起来，它们的主要目标是提供工作保障；机械学院则开始衰落。机械学院的失败也许一定程度上是因为上流社会工程师们的漠然或敌意，他们认为这种训练中暗含的地位会对他们自己的地位带来威胁。有些此类学校以高度商业化的形式生存到了今天，但是比起现代大学中的工程学院，它们对提供流动机会毫无帮助。[1]

2. 工程学教育中，另外一种高度民主化的努力是19世纪晚期公立高中里轰轰烈烈的**职业培训学校运动**（training school movement）。如前所示，这一运动的兴起是因为当时对经典教育在实践中无用的批评。运动的目标是让高中——当时在内容上与大学区别不大——成为教育系统真正的中心，用来培训工程师。事实上，1900年左右，圣路易斯职业培训学校的毕业生地位与大学工程学院的毕业生不相上下；二者都既培养制造商、主管和工程师，也培养助理、绘图员和中产阶级白领与技术人员（Calvert，1967：149-150；Fisher，1967：77）。不管怎样，高中等级的职业培训学校从来没能打消非技术高中管理者和上流社会工程师们的敌意。就像机械学院一样，公立的职业培训学校在技术上满

---

[1] 关于现代情况的描述，可以参见 Clark and Sloan（1966）。

足了19世纪工程学的需要,在效率上也剔除了额外的教学材料,但它们却被认为对工程学专业的上流社会地位构成了威胁。

3. 法国的巴黎综合理工学院(Ecole Polytechnique)是工程学教育能够获得高地位的榜样,它制造了精英军官和政府官员。土木工程师们很喜欢这个模式,也在西点军校和伦斯勒理工学院尝试过。但是,综合理工学院的地位目标实在太高,在美国的条件下很难实现。美国政府强调的是地方自治,这与中心化的法国官僚政府体系几乎是完全相反的;政府与工业之间的紧密联系让法国工程师们成为精英的工业管理人员和政府官员,但在美国却不存在这一条件。无论如何,土木工程师作为工程学中最早也是受教育程度最高的派别,曾经有机会获得整个工程学专业的领导权。西点军校培训的军队工程师曾被指派到铁路去,这一先例也完全可以延伸到工业领域。

然而,美国的土木工程师们并没有获得正在兴起的工业领域的统治权;恰恰相反,他们还拒绝这种关系。土木工程师们有着安全的上流社会地位和理想化的欧洲式形象,因此他们根本就瞧不起商业雇佣关系和机械工程师。西点军校、伦斯勒和其他工程学校长期以来都忽视了机械工程教育,迫使此类教育不得不在其他地方发展起来（Calvert，1967：44-45，197-224）。直到 1903 年，土木工程师们还拒绝加入机械、矿业和电子工程师们在纽约共同成立的工程协会。综合理工大学模式并没有延伸到其他领域，而是被严格限制在土木工程专业领域内部。

4. 一流的机械工程师有自己的高级教育方式，那就是机器制造工坊中的**非正式学徒系统**（informal system of apprenticeship）。这种卡尔弗特所谓的"工坊文化"（shop culture）强调的是上流社会理想的事业：个人关系比正式的或官僚的程序更重要；这是一种劳动上的家长制作风，工程师们的角色并不是特别严格，结合了创新能力和企业主的独立地位。如果说土木工程师的目标是拿破仑式官员的理想，那么机械工程师的目标就是托马斯·杰斐逊类型的上流社会理想——一个拥有知识和能力的人，能完成任何任务。

当时，主要的机械工程师都是富有的商人。当这一专业终于在 1880 年正式组织起来，成立了美国机械工程师协会（ASME），制造商是其中的重要组成部分。然而，作为一个专业组织，他们却令人惊讶地远离了此类组织该有的利益，反对发展机械学校、设立执业许可要求和对工作表现建立法律上的标准（Calvert，1967：63-85，107-139）。美国机械工程师协会主要是"工坊文化"出身的富有领导者们的俱乐部。它并没有努力吸纳日益增长的工程师群体，特别是那些在大型官僚组织中担任低级职位的人。它对执业许可和法律标准的反对反映了其成员的商业利益，也反映了它希望让这一专业保持非正式的状态。由于其中大部分人都在机器销售领域，他们认为无需施加外部法规。他们对执业许可的抗拒与他们对正式工程学校的反对一脉相承，因为执业许可程序最终要以学校考试的形式进行，并且会推动工程教育向正式教育要求的方向前进。机械工程学校的缓慢发展很大程度上是抵抗这群人的结果。

5. 最后是大学级别的机械工程学院（university-level schools of mechanical engineering）。由于多种反对声音，一开始试图为工业界的就业而训练工程师的努力失败了：土木工程师学校拒绝将机械工程学纳入课程；地位较高的机械工程师拒绝承认这种教育的重要性；传统学院则对实践课程抱有敌意（Calvert，1967：43-62，87-105）。最后一种恐惧格外强烈，因为学院的失败率非常高，而且19世纪中期对传统课程无用性的批判声音也是越来越强。只有在1862年通过了联邦《莫里尔法案》之后（注意是在内战早期的爱国主义热情之中），机械工程学校才开始出现。《莫里尔法案》的赠地援助主要是为了建立州立大学。在东部，有些援助流向了新成立的私立学校，例如康奈尔（建立于1871年）和麻省理工大学（建立于1865年）。然而，尽管赠地学院的意识形态是提供机械工程和农业方面的实际训练，它们却始终面临着模仿高地位的大学、强调经典和学术研究的压力（Jencks and Riesman, 1968：224-230）。科学农业方面的训练尽管对获得政治支持十分重要，但直到20世纪中叶之前都只是零星进行。大学管理者专注于提高其机构的社会和学术地位，他们也倾向于忽略工程学的发展。

面对这些障碍，机械工程教育的发展十分缓慢。主要的教师来自于前海军工程师。这些人之所以肯来做教师，是因为内战后军队内部的机会减少，一部分也是因为上流社会的海军军官对他们抱有敌意。军官瞧不起工程师，因为这个职业中包含许多技工，他们是在战争时期急需锅炉专家的时候招募进来的（Calvert, 1967：245-261）。这些教师代表了一种工程专业中的官僚制的形象，而不是企业家或上流社会的形象。大学工程学训练的本质，以及小型工坊对这种教育的敌意，让其毕业生主要的就业途径是正在兴起的商业企业。传统的机械工程精英捍卫着自己的非正式训练机会，他们故意指出，许多毕业生都在从事本质上非精英的工作。许多人都成为工匠，常见的职业则处于官僚制阶层的中间位置。特别是电子工程师，他们很可能会被两家大公司雇佣：西屋电气和通用电气。在大学里接受训练的工程师中，只有相对较少一些人成为企业家或执行官，尽管工程学在 20 世纪里将会成为新兴企业中向上流动的重要新途径。[1]

现代美国工程学

因此，整个 19 世纪，美国工程学都没能建立起统一的专业组织，也没能建立起被广泛接受的教育系统。这些失败并没能阻止美国蓬勃的经济发展，也没能阻止它在一战之前获得世界领袖的地位。但它的确阻止了工程师精英对美国工业以及教育系统的统治。正如族裔冲突分裂了美国工人阶级，工程师内部敌对的地位群体（有些是基于阶级出身，有些也许是基于族裔）之间类似的冲突也让这个强大的职业社群没能发展出垄断性的实践，用来控制通往组织内部权力的路径。正如官僚组织支配了美国工业一样，"工坊文化"及其上流社会支持者也逐渐消失，或者本身转化成为官僚制的一

---

[1] Calvert（1967：217）。Gooding（1971：72-75，142-146）报告称，近年来这一模式仍在持续；尽管有些工程师晋升到了最高管理层，但绝大部分都在更加开放的劳动市场中经历了一些波动，其中包括短期失业；大约 40% 接受调查的工程师表示，如果可以，他们会选择其他专业；目前，工程师中普遍存在的要求是提高工作保障和非管理工作层级中的晋升机会。

部分。更加面向大众的工程学教育（机械学院和职业培训学校）因其暗含的下层地位而遭遇致命的失败。但是，综合理工大学的理想：让纯粹的技术文化及其实践者来支配一切，也没能流行起来。

到 1910 年，大学级别的工程学院已经稳固地建立起来，将其毕业生送进了工业的官僚部门中。然而，这种教育并没能获得精英地位，也没能让纯粹的科学和技术教育取代上流社会中对职业毫无作用的人文课程。它的学生通常来自中下层阶级和少数族裔，代表了某种特定的文化——非上流社会的、反社交的、技术专家式的（用本科生的说法就是"书呆子"）文化——这种文化无法与传统上地位较高的专业（医学、法律和人文学科教育）及其中上层阶级的学生竞争。[1] 工程学教师们意识到了他们在地位上的弱势，因此努力把自己绑定在传统教育系统上。从早期开始，除了偶尔的"加速"运动实验之外，主要工程学校都在各方面极力模仿传统学院，包括学习年限、入学要求等；这些入学要求强调要从人文高中毕业，并要在英语和历史方面有所准备，而不是严格限定在科学科目中（Calvert，1967：76-77；Jencks and

---

[1] Calvert（1967：70-71）；关于更加现代的数据，参见 Perrucci and Gerstl（1969：29-32，41-52）。

Riesman, 1968:229)。

结果,工程学就这样进入了20世纪,不再对美国教育的主体构成威胁:它成为一个统一的教育系统,需要在略微变化过的人文学科课程中做准备,最后则从传统的人文学院中分流出来。工程专业的领导者们一直在为提高其地位而努力,但他们并不是通过强调它的技术品质,而是通过吸纳更多人文教育中的高等文化。1890年,美国机械工程师协会主席作为富有的商业工程师群体的代表而反对纯粹的职业教育,他的立论基础是,工程师应该有能力"面见在他们地位之上富有的、有文化的客户;对于他们的共同事务要有敏锐的理解,也要懂得社交礼节,并在这些方面超过他们的客户[Calvert,1967:83]"。

1918年的一份卡耐基基金会报告批评了工程学校的质量(Mann,1918)。1929年,一群主要来自地位较高的工程学校的专业领袖们发表了《威肯登报告》(Wickenden Report),这是为了提高工程学地位而做的努力,就像弗莱克斯纳的报告对医学专业所做的那样。[1]《威肯登报告》再

---

[1] Wickenden(1930;1934)。关于近来重要的工程学教育者为将工程学提升为研究生课程所做的努力,参见 Selden(1960), Soderberg(1967:213-218, 227-228), Perrucci and Gerstl(1969:77)。

次批评了大部分工程学教育中狭窄的职业取向，并建议在课程中吸纳更多人文教育的预备课程，其最终理想是将工程学教育转化为纯粹的研究生教育，就像地位更显赫的医学院和法学院所做的那样。（与医学改革不同的是，地位和技术方面的利益在这里朝着相反的方向推动。）在这之后，基金会组织开始通过各州对工程学校的执照发放和认证过程来执行这些标准。

这些建议的落实十分缓慢。主要的工程学院——特别是那些附属于一流人文学院的工程学院——渐渐引入了更多非工程类课程。工程师中的研究生学位也的确发生了增长。1900年的工程师中几乎没人有硕士或博士学位，而1950年代毕业的工程师里，13%有硕士学位，1.7%有博士学位；1965年毕业的工程师里，24%有硕士学位，4%有博士学位。[1]无论如何，工程学一直都是主要从向上流动的少数族裔工人阶级和中下层阶级中招收学生，对他们来说，比起高等文化方面的训练，狭窄的职业取向才是主

---

[1] 这些数字是从 Soderberg（1967：216）和 Perrucci and Gerstl（1969：58）提供的资料中计算而来的。1900年的大部分工程师根本没有工程学位；美国人口普查在那一年列出了43000名工程师，而工程学院（在一段时间的扩张之后）只颁发了大约1000个学位。1950年，大约57%的工程师有本科学位，如今这一比例毫无疑问更高（Soderberg，1967：213，216；Perrucci and Gerstl，1969：58-59）。

要目的。对那些下层出身的人来说，在官僚组织中获得一个中层技术专家的位置是一个可以接受的目标，而对那些力求获得精英地位的中上层阶级人士来说则可能就并非如此。

因此，工程专业及其相关的教育系统仍然面临很大压力。精英地位的要求仍在推动教育要求的上升，并令教育内容不那么狭窄地集中在技术方面。20世纪飞速增长的学生人数至少在一定程度上推动了这一过程，它使得工程领域的工作对教育的要求逐渐提高，并让研究生学位在获得比众人更高一层的职位时有所助益。不过，高等学位——特别是博士学位——主要是在研究方面提供训练，博士们通常承担的也是研究类工作，而不是在组织层级中担任管理职位（Perrucci and Gerstl，1969：131，135）。底层经济背景出身的工程学学生负担不起长时间的教育，对教育本身带来的文化地位也不太感兴趣，他们在这一方面提供了强大的反作用力，特别是在地位较低的工程学院里。

在围绕教育水平要求而展开的斗争中，雇主是第三股势力。他们拒绝了让所有工程师通过长时间的训练来提升能力的趋势，并时不时地要求建立独立的项目来培养技术员，这些技术员对工程师们的地位和晋升并不构成压力（Perrucci and Gerstl，1969：281-284）。工程师们通常都会反对这类提议，可能是意识到了自己独立于商业的专业组织实力相对较弱，同时也是因为这会使得许多就业机会冻结在低级职位上。不过，技术人员并不总是一个清晰的独立群体，他们通常都是来自尚未获得学位的工程学生。[1]因此，工程学不仅没能对美国教育构成严重挑战，也没能撕裂统一的地位层级系统，就连在工程专业内部也倾向于将技术员与工程师通过学校系统内成绩的量化差异区分开来，而不是通过实际的训练内容加以区分。在工程学领域，就像在美国职业结构的其他部门一样，文凭市场推动了教育系统不断在垂直的方向上分化发展。

总结：文化社群与职业垄断

从理论视角来看，专业的形成取决于一些共同的原则，正是这些原则控制着任何意识社群的形成。强大的专业仅仅是一种特殊的职业，一个有着独特文化和自我意识的组织。一般来说，职业群体展示出的凝聚力和权力范围与文化社群

---

[1] 这一点在第二章中提到的1967年加州调查中雇主的评论里可以看出。技术员中有很高比例仍是学生，这从男性工程师和技术员的年龄对比可以看出：1960年，工程师的年龄中位数是38.0岁，而电子与电气技术员的年龄中位数则是31.1岁；相比之下，所有男性劳动力的年龄中位数是40.6岁，技术员是所有职业群体中最年轻的之一（*Statistical Abstract*，1966：Table No.328）。

不相上下，而文化社群在传统上则被视为基于朋友、家人、宗教和族裔的休闲地位群体来研究。一个真正普适的群体形成理论应当同时适用于职业和地位群体领域（事实上也应当展现二者之间的互相渗透）。这种理论应当让我们看到：哪些条件决定了能形成多少群体，每个群体的组织强度，它们是地方群体还是更广泛的群体，边界是强还是弱，以及——很大程度上是前面这些的结果——它们之间存在怎样的支配与从属关系。

我们现在还没有一个如此全面的理论。但似乎很清楚，决定群体数量和特点的重要因素之一是社会中存在怎样的文化生产形式。是文化——日常生活的象征性反映，对日常生活条件的沟通，以及象征性地创造出来的对这些经验更抽象的转化和扭曲——充当了对话和其他社会交流的媒介，而也正是通过这些交流，群体才得以形成，不同的身份和自我意识状态也由此产生。因此，文化是一种关键的道具，帮助组织了围绕经济商品（以及其他商品）的斗争，也帮助将生产劳动区分为截然不同的职业。正如在第三章中曾论证的，文化组织在阶级斗争最重要的一点上塑造了它，那就是让不同等级的财产形成了职业"地位"的形式。

因此，专业的历史格外发人深省，因为它让我们看到，是哪些条件在职业群体和地位财产的形成过程中制造了最惊人的差异。这些条件与制造族裔群体的条件十分相似。[1]也就是说，在一个特定的历史时空中，日常生活的条件制造了独特的文化，进而成为一个或多个群体的互动基础。在族裔群体的例子里，当一个群体移动到新的境况中，就形成了关键点；只有当它有办法将自己的历史文化封装起来，划清族群界线（无论是从内部还是外部），它才能维持自己的族群身份认同；这通常还要通过专业机构来进行明确的、正式的文化再生产。在职业群体的例子里也很类似：要想形成强有力的、具有自我意识的组织，就必须将历史身份认同封装起来。因此，我们应该会看到，不仅最强大的职业群体也是文化上最传统的，而且这些职业还会格外强调以正式的、专业化的方式来进行文化再生产。

从理论角度来看，专业的历史与教育的历史紧密相关，且二者都与族裔冲突的历史和政治模式的转变紧密相关，这并不令人惊讶。中心化和去中心化的状态在文化市场的活跃

---

[1] 关于族裔群体也没有完善的理论；就连特定的关于族群形成的理论也尚未发展起来。从分析上来看，关于专业化和族裔的次级理论关注的是同一个连续光谱的两端：在族裔领域，研究者关注的是使同化最大化的条件；在专业化领域，研究者关注的则是使差异最大化的条件。应当注意的是，专业化的反面是在更广泛的职业群体中形成阶级团结，而所有群体都有希望达到理想的（未能实现的）团结。因此，专业化理论在分析上一直都站在马克思主义社会学理论的反面（通常来说在政治上也是如此）。

程度上起到重要作用，进而也间接影响了职业群体的形成，同时直接通过国家干预在法律上影响了职位财产的塑造。美国从近乎单一族裔发展到高度多元族裔的社会，这对其职业结构有着十分关键的直接和间接影响。在回顾是哪些因素将现代美国的职业塑造为独特的样貌之时，我们也恰恰总结了是哪些条件让美国社会拥有了经济支配的独特形式。

在这一方面，医学、法律和工程学获得其身份地位的历史过程格外予人启迪。医学一直以来都强调仪式性的步骤和自我理想化。在现代"医生对病人的态度"背后是长期以来的传统，不仅能让医生更容易被高贵的上层阶级所接受，也让他们在面对病患时担任了一种类似牧师的角色。在漫长的医学史上，大部分时间里并不存在实际上治愈疾病的方法，这一职业之所以能存在，其必要条件是仪式性的支配手段及相伴而生的秘密性和神秘感。西方医学从中世纪大学的宗教学研究中分化出来，在很长一段时间里，医生都是作为一种特殊的神职人员而存在。[1]追溯医学传统到古代，我们发现了英雄人物希波克拉底的追随者组成的宗教团体；这背后是

---

[1] 1523年英国国会通过的医学执照法案让非神职人员第一次有机会从事医学。在早期美国殖民地，中世纪模式比欧洲存在得更久，神职人员也同样会日常从事医学实践（Berlant，1973：171，110）。

萨满传统，医学、占卜和祭司都是从这个角色发展出来的。因此，医师有了颠扑不破的传统，那就是强调一种仪式上的排他性，用来保证职业的声望。律师来自一个更加世俗的传统，不过教堂对中世纪教育的垄断让欧洲律师有资源来争取强有力的群体地位。医学和法律都在中世纪获得了核心的职业文化，这种文化是基于有读写能力且能接触传统经典的群体的经验，而在这个社会里，统治阶级的贵族曾经是缺乏读写能力的。精英医生的现代组织发展起来，他们是在大学里接受训练的一群人，擅长在富有的贵族们生病时为后者进行仪式性的治疗；律师群体则擅长口头辩论和文书撰写，他们主要在政府管理部门工作，其中最重要的是司法部门。

这些职业发展出了高地位文化，这既是因为它们最初就能接触到神圣的书籍以及宗教教育的制度性魅力，也是因为它们与上层阶级客户的联系。相比之下，工程师的职业起源是双重的：一方面是上流士绅出身的企业家或管理者，另一方面则是拥有技能的劳动者。二者都没有宗教上的禁忌，尽管前者与上流社会有联系（不管怎样，在上流社会的氛围里，工程学并不被认为是一种值得骄傲的活动）。拥有技能的劳动者这边则更令人尴尬。医学界其实也曾有过类似的平民群体，那就是药剂师、接生婆和江湖郎中——事实上，这包括所有真正拥有实践技能而不仅仅是古希腊医学理论的人。但是，只有接受书本训练的精英才有能力定义何为"医学实践"，这显示了他们拥有的象征性资源及其权力，特别是它能够影响国家的执照发放权力。相比之下，工程师们的文化传统一直都包含一种不确定性，这是因为我们很难分割它的两个内在组成部分，因此它们作为一个整体来支持自身利益的能力也要低得多。因而工程师也就比任何职业都更具有职业上的同化性：它的高级职位倾向于与普通的管理人员合并，它的低级职位则倾向于与技术工人合并。

此外，与医生和律师相比，工程师有一个具有讽刺性的弱点。在形成支配群体的过程中，最强大的文化资源包含大量引人注目的仪式，特别是在面对高度情感压力的情况下更是如此。然而，工程师面对的是相对争议较小、与情感无关的任务，因此也就缺乏一种在政治上和道德上引人注目的文化。更具有讽刺意味的是，工程师和技术员恰恰因为技能的成功而处于劣势。他们的工作成果是非常可靠的，因此就算门外汉并不总能评判他们的工作过程，也能相对容易地评判他们的工作成果，从而控制这些技术雇员。另一方面，医生和律师之所以对他们的客户很强势，恰恰是因为他们的治疗方案或法律意见并不一定有效，因此他们对失败承担的责任也要少得多。工程师和技术员的工作是生产劳动，医生和律师的工作则主要是政治劳动。前者生产真正的产品，后者则更多是操控外在表现和信仰。[1]比起政治领域的不可预测和神秘化，恰恰是生产领域的相对可靠让它也相对回报较少，即使技能最高的工人也是如此。

对医学来说，旧有的文化资源在其大部分历史上都依然强劲。19世纪末期出现的在技术上真正有效的治疗方法（只在一部分领域）并没有让旧有的理想化地位和垄断性的封闭社区消失；旧有的资源被用来建立对新技能的垄断。不过，19世纪初期，美国医学专业也曾经历过危机时刻，当时，随着西进运动而发生的政治上的去中心化使医学失去了实行垄断的政治支持，而新的消费者阶级的崛起也开始要求建立更多元的、不受控制的医疗服务市场。我们已经看到，一系列附属资源和同盟如何拯救了传统的医学组织，但它确曾一度深陷泥沼；而且我们可以想象，如果不是之后的移民潮带

---

[1] 这并不是说今天的医生没有任何真正的技能工具。他们确实有，很大程度上是以药物的形式。药物本可以用简单得多（也便宜得多）的形式在公开的药物市场上分配，而无须经过医生对处方的垄断。这是一种对药物有效性的技术控制，方法是迫使患者经历医学咨询的仪式；这很好地彰显了强大的职业文化会掌握怎样的权力。医生对药物的垄断被他们长期以来培养的利他主义形象所正当化，这种形象同时也规定了那些并非医生的人（受到病痛折磨的人）没有能力来评判自己的症状，甚至也没有正当的道德立场来这么做。这也有利于医生的经济优势，让他们成为收入最高的职业群体之一，制药工业也成为利润最高的产业之一（Thurow, 1975：8, 144）。

来的文化冲突，美国的医疗也许会成为一个经济上适中、对市场回应更强的职业领域，与销售其他服务的领域并无太大不同。

政治对专业的存活和繁荣发展十分关键，最重要的方式就是通过国家认证垄断的权力。律师的立场十分有利，因为除了政府雇员和政治家之外，他们比其他任何职业与国家的关系都更紧密。政府雇员和政治家的权力要通过国家之外的其他利益团体来运转，而律师则声称自己就是这一过程中秘而不宣的专家。律师有资源去推广他们独特的文化和看上去似乎真实存在的技能；依照中世纪的传统，这意味着将法律辩论和判决的过程塑造得格外复杂和专业，从而垄断了司法权力中的沟通渠道。[1]

出于同样的原因，法律界的力量会被政治权力结构的变化直接影响。在中世纪欧洲，去中心化的条件在独立贵族与国王之间的对峙中有利于前者，也将前者的权力制度化了（包括合议庭本身这种古老的机构），这让律师成为一个自我加强的地位群体。相反，法律专业在长期以来中心化的中国就并未出现，在那里，法律作为一种文化分散在所有受过教

---

[1] 理论上来说，美国律师是法院的工作人员，他们的服务不从政府获得报酬，但却获得了特定权威的完全委托。

育的官员手中。类似地,欧洲大陆上强有力的中心化官僚体制的崛起使得律师与普通政府公务员同化了。相反,在英国,贵族与国王之间势均力敌的斗争使得律师作为中间人获得了机会来发展他们独特的职业文化(普通法)和拓展他们的权力范围。美国政府的去中心化有利于这一结构的存续,尽管19世纪的西进运动和政治民主化曾暂时稀释了这种职业文化,并曾让这一职业面临与更广泛的政治动员群体同化的危险。但是,19世纪末针对外来移民群体的斗争和大型全国性中心化企业的崛起开始扭转态势,让精英律师获得了其他权力资源,帮助他们重建了中心化与去中心化的权威之间的平衡,这种平衡最有利于律师获得权力。

至于工程师的地位,尽管他们的技能为工业化作出了十分重要的经济贡献,但他们的地位却始终受到压制,这主要是因为专业内部管理层级与技术劳工之间的分裂。当政治条件有利于前者时,工程学曾发展成为一种精英专业,就像在法国,技术上受过训练的管理人员成功地压制了旧制度中不掌握技术的贵族。一个更加极端的例子是苏联,在那里,政治意识形态让工程师(以及政治意识形态专家,相当于在意识形态学校系统中受过训练的政治传教士)获得了特殊的政治重要性,取代了所有其他的专业竞争者(并让律师变得几乎无足轻重）。然而，在英国和美国，职业文化的两面一直处于尴尬的共生中，这让工程学成为当代主要专业中最不统一的、因此也是最弱小的职业。当传统大学文化在19世纪中期面临狂风暴雨般的攻击，美国工程学内部群体的冲突却毁掉了它取而代之的大好机会。随着20世纪初就业系统的官僚化，19世纪工程师们的上流社会理想也几乎消失不见，外来族裔群体的涌入更是加速了这一进程。此时，工程学与精英文化绑在一起的最后机会是加入标准的教育序列，但这会切断它早期与工人阶级的文化和社交圈建立的联系。结果便是产生了更加分散的工程学文化，主要由承担着现代地位价值的教育文凭聚合在一起。高地位工程师（管理取向）与低地位工程师（技术人员）之间的割裂一直持续下来，但却是以一种更高级的形式，那就是基于一个人在教育序列中走得有多远。

早期的组织和文化资源如何继承下来并帮助塑造新的情境，这一普遍历史过程在专业的形成中体现得十分清晰。现代美国医学、法律和工程学的面貌清楚地显示了它们的起源和一路走来的转变。最重要的是，看到它们镶嵌在一个漫长的教育序列中（这个序列其实在真正学习实际技能之前，特别是在医学和法律的例子里更是如此），我们发现，现代个人在专业中的事业发展,实际上反映了专业作为整体如何获得垄断地位。

地位群体分层的去中心化,其主要影响是文化差异相对普遍并广泛传播。多元文化社会通常有着文化冲突和竞争的历史,它倾向于将曾经标志着精英地位的文化散布到整个社会中不同的文化层级中去。单一族裔社会的文化分层是精英与大众之间的简单区隔;没有复杂的文化层级,阶级支配的运作方式也就更加透明。

在职业领域,与多元文化社会等同的是有着强大的专业自治社群的职业。与分散的文化竞争和层级相似的是对教育的强调,特别是以一种漫长的层级形式,这曾被称为"竞争式流动"系统。这就是我们在20世纪的美国所看到的;该世纪初,专业的地位得到了巩固。我们发现,逐渐拉长的教育序列变得愈发复杂,在精英与非精英文凭之间没有明显的区分点,但却同时持续存在一种提高教育要求的趋势,这取决于地位更低的职业有着怎样的教育要求,又有多少人想要获得这种职业。专业将自己绑定在了这一序列的垂直终点上,要求在进入训练之前就要获得更普遍的文化地位(而不是特定的技术准备)。在专业内部,共同的专业训练之后附加了更多的特定要求,从而进一步拓展了竞争式流动系统。

专业组织的模式在传统专业组织之外被广泛模仿。在美国，这一点比其他工业社会更为明显。教育文凭、执业申请程序和其他正式垄断结构的发展，不仅发生在牙医、图书馆员和教师等职业中，更是扩散到了会计、医疗技术人员、殡仪师、社会工作者、商业管理人员，以及建筑和房屋维修等传统技术行业。垄断控制通过政府发放执照得到扩张，这往往通过同样的"利他主义"理想来正当化，就像传统专业一样；因此，汽车维修等领域中的保护消费者运动带来了执业要求，这降低了竞争，并垄断了入行机会。

曾经有利于精英专业的条件——去中心化的政治和多元族裔竞争——在这里可能有利于各种职业群体的动员，让它们在20世纪初能保障自己的执照发放权和其他垄断优势不被州立法会夺走。一开始，工会并没有参与这些，主要是因为它们与靠近政治权力的利益群体有冲突；然而，当工会在1930年代终于遭到政府制裁后，它们却并没有发展成为泛工人阶级——"同化"——的组织；工会的发展趋势是分化成越来越多的保护特定职业现状（往往是被某一族裔占据的飞地）的组织。通过这一过程，职业结构越来越像中世纪欧洲的行会，它们本身也曾是政治去中心化和多元族裔竞争的产物。

美国无疑是当今世界资本主义程度最高的社会，自从19世纪末以来就一直如此。这一特征并不是偶然出现的。因为资本主义首先是私有企业支配了中心化的国家经济控制力，同时，有一套机制变得越来越复杂，那就是如何建立和控制符合私有企业利益的市场。美国的族裔冲突和政治去中心化通过无数种途径影响着这一模式，而这种影响的程度在工业社会中则是独一无二的。

劳工组织在其他地方为某些版本的社会主义提供了政治力量（通常是与传统的国家主义者的利益联合起来），然而它们在美国并没有产生这种影响。在工业化的最初阶段和与之相伴的阶级斗争中，美国劳工在意识形态上是社会主义的，但同时也高度认同移民族裔群体。当时的阶级冲突被涌入的少数族裔文化所塑造；盎格鲁–新教美国人动员起了他们的资源，试图碾碎外来族裔组织。尽管并非所有新教徒都属于一个单一的经济利益群体，但在他们的文化联盟中，商业利益占据中心位置，这意味着这些利益是他们最看重的；因此，反社会主义的立场和"美国人"的文化身份几乎成为同义词。同一时期，在族裔冲突中，专业组织的地位也得到了巩固；它们获得了国家分配的权力来进行自我管理，成为小小的私有政府，控制着自己的经济特权来源，进而分化了任何想要对现有经济秩序进行改革的努力；结果，在国家上层阶级的身边，享有特权的中上层阶级发展壮大起来。在这一冲突的推动下，学校系统愈发庞大，同时也为劳动力市场建立起了教育文凭系统，特别是为最富有的企业；这进一步伪装了统治手段，并将阶级斗争转化为无数小型职业群体为控制自己的职位财产而进行的努力。

1930年代，工会终于获得了政治上的承认和支持，它们的方法是在特定的工业领域内进行私下谈判，而不是采取带有政治取向的集体行动。工会成为特定族裔群体的地方保护者——特别是行业工会，它们的法律结构取自有利于自治专业的法律——结果，工人阶级内部的族裔冲突让欧洲式的阶级团结分崩离析。后来动员起来的族裔群体，例如黑人和拉丁裔美国人，发现他们的经济利益被其他族裔的工人阶级群体所阻碍，因此为了获得属于自己的经济领域而斗争，特别是在政府雇佣的职位里更是如此。

自从罗斯福新政以来，政府管理机构的发展并没有让整体的权力平衡发生太大改变。它并没有带来欧洲式的冲突：一边是统一的工人阶级政党推进社会主义风格的控制，另一边则是大型企业的统一政党。美国的政党仍然主要是靠族裔联合起来的，它们松散地组织起了诸多私有群体的利益；

它们的主要立法成就是为自己的群体设立受到保护的经济领域。我们不应被保守主义者的经济放任自由主义（laissez faire）修辞所欺骗，也不应被许多自由主义者呼吁为"公众利益"（public interest）而进行管理的修辞所迷惑。双方都在为特定的垄断和特权而争取政府支持，保守主义者是为商业群体，自由主义者则是为特定的（通常是特定族裔的）劳工群体、政府雇员和专业。因此，自由主义者和保守主义者在某些立法问题上如此容易妥协，也就不足为奇了；这是因为双方都倾向于同样的模式——政府分配权力来保护特定的私有经济领域。

美国政府关于商业的大部分活动都涉及赋予私有领域自我管理和分配机会的权利。在地方层面，形式是颁发执照和特别经销权，包括酒类商店或酒吧、法律、医学和类医学服务、修理服务、建筑、手工业、保险、地产经纪、银行和其他金融机构等。尽管我们并没有仔细检视过其中许多部分，但我们可以基于关于专业的研究推测，用来正当化规管活动的"保护公众利益"的修辞是一种用来伪装的意识形态，这些规管实际上有利于涉身其中的职业群体的经济利益。对"受规管"的群体来说（通常从其中有着最正式组织的部门获得了自我规管的权力），这意味着垄断某一商业领域，减少竞争，通常还意味着某种形式的价格管制。对通过这种立法的政治家来说，他们也能获得回报，因为他们创造了一个任由他们支配的、受到他们赞助的领域；回报的形式通常包括用半合法或非法的贿赂（或者至少是政治支持）来保证获得执照等。这种规管活动更多受到自由主义政治家的支持，这似乎主要是因为这些小型垄断权是他们所代表的少数族裔所争取的。

同样的活动也可以在联邦层面看到，只不过规模要大得多：不仅仅是为广播和电视、航空公司、药品销售（通常是在利益相关的医疗业游说下）和国际贸易发放执照，更重要的是对受到偏爱的工业的间接保护（通过征税和关税）和以政府购买形式实施的直接保护（军事支出，或是从美国制造商那里购买的"国外援助品"，以及对大型农业企业进行价格保护）。这种规管活动中的"公共利益"修辞并不能反映其中真正涉及的垄断、为获得保护而进行的讨价还价，以及市场控制。

然而，从一种更加社会学的角度来看，这种修辞手法在一定程度上是恰当的。专业——享有最多特权和垄断的职业——用利他主义修辞来定义自己，这多少是有说服力的；这并不是一个偶然。因为道德规范认为社群优先个人，而专业则首先是一种职业社群。它们的意识形态反映了一种现实：个体执业者应当压抑任何与其他执业者的普遍利益相冲突的个人追求。由于我们常常忽视私有领域社群与整体人口的更大社群之间的区别，关于前者的利他主义奉献修辞也就很容易在表面上看起来像是关于后者。在正当化政府规管时也有同样的概念上的小把戏，而且是双重意义上的。垄断权通常是给群体而非个人的；因此，政府——看似代表整个社群的利益——授予了垄断权，这一事实意味着全体人口让其中的一部分来实行利他主义准则。但是，美国政府并不代表全体社群；相反，它们代表的是其中动员程度最高的利益社群。政治代表们互相讨价还价，将某些政府权力转移给私有领域群体，好让它们的私有社群结构变得更加稳固。由于不同的私有领域群体进入讨价还价的舞台，美国也在不断进行改革，但这一过程只是让私有财产利益变得越来越根深蒂固、难以撼动。美国资本主义不仅仅渗透了企业经济的上层，也渗透了大部分职业结构。

第七章　闲职社会的政治学

文凭主义对社会分层的总体情况有什么影响呢？

在某些领域，它似乎没有任何影响。例如，代际流动率自从1920年以来就一直保持稳定（Rogoff，1953；Jackson and Crockett，1964；Blau and Duncan，1967：110）。根据关于经济和政治精英（Taussig and Joslyn，1932：97；Warner and Abegglen，1955：37-68；Newcomer，1955：53；Bendix，1956：198-253；Mills，1963：110-139）以及特定社群（Thernstrom，1964）的有限信息来看，从19世纪初开始，代际流动率就几乎未曾改变。换句话说，19世纪并不是机会的黄金时代，但比起现代来说也并没有更糟糕。而对教育分层来说这一点究竟意味着什么则一直未引起注意。自从19世纪中期以来，教育系统的膨胀**丝毫没能提高社会流动性的机会**。并没有发生从"出身"到"成就"的转变。

显然，父子职业之间的关联在大型教育系统、中等规模教育系统和几乎不存在教育系统的时代都保持不变。

从某个角度来看，这并不令人惊讶。如果教育并不能提供职业技能，那么即使让更多人获得教育，也不会影响他们的职业发展。然而，教育文凭已经成为就业市场上的通货，因此即使它是人为制造的商品，如果能拥有很多，也理应会有所影响。但也许正是因为它是人为制造的，某些群体能否获得文凭并没有改变他们在社会分层中所处的相对地位。随着更多人能够获得教育，上层与下层社会阶级的孩子们以同样的比例提高了他们的教育水平；因此，基于社会阶级的相对教育水平比例在过去 50 年里（Spady，1967）乃至更久以来都未曾改变。[1]

关于中非的比较性研究更是明确地展示了这一基本模式：凯利和珀尔曼（Kelley and Perlman）计算了两代人的流动率，其中较老一代人的事业开始于正式的学校系统建立之

---

[1] 流动率的稳定不变并不意味着特定的族裔群体没有改变他们的平均职业等级；在某些例子里，他们甚至改变了互相之间的相对等级。1960 年代，犹太人在所有少数族裔中占有最高的职业等级，天主教徒作为整体也超过了新教徒整体。不过，后者主要是因为白人新教徒比天主教徒的农村人口比例更高，而城市里的职业机会则要好得多。事实上，白人新教人口似乎分裂成了两个部分：城市群体占据了上层阶级和中上层阶级的大部分，而农村和小镇群体则有着低于平均水平的职业等级。参见 Glenn and Hyland（1967），Duncan and Duncan（1968），Jackson et al.（1970），Featherman（1971）。

前,年轻一代的事业则开始于之后。结果发现,流动率**降低了**,其比例大约等于教育目前对事业的影响。看起来,文化商品比经济和政治资源更容易从父母传递到子女。[1]

20世纪早期的收入革命

不管怎样,社会经济结构发生了重要的转变。收入和财产的分布大约在1930年到1950年间的确发生了变化,并且是向着更加平等的方向发展。这一变化从基尼系数中可以看出,它描述了收入分布的总体情况:1920—1929年的平均基尼系数是0.433,1949—1958年则是0.421(Stack,1976:Table 3.2);[2]最富有的1%人口占有的财富也呈现下降态势,从1929年的36%下降到了1945年的23%,自此之后一直在20%到26%之间波动(*Statistical Abstract*,1976:Table 693)。

这一转变与政府的新政时期相吻合,同时也刚好是在教育系统大规模扩张的时期。至少从这里来看,我们可能会认

---

[1] 事实上,考虑到这一模式,我们应该预测流动率在20世纪的美国会随着教育系统的扩张而下降。流动率之所以保持稳定,也许意味着在非教育领域存在一些反作用力,也许仅仅意味着流动率在混合农林业社会比工业社会要高。

[2] 根据另外一个数据源(Pilcher,1976:297)提供的数据,1949—1969年间的基尼系数在0.383—0.406之间波动。基尼系数之间的差异可能来自计算过程中对同样的数据有着不同的分类方法(十分位、五分位等),或者是可能使用了不同的数据源。

为教育自由主义实现了它的平等主义承诺。

然而，如果我们检视 20 世纪的收入革命，就会发现再分配只发生在特定群体而非全部人口里。基尼系数等总结数据掩盖了究竟是收入曲线的哪一部分发生了改变。如果分析有收入的人口中每一个十分位获得了多少比例，就会发现收入最低的 10% 人口的状况并没有得到改善：事实上，收入最低的 10% 人口在 1910 年是经济条件最好的，当时他们获得了总收入的 3.4%；但是，这一数字在 1937 年下降到了 1.0%，之后一直在此附近以极小幅度波动。第九个十分位的收入则在 2%—3% 之间波动了 60 年，第八个十分位在 4%—5% 之间，第七个十分位是 6%，第六个十分位是 7%—8%，第五个十分位是 8%—9%，第四个十分位是 10%—11%。最大的变化发生在收入最高的 10%，以及第二个和第三个十分位群体里。收入最高的 10% 人群获得的收入从 1929 年的 39% 跌落到 1949 年的 29%，之后一直在这一数字附近波动。第二个十分位则是最大的受益者，他们的收入从 1929 年的 12% 增长到 1945 年的 16%，第三个十分位的收入则从 1929 年的 10% 增长到 1945 年的 13%，这两个群体自此之后都保持稳定。[1]

---

[1] Pilcher（1976：57-59）给出了从 1910 年到 1969 年不同来源的数据。

在收入最高的10%里，最高的几个百分点的收入似乎降低了，较低的几个百分点则从中获益。

这一模式看起来像是财富从上层阶级转移到了中上层阶级。但是，将第二个和第三个十分位乃至最高的10%中稍微靠下的几个百分点称为"中上层阶级"，这从职业的角度来看是否合适呢？皮尔彻（Pilcher，1976：216-244）通过分析英国的数据发现并非如此，表7.1中呈现的美国数据也显示了类似的模式。

1972年，在美国有收入的人群中，收入最高的10%可以分为：34%是管理和行政人员，大部分是受雇佣人士；30%是专业和技术人员，同样大部分是受雇佣人士；9%是销售人员。我之所以特别指出销售人员，是因为这里引用的所有群体都是男性；所有种类的女性雇员在收入最高的10%人群中只占到3.4%。管理人员、行政人员和专业人员可以被形容为中上层阶级；考虑到他们在拿工资的雇员中所占的比例很高，似乎大部分人都是在为大型企业或政府官僚机构工作。对销售人员来说，这一标签则不那么明显。尽管这其中大部分人都不是在零售行业，因此很可能是在同样的企业结构中工作，但他们代表了其中更具有企业家精神的一部分人。不过，最惊人的发现是，收入最高的10%中有18%是工人阶级或上层工人阶级：11% 是工匠，3% 是工头，4% 是技工。

第二个和第三个十分位的情况也很类似。第二个十分位有差不多相同比例的（男性）受雇佣的专业人员（20%）、受雇佣的管理人员（18%）和工匠（18%），也有较大比例的技工（11%）；自雇专业人员和业主只占了很小的比例；在整个十分位中，女性只占8%。第三个十分位主要是（男性）工匠（20%）和技工（15%），受雇佣的专业人员占14%，受雇佣的管理人员则占12%。男性工匠和技工也占领了中间的十分位（从第四个到第六个）。较低的十分位（第七个到第九个）主要是女性文书人员，而最低的两个十分位则绝大部分都是女性服务人员、技工、文书人员和男性农民。

收入占前50%的人群中，绝大部分都是男性、城市和（总结自其他数据，例如：Thurow，1975：6；Pilcher，1976）全职受雇佣人员。较低的50%则包括女性雇员、农业雇工，以及——根据皮尔彻的数据（Pilcher，1976：216-221，44）——兼职、无业或只有部分时间在工作的人，还有那些依靠福利系统过活的人。因此，最关键的分水岭并不是职业阶级的分野，而是高收入的男性职业之间的隔离，以及能否获得城市劳动市场中相对有保障的全职工作。

这些重要的区别从根本上来说是"地位财产"的区别。获得一份指派给男性的工作并牢牢抓住它，特别是在财大气粗的公司和政府官僚机构里，这本身就足以确保一份高于平均值的收入。

更细分的职业也显示了同样的模式。收入最高的职业是医生，特别是自雇的那些（后者中有68%处于人群中收入最高的3.5%），这也是对自己的成员有着最强的垄断性控制的职业。与此类似，律师等其他自雇专业人士也很可能处于收入最高的等级（41%的律师属于人群中收入最高的3.5%）。工程师（5.9%）和教师（1.9%）等受雇佣的专业人士则对自己的职位控制力要小得多，因此属于收入最高群体的可能性也小得多（数据来自 Thurow, 1975: Table 6）。在较低的职业等级上，是工匠而非工头更能代表工人阶级在收入最高的10%人群中获得一席之地；前者依靠强有力的工会对内部各等级人数施加类似行会的控制，而后者的地位则要依靠外部的组织控制。同等重要的是男性与女性工作之间强行人为的区分，这导致了以职位财产为形式的重要的经济后果。

第七章 闲职社会的政治学

表 7.1 各十分位的职业组成，1972 年 [a]

职业类别	第十个十分位（最低）（$3706~）	第九个十分位（$3706~）	第八个十分位（$5078~）	第七个十分位（$6282~）	第六个十分位（$7176~）	第五个十分位（$8686~）	第四个十分位（$9274~）	第三个十分位（$11,940~）	第二个十分位（$13,940~）	第一个十分位（$19,200~最高）	最高的3.5%收入（高于$25,000）
男性											
自我雇佣的专业和技术人员（556）[b]	0.5	0.1	0.2	0.3	0.3	0.3	0.6	0.5	1.3	6.2	13.5
受雇佣的专业和技术人员（5217）	2.6	1.7	2.6	5.0	6.6	8.0	14.0	13.9	19.6	23.6	19.0
自我雇佣的管理和行政人员（1153）	3.8	1.3	1.4	1.7	1.6	1.6	1.9	1.8	2.4	4.0	5.7
受雇佣的管理和行政人员（5071）	1.7	1.5	2.2	4.4	5.7	6.7	11.9	11.8	18.0	30.3	39.7
农民和农场管理人员（1333）	10.0	2.5	2.1	1.8	1.6	1.4	1.3	1.3	1.3	1.4	1.5
文书（2673）	2.1	2.9	3.4	4.7	6.0	7.1	7.7	7.6	5.7	2.6	0.8

续表

职业类别	第十个十分位（最低）	第九个十分位（$3706~）	第八个十分位（$5078~）	第七个十分位（$6282~）	第六个十分位（$7176~）	第五个十分位（$8686~）	第四个十分位（$9274~）	第三个十分位（$11,940~）	第二个十分位（$13,940~）	第一个十分位（$19,200~最高）	最高的3.5%收入（高于$25,000）
销售（2251）	1.9	2.1	2.4	3.4	3.4	3.4	5.1	5.0	6.3	8.8	10.8
工头（1228）	0.3	0.6	0.9	1.7	2.2	2.6	1.7	4.0	3.9	2.6	0.6
工匠（7127）	5.7	6.6	6.3	4.7	11.0	16.3	20.3	19.9	17.7	11.0	3.0
技工（6748）	6.7	10.6	12.1	15.3	17.0	18.2	15.7	15.2	10.6	4.0	1.4
服务人员，私人家庭佣工除外（2507）	4.8	5.2	5.6	6.7	5.7	4.8	4.4	4.2	3.3	1.8	0.8
农场劳工和工头（442）	3.0	1.4	1.1	0.8	0.7	0.5	0.2	0.1	0.2	0.2	0.1
劳工（1870）	3.0	4.6	4.5	4.3	4.5	4.8	2.9	2.8	1.7	0.2	0.4
女性											
自我雇佣的专业和技术人员（48）	0.3	0.1	0.1	0.1	—	—	0.1	0.1	0.1	0.1	0.2

续表

职业类别	第十个十分位（最低）	第九个十分位 ($3706~)	第八个十分位 ($5078~)	第七个十分位 ($6282~)	第六个十分位 ($7176~)	第五个十分位 ($8686~)	第四个十分位 ($9274~)	第三个十分位 ($11,940~)	第二个十分位 ($13,940~)	第一个十分位 ($19,200~最高)	最高的3.5%（收入高于$25,000）
受雇用的专业和技术人员（2993）	3.0	3.3	4.4	7.9	8.8	9.6	6.7	6.4	4.3	1.5	0.8
自我雇用的管理和行政人员（211）	1.6	0.4	0.3	0.3	0.2	0.2	0.2	0.2	0.2	0.2	0.2
受雇用的管理和行政人员（900）	1.4	2.1	2.3	2.6	2.1	1.7	1.4	1.4	1.1	0.7	0.4
农民和农场管理人员（115）	1.1	0.3	0.2	0.1	0.1	—	—	—	—	—	—
文书（6349）	11.7	25.5	25.9	22.9	15.4	8.8	2.9	2.6	1.6	0.6	0.7
销售（684）	4.4	3.2	2.4	0.1	0.7	0.4	0.2	0.1	0.2	0.2	0.1
工匠和工头（276）	1.0	1.0	1.0	0.9	0.4	0.2	0.1	0.1	0.1	—	—
技工（2306）	9.7	11.3	9.7	5.3	3.5	2.0	0.5	0.5	0.2	—	—

续表

职业类别	第十个十分位（最低）($3706~)	第九个十分位($5078~)	第八个十分位($6282~)	第七个十分位($7176~)	第六个十分位($8686~)	第五个十分位($9274~)	第四个十分位($11,940~)	第三个十分位($13,940~)	第二个十分位($19,200~最高)	第一个十分位	最高的3.5%（收入高于$25,000）
私人家庭雇工（305）	4.0	0.7	0.4	0.1	.1	—	—	—	—	—	—
服务人员，私人家庭雇工除外（2308）	15.4	10.4	8.1	3.8	2.2	1.4	0.4	0.3	0.2	0.1	0.1
劳工（114）	0.7	0.5	0.4	0.2	0.1	0.1	—	—	—	—	—
总数	100.4	99.9	100.0	99.1	100.0	100.1	100.2	99.8	100.1	100.1	99.8

资料来源：根据以下数据计算：U.S.Bureau of the Census（1972：136-138）。由于四舍五入，总数可能不等于100%。

a. 全职雇用的工资领受者。民用劳动力。
b. 括号里的总数以千为单位；表中其他数字代表每个十分位上的百分比。

这些数据对20世纪的收入革命来说意味着什么？由于我们不知道20世纪初各个职业的比例，因此并不能确定。但我们确实知道，收入分布不再那么集中在人群中收入最高的1%—2%中，总体来看从最高的10%向接下来的两个十分位进行了转移。从目前这些十分位的职业构成来看，**相对损失最大的是大型企业执行官、企业家、精英（特别是自雇的）专业人员和高级销售人员；获益的则是受雇佣的专业人员和工匠，获益不那么明显的是非最高等级的官僚机构管理人员和行政人员，再往下则是一般的城市与官僚机构中的男性文书人员和体力劳动者**。[1]

新政时期，政府雇佣的飞速增长带来了收入状况改变的高峰。这是一段自由主义改革的时期，也有意识地采用了凯恩斯主义的雇佣政策。同一时期发生了重要的官僚化转变，但并不仅仅是在政府中；同时也发生了私有企业的大规模官僚化。我认为，这一官僚化过程是收入革命的原因。不过请

---

[1] 如果收入革命之后各个十分位的职业组成发生了改变呢？无论它们的职业组成如何，我们都知道流向各个十分位（以及最高的10%）的相对收入比例发生了变化，我们也知道哪些职位现在是这一改变的受益者。可以想见，有些职业既损失了工资上的相对优势，也被挤出了收入最高的群体；对我们已知的十分位收入比例的变化（因而也包括基尼系数的变化）来说，后者并不是必要的。相反，有些职业可能既获得了相对收入的增长，又爬升到了更高的十分位中；同样，后者也不是必要的，除非相对收入的改变足够大。由于我们并不知道1920年代或之前各个收入十分位的职业构成，我们只能估算；收入的变化程度既可以意味着各个十分位的职业构成相对稳定，也可能发生了一些变化。我的猜测是，过去收入最高的职业仍然是收入最高的，但它们与接下来收入最高的职业之间的差距则缩小了；上层工人阶级在前两个十分位中的存在是一个新的现象。

注意：尽管政府当时有着自由主义和平等主义的修辞，但这并不是从顶端到底端的转变。当时发展出的福利系统对改善收入最低10%人群的处境并无帮助，除非我们假设转移性支付（transfer payments）[1]让他们不至于陷入更可怕的贫困之中。相反，收入革命的受益者是官僚机构中的中产阶级自身，特别是上层工人阶级占优势的行业工会领域。

与此同时，值得注意的是，有一个官僚机构群体并没有从其雇佣领域的扩张中受益，那就是女性雇员。官僚职位的塑造意味着被定义为男性的管理和专业职位待遇提升，但秘书、打字员和其他职位的相对收入却降低了，它们分化隔离成为单一性别的、附属性的工作部门（Pilcher，1976：90）。

教育文凭系统的扩张在这一收入革命中又有怎样的影响？正是通过教育文凭，高收入的专业封闭了自己的领域并提高了工资；而也正是通过模仿这些方法，其他职业也"专业化"了。官僚系统的扩张，特别是在第三部门，一直伴随着比其他经济领域更明显的对教育水平要求的强调（正如表2.2所示）。在这些组织中，教育文凭意味着花费大量时间和金钱在行政和控制上，而不是在实际的生产上；文凭成为建

---

[1] 美国用于失业救济等公共事业方面的开支。——译注

第七章 闲职社会的政治学

立闲职部门的工具。专业化、自由主义改革和教育扩张的修辞实为一体；这些对改革的呼吁形成了一个一致的论点，用来支持一部分收入从上层阶级到中产阶级的转移。[1]

并不是所有的收入转移都可以直接用这种方式来解释。上层工人阶级——特别是在收入最高的 10% 人群中占有相当大比例的工匠，以及一部分技工和工头——从中获益，尤其是通过强有力的行业工会和大企业内的工龄工资系统。但是，就连这些机制也与社会的高度文凭主义化相关。收入转移从 19 世纪晚期就已经开始积累，是对多元种族版本的经济阶级斗争的反馈，也是对生产过剩和总体需求不足的反馈。这两个问题在新政时期同时达到顶峰，少数族裔在全国政治舞台上获得了重大的让步，包括政府对工会的合法化；同时，巨型文凭官僚系统也大步向前发展。制造了文凭系统的条件（对中产阶级的影响最为明显）也同样制造了强有力的劳工组织，这种组织对上层工人阶级有利。上层工人阶级并不特别依赖正式的学校文凭来作为获得其地位的门槛（不过许多行业工会现在都要求高中学位）；相反，它们要求长

---

[1] 为什么这些新兴中产阶级工作没有带来向上流动的提升？实际上它在某种程度上带来了。但我们对流动性的测量是为了捕捉"纯粹流动性"，也就是独立于职业结构的改变。"纯粹流动率"没有改变，是因为比起过去的组织形式，取而代之的文凭系统和官僚雇佣系统并没有把能力摆在家庭背景前面。

时间的学徒制、各州执照的申请程序，许多工会还公然要求裙带关系（Greer，1959）。然而，这些（最后一项除外）都是正式文凭化的专业最先推动的职业垄断方式。每一个案例中都有同样的背景条件，文凭主义的氛围将路径广而告之，让上层工人阶级跟随它行事，同时也让雇主和各州政府更容易接受它自己在教育（学徒制）和执照方面的限制和要求。

20世纪前半叶的收入革命是一个整体。它在自由主义改革的修辞之下实施，同时建立起了学校系统、受到高度保护的工会、大型政府雇佣系统，以及一般的官僚系统。这些机构谁也没有真正在做它们官方声称自己该做的事情。阶级结构并没有发生彻底改变，机会和分配也没有变得更加平等。官僚中产阶级从上层阶级那里得利，但并不是所有的官僚系统雇员都作为整体获利：只有分配给男性的工作才获得了利益，分配给女性的工作虽然增长的速度一样快，但其收入却并未得到改善。工人阶级中的上层获得了舒适的、有良好保障的位置，而未能获得保障的大批体力劳动者的收入则仅有微小增长（只有城市男性）；下层工人阶级——女性雇员、农村劳工、经常失业的人，以及靠福利生活的人——没有获得任何利益（Pilcher，1976：57-59）。

收入革命代表了阶级冲突的结果。它再一次显示，这些冲突并不是发生在两个大型的、泛泛定义的阶级之间,而是发生在许多竞争者之间。在白领和蓝领部门里,都是有些阶级获利,有些阶级受损。

这符合多元族裔和去中心化的社会所应有的效应。事实上,在这些多元阶级分化中,族裔本质并未消失。某些领域仍然被特定的族裔群体所把持。白人新教徒仍然不成比例地占据着专业领域和商业领域,天主教徒则主要在政府和官僚机构。[1]某些行业工会盖上了族裔的印章,并与其他族裔的外来者划清了界线(Greer,1959)。黑人不成比例地集中在下层工人阶级的职位上,以及白领世界中的某些特定领域,特别是政府雇佣职位。[2]因此,阶级斗争的界线再次碎片化,而族裔界线则继续分隔开了那些争夺经济利益的群体。

考虑到这一碎片化情况,马克思主义中发生在阶级壁垒之间的大型冲突理论有着严重的不足。多元阶级结构和相关的文凭系统让冲突涌入了其他渠道。但是波及整个社会的总体危机仍然有可能发生,而这种危机的核心很可能就是文凭市场。

---

[1] 参见本书 313 页脚注 1 引用的数据来源。
[2] 1975 年,56.5% 的黑人工人都是技工、劳工或服务业工人,相比之下,白人中的这一比例是 32.8%(*Statistical Abstract*, 1976 : Table 601)。同年,21% 的政府雇员是少数族裔,私有领域雇员则只有 16%(U.S. Civil Service Commission, 1976;U.S. Economic Opportunity Commission, 1977)。看起来,少数族裔白领雇员很可能不成比例地集中在政府工作里。

20世纪晚期的文凭危机

到1960年代,文凭系统已经陷入了显而易见的危机。工作对文凭的要求在之前数十年里一路上涨,但到这时,人们已经意识到这种变化是一种通货膨胀。当时的年轻人中几乎全员都能高中毕业,一半人能进入大学,这些曾经被重视的目标已经丧失了吸引力。高中文凭不再能保证带来受人尊敬的工作,大学文凭也不再能带来精英工作。与此同时,处于附属地位的少数族裔——特别是黑人和拉丁裔——正在施加巨大的压力,试图融入统治阶级的教育与职业机构里去。结果便是,人们对系统的信心爆发了多元危机,同时带来了各种反应与批评。

最初,当为少数族裔争取权益的民权运动散发出火药味的时候,大型学生反抗运动在大学内爆发了。这种反抗利用了文凭正在丧失正当性的状况,要求修改传统的课程要求。他们的要求通常是让课程向更加"有用"的方向转变,或者向少数族裔文化自身转变。但事实上,这些选项都缺乏具体内容;学生们的主要诉求是负面的,是对传统要求的反抗,那些要求现在已被认为纯粹是为了获得文凭而走马观花的程序而已。最近,设计替代课程的理想主义修辞被一种影响力很强的玩世不恭态度所取代。选择留在系统内的学生们接受了取得好成绩的目标,但并不尊重课程内容,而是无所不用其极；这带来了大学成绩的通货膨胀，与此同时，真正的学业成就却在逐渐下滑。

类似地，教育工作者们在控制大批学生时越来越尴尬，因为曾经正当的理想现在已经不被接受了。大部分改革者的方案——霍尔特（Holt，1964），科佐尔（Kozol，1972），甚至包括最激进的伊里奇（Illich，1970）——都假设真正的问题是让教育更有用，让教育结构较少依赖于学术地位系统而更贴近人们日常关注的事情，并让教育较少受到官僚要求和强行管制。在这些方面，他们反映了学生运动者的修辞。但他们没能抓住背后真正的问题：教育是文化分层系统的一部分，大部分学生之所以会在学校里，是因为他们（或代表他们的父母）想要一份体面的工作。这意味着上学的理由与教室里发生的事情无关。改革者们希望通过改革课程或改变学校的权威结构来激发学生的学术兴趣，但这只是把他们自己的学术兴趣投射在了大批学生身上；而对学生们来说，教育只不过是通往一个非学术目标的手段而已。这甚至也适用于激进的方案，包括伊里奇的方案——学校应该彻底从教室中转移到工厂、办公室、造船厂或者任何学生想要学习的地方去。这种方案忽视了一个事实：大部分技能都是——而且能够——在工作中习得的；如果人们应该获得机会去尝试任何他们想要的工作，那么我们需要的就不是学校，而是某种能让人们更容易转换工作的机制。

大部分"去学校化"的讨论都是进步主义教育的另一版本。它们的理想是一样的，大部分口号也是一样的；这种讨论发生在学校教师之间，而当时，学校正在经历文凭贬值的危机，这摧毁了人们对它们原有功能的信仰。"去学校化"并不是因为学校被证明无用而废除它们，而是想要从内部改变学校，试图留住学生。教师们自己想要保住工作，对其自身利益的影响十分明显；不太明显的是，他们建议的课程和权威结构变化——如同半世纪之前的进步主义教育改革一样——是为了重建师生之间的融洽关系，让他们共享同样的修辞，而不再强调风起云涌的学生反抗运动所关注的权威关系。通过这些，"去学校化"只不过是将进步主义革新往前推进了一步。事实上，许多方案都建议将义务教育的年龄要求延长到 18 岁甚至更久，这些方案通常是由那些将自己视为教育"自由主义者"的人提出的，但可能也包括"去学校化"计划的支持者。

在学校外，对教育与工作关系不够紧密的批评愈演愈烈，同时发生了技术–实用主义修辞的复兴；这一修辞在 19 世纪中期美国教育的危机中曾经大施拳脚。正如在此前的危机中一样，我们看到了不同教育机构之间的竞争。传统的中学和高等教育序列遭到了一系列重新兴起的学校机构的挑战，包括商业贸易学校、商业运营的培训项目，以及大批专业学校和商学院等半专业学校。

不管怎样，考虑到所有类型的工作技能实际上都是在工作环境中习得的，而不是在正式培训机构中学到的，很显然，技术训练的修辞只不过是对文凭市场危机的反应，而不是教育内容在实质上的重大改变。新的文凭类型出现了，因为大众对旧的文凭丧失了信心。因此，导致文凭通货膨胀的冲突似乎会在新的方向上重新发生。我们现在看到了前所未有的教育要求：会计领域也要求博士学位来作为获得商业类工作的标准。我们也看到，商学院内部和外部的文凭认证都发生了急剧膨胀。技术行业、承包商和房地产经纪领域都在不断设立愈发严格的执照项目，通常都是基于他们自己设立的正式训练要求。商业公司则建立了自己的培训项目。

这些改变的效果并不是开放职业通道，而是加强对技术类工作的垄断和控制。例如，主流汽车公司和连锁店现在垄断了汽车维修类工作，只让它们自己培训项目的毕业生获得这些工作。这不仅取代了技工们现有的——也是技术上有效的——从自己的工作经验中获取技能的方式，而且导致了公司对程序的控制（所谓的"预防性维修"，以及自动替换而不是维修零件），还加强了他们对顾客口袋的控制。总体来说，新的模式是在新的领域建立严格的认证系统，而传统的学校文凭过去则不曾渗透到这些领域。

正是由于公共领域内的正式学校文凭系统面临危机，才发生了向私有领域认证系统的转变。除了自相矛盾的修辞口号，这场危机也发生在物质层面上。公立学校和大学面对来自两个方面的困难。当普遍的通货膨胀影响到物质经济中所有商品的价格时，学校成为昂贵的奢侈品。在公有领域，纳税人的反应是降低财政拨款，似乎未来还有进一步降低的趋势。在私有领域（特别是高等教育领域），运营成本的提高和入学率的下降，可能会导致大量机构的关闭。

这些压力的来源正是导致文凭通货膨胀的条件。相比以往，对同样的文凭来说，教育花钱更多，回报却更少了；因此，学生和为他们付账的人相对也就不那么愿意在教育上投资了（Freeman，1976：9-50）。因而，年轻人中上高中和大学的比例在1970年代初期达到峰值。1972年之后，高中毕业率开始下降（*Statistical Abstract*，1976：Tables 230 and 231）。1970年，学院和大学中男性学生的入学率在18—19岁年龄组中是54%，在20—24岁年龄组中是29%；1975年，这两个数字下降到了50%和26%。只有女性学生入学率的提高阻挡了这一趋势：1950 年，18—19 岁的女性中入学率是 42%，20—24 岁年龄组中则是 15%；1975 年，这两个数字上升到了 44% 和 19%（*Statistical Abstract*，1976：Table 191）。传统教育文凭之所以能够存活下来，似乎是因为它们愈来愈多地与女性努力打破自己的从属职业地位相关，而男性劳动市场则完全可以转向一套单独的由商业和行业控制的认证机构中去。

文凭系统曾一度遭受严重挑战，但现在看来正在向新的方向重塑自己。长期来看，1960 年代和 1970 年代的危机也许是暂时的，文凭序列可能在未来会无限延伸下去。一旦度过了暂时的不平衡时期，当学生人数回归到一定水平，工作对文凭要求的膨胀速度保持在可以接受的程度，那么学校的财务状况也将会稳定下来。也许在未来某些时候，教育系统将会重新开始增长。

当然，文凭系统的增长并不单单是靠自己内部的动力就足够了，而是要与不同经济地位之间的斗争互动，以及与不同水平的经济生产力互动。高效资本的累积逐渐减少了经济需要的劳动力。美国工业工厂的生产水平只达到了满负荷生产水平的一半，而一直存在的问题则是失业、就业不足，以及与之相关的如何维持总体消费者需求。在这里，我们可以看到教育系统对经济的重要性——不是因为它可能提供的技能，而是因为它提供了工业生产力过剩的反作用力。这是通过两种方式进行的：首先，教育是政府开销的重要部分（1975年占国民生产总值的7.5%；*Statistical Abstract*, 1976: Table 183）；其次，它吸收了劳动力中相当大的一部分，让他们成为学生。单是学院与大学中的970万学生加起来就已占到劳动力的10%。显然，如果将1570万高中生的任何一部分投入劳动市场，都会让问题的严重性翻上几番（*Statistical Abstract*, 1976: Tables 185 and 571）。大幅度地削减教育系统将会引发灾难性的经济后果。

因此，就业市场的文凭系统被夹在了两股相互作对的力量之间。一方面，教育系统对支撑生产过剩和劳动力过剩的经济系统来说十分关键。另一方面，教育系统已经变得格外昂贵，对许多个人投资者及教育系统的政治支持者来说已经相对不值得。尽管大致的平衡依然可能维持下去，但是两个方向都存在爆发危机的可能。文凭市场发展过快会导致幻想破灭，进而使物质投资被撤走；而另一方面，太少的教育投资则将会导致经济衰退。

闲职政治学的种类

关于文凭系统，存在一系列不同的政治立场。其中很少有人明确指出教育系统的本质——一种强行规定价值的通货；更多立场都是通过人们更熟悉的正当化修辞来运作的。不管怎样，它们可以被命名为以下几类：

文凭资本主义（credential capitalism）：指的是对文凭市场中的个人竞争采取传统的放任自由态度。它天真地假设人们应该获得尽可能高的教育水平，用来尽可能获得事业上的进展。作为一种个人主义的建议，它无视了文凭通货价值上的累积效应，或只是简单地认为只要在与他人的竞争中胜出就可以克服这一点，不管这意味着需要达到怎样的教育等级。

文凭社会主义（credential socialism）：指的是通过政府干预来让教育机会的分配趋于平等。就像传统的政治社会主义一样，它未能影响到背后制造不平等的系统，反而加诸其上，成为它的上层建筑；它的成功只在于把一部分财富重新分配给自己。就像政治社会主义（包括贴着"自由主义"的美国标签的那些）一样，文凭社会主义在这种再分配系统内部的雇员中十分流行：其中一个例子是政府官僚，另一个例子则是教师和行政人员。

这就是关于美国教育的主流传统意识形态。最近，某些少数族裔群体开始为自己争取更多获得文凭的机会。他们的要求有时候是通过社会主义－平等主义的修辞，有时候则是通过族裔文化和民族主义的修辞。在这两种情况下，实际上的物质目标都是获得更容易地进入文凭系统的路径，这一要求与美国政治中的传统模式十分相似：少数族裔要求分享政治恩庇。我们也许可以简单地称之为**族裔世袭文凭主义**（ethnic-patrimonial credentialism）或**恩庇文凭主义**（patronage-credentialism）。

面对从属地位的少数族裔施加的压力，有些统治地位的族裔群体创造了可以称之为**文凭法西斯主义**（credential fascism）的意识形态：极力从原则上排挤特定的少数族裔。为了达到这一目的，早期的种族意识形态升级成了关于遗传智商差异的基因论点。这很明显是一个高度意识形态化的立场，因为有证据表明（第一章和第二章中曾引用过），智商只能在学校系统内部预测成功与否，而学业成功与职业成功之间的关系则完全是虚假的。因此，文凭法西斯主义试图支持的是一个由自己的族裔群体来完全占有和控制的统治系统。

在另一个方向上，我们看到了正在兴起的**文凭激进主义**（credential radicalism），也就是"免费学校"或之前提到的"去学校化"的提倡者。他们的政治立场是解放学校，方式则是把控制权赋予学生共同体（有时则是教师）。这种政治立场就像是"一国共产主义"（communism in one country）

的极端版本。地方共同体虽然试图控制文凭制造机构，但却无法影响到它们身处的更大的文凭市场。正如一些学校所尝试的，如果它们的政策是让学生更容易获得文凭，甚至自动颁发文凭（不管是给所有人"A"还是自动颁发学位），那只不过是在为文凭的通货膨胀增砖添瓦。从更广阔的背景来看，这种计划将会毁掉它们自身的经济基础。

在我看来，关于文凭主义只有两种立场是诚实和脚踏实地的。其中一种可以称之为**文凭凯恩斯主义**（credential Keynesianism）。这意味着公开承认教育生产了一种人工制造的文凭通货，而这则在经济上有利于解决累积需求不足所造成的问题。因此，对学校系统和职业领域文凭认证的投资都应该得到鼓励，这并不是为了提高工作效率或平等机会，而仅仅是为了保持经济正常运转。这种政策的危险之处，就像普通的经济凯恩斯主义一样，是通货膨胀；但这可以被视为系统的一种副作用，可以被接受并通过量化操控任何政府能够控制的变量来加以控制。换句话说，我们可以决定公然在闲职系统中工作，承认将休闲纳入工作内部的现实，并有意识地加强这种闲职系统。

其实，这种政策已经暗中发力了一段时间。学校常常因为雇佣政策的原因而得到支持，系统内部也长期存在一种自由化趋势，它影响到了许多工作的氛围，让它们变得更加休闲，也不必再仪式性地宣告雇员们都在高效工作。如果能够公开地、不装腔作势地承认社会中闲职部门的存在，这显然会在公共领域的诚实性上掀起一场文化革命，也会让我们更容易去评价和控制那些影响闲职的因素。

不过，我自己更偏好的是相反的政策：**文凭废除主义**[1]（credential abolitionism）。如果我们继续任由文凭系统无限延伸下去，放任劳动市场对文凭的要求不断膨胀，一直等到体力劳动也要求四年大学学历，或是等到技术专业要求20年的博士后学习，那么这对所有相关人士来说都未免太过于异化了。此外，如果过去的例子依然有效的话，那么教

---

[1] "文凭政治"的不同类型也许可以更普适地定义为"闲职政治"的不同类型。历史上有一些有趣的相似产物。事实上，"闲职资本主义"曾经存在于中世纪晚期的欧洲，以及许多其他农业社会里；在那里，闲职（名誉牧师俸禄）可以购买和销售。不过，我们的社会禁止提及这一点，而"闲职资本主义"因为是在一个引人走向歧途的意识形态之下运作而注定会走向失败。另一方面，"闲职社会主义"与马克思主义者的目标颇为接近，那就是将技术带来的生产过剩的成果平均分配，只不过前者会建议通过平均分配职业地位而非收入来达到这一目的。"闲职族裔世袭主义"或"闲职恩庇主义"我们已经很熟悉了：那就是族裔恩庇政治一直以来的模样。"闲职法西斯主义"意味着回到中世纪的原则，将不必工作的职位保留给世袭贵族。"闲职激进主义"意味着让工作关系更加平等化；目前的参与式民主运动很接近这种立场，但它并没有承认目前人们分享的大部分并不是工作责任，而是工作中的休闲和政治活动。"闲职凯恩斯主义"意味着激进地推进工程进展管理署的风格，那就是为创造就业而制造工作；有些短暂的革命相当广泛地实践了这一立场，例如1871年的巴黎公社。"闲职废除主义"有宗教上的先驱，特别是新教改革运动，这带来了修道院和其他教堂田产的废止。在这一案例中，结果是政府没收了这些财产，极大地充实了新兴专制主义国家的国库——这就是新教改革真正的经济影响。现代社会的"闲职改革"是否会造成类似的后果，这值得我们深思。

育系统的膨胀既不会影响社会流动,也不会改变族裔群体之间的分层次序;它只不过会在更高的教育等级上复制这些次序罢了。一个替代方案是在某个节点冻结文凭系统,方式是只允许特定数量的学生达到特定的级别;这意味着冻结现有的分层系统,让文凭制造的障碍保持原状,也就是将劳动市场隔离成互相之间不存在竞争的领域。现有的休闲工作领域的垄断优势依然存在。不管是让文凭系统急剧膨胀,还是让它停留在现有层面,都会维持现有的社会分层,同时带来文化衰竭的效果。

要想获得重大的改变,就得废除文凭系统。这并不是说要废除学校,但确实意味着让学校回到这样一种状态:它们必须靠自身内部的产品而不是学位的通货价值来维持运转。在法律上,这意味着废除义务教育要求,并规定在雇佣过程中要求正式学历是非法的。在民权立法的框架内,这种对学历要求的司法挑战已有先例(White and Francis,1976)。由于证据明确显示,文凭并不能提供工作技能,技能完全可以在工作中学到,而且文凭的获取本身偏向特定群体,因此很容易辩称对文凭的要求是一种歧视。

在法律上,去文凭化有两个主要优势。其一,学校继续存在,能够提高文化水平;其二,它能够为克服经济不平等的努力铺平道路。

生产文凭的学校系统扩张成了庞然巨物,这让学术文化成为学生在获得文凭的道路上必须逾越的临时障碍。因此,1963年之后,当学生开始按照年份自动升级,并且几乎所有人都能升级,高中学业成绩便开始一路下滑,这也就没有什么好奇怪的了(Advisory Panel on the Scholastic Aptitude Test Score Decline, 1977)。为了进入研究生院,学生们有在大学里获得好成绩的压力,这对他们真正的学术兴趣也有类似的影响。人文主义文化几乎成为人文学科专业教师独有的领地,他们将自己的学科从一种自己创造出来享受的文化目标转变成了一种通货的基础,这种通货主要体现为个人简历上的论文发表数量,他们在学术官僚机构中的事业就建立在这之上。

科学领域也一样,很可能越小越好。除了大学说客们自我满足的修辞,我们根本不需要庞大的大学研究部门来支持国家经济或安全。事实上,大部分实用的发明都是在实践中制造出来的,而它们所基于的基础科学则往往来自于几十年前,并且是相对较小的研究领域(Sherwin and Isenson, 1967; Price, 1969)。此外,目前美国科学界的庞大规模从比例上来说并不是很有效率;英国科学系统的规模要小得多，但相对来说却更有创造性和综合性，这显示了一个更加精英化的机构的优势（参见以下文献中的图表：Collins，1975：578）。相反，在庞大的系统里，科学观念发生了官僚化，专业细分且互相隔离，很难融会贯通；信息获取的问题十分严重；大量研究者使用一种圈内语言，包括最严格的实践和量化概念，这导致更有力的理论概念遭受了损害。后面这种问题在美国社会科学界特别严重，它们过早地围绕量化技巧发展，而忽视了能够赋予研究意义的理论问题。我们完全可以说，美国社会科学（自然科学也一样）所依靠的理论并不是自己制造的；美国要么在引进欧洲的理论，要么在引进欧洲理论学家（例如，1930年代和1940年代涌入的欧洲难民引领了过去整整一代人的美国科学发展）。

总之，目前的大规模文凭生产不利于美国科学特别是人文文化的发展。如果文凭系统进一步膨胀，将会危害更深。也许20世纪初教育系统刚刚建立之时曾鼓励了尖端科学发展，但目前，科学界的规模已经远远超过了收益递减的层级。

去文凭化的另外一个重要论点是，只有通过这种方法，我们才能克服收入不平等。教育要求已经成为将工作划分为不同职位和事业的基础，因此也让劳动市场变得四分五裂。蓝领工作与白领工作之间的差别制造了一道障碍，它在所有组织里都指引着晋升过程；这道障碍因为两种工作对教育水平的要求不同而得以维系。这些教育要求对学习不同领域的工作技能来说并非必要，它的作用就是为了防止一个群体的成员有机会在工作中学习到另一个群体的技能。类似地，分化的"专业"和"技术"活动也通过同样的方式被保留给了不同的劳动力储备群体。因此，并不仅仅是族裔和性别隔离制造了"双重劳动市场"（Edwards et al., 1975），更重要的是，教育水平要求已经被吸纳进了"职位"本身的定义里。此外，随着直接的族裔和性别歧视变得越来越不正当，并且面临法律的挑战，教育歧视也开始越来越多地被当成族群统治的替代手段。[1]

假设来看，如果职业之间的流动没有阻碍，就可能实现收入平等。因此，报酬较少的职位，或者是特别肮脏和令人不快的职位，就必须提高报酬来吸引劳动者；报酬高于平均值的职位，或是特别有吸引力的工作（例如规划和发号施令），将会吸引到格外多的申请者，因而可以降低工资。有人提出，在自由劳动市场上，收入平等的最主要障碍就是教育隔离（Thomas, 1956）。就目前情况来说确实如此。但是，

---

[1] 根据第二章中提到的1967年旧金山湾区雇主调查结果，对教育水平要求最高的组织也正是那些在雇佣过程中最努力实现族群融合的组织。

取消学历要求仅仅是为必要的结构重组铺平了道路。在目前的条件下，大量过剩且符合资格的管理职位申请者不太可能降低他们的工资要求（Thurow，1975）；职位的数量仍然是有限的，而占据这些职位的人也会不惜一切地争取高工资。

一个现实的组织行为模型将会认为，权力（也就是"政治劳动"）而非生产力才是收入和晋升的关键；从这一角度来看，一切就很清楚了。因此，组织自身对一个自由运作的劳动市场构成了障碍。与此类似，尽管取消文凭要求可能会提高专业内部的竞争，但这并不一定会在任何特定职业内部消除分层。与富有的组织客户有关系的律师和工程师仍然会拿到丰厚的报酬，只有最去中心化的、规模最小的法律服务部门才会因为竞争而降低价格。

不管怎样，要想彻底重建职业结构来提高收入平等，取消工作对教育水平的要求是必不可少的。关键是要摧毁**目前的职位财产形式**。管理工作可以回归到过去的状态：它必须对劳动市场的压力作出回馈；它并不是一个独立的、长期的"职位"，而是所有雇员共同分享的活动，这些雇员同时也会进行直接的生产劳动。通过跨越权威管理和专业生产之间的界线来进行职位轮转，所有类型的工作将会从一个共同的劳动储备群体中获得雇员，并会对同样的工资条件作出反应。

这将意味着雇员能够获得在工作中学习不同种类工作技能的机会，包括技术和管理工作；这些机会要么轮流分派，要么广泛共享，也许是通过轮流做"某职位的助理"来获得学徒经验。这要求我们消除"工作"当前的定义——也就是必须基于专业化的教育来提前从外部做好准备。

因此，教育学历不仅仅为自由劳动市场的障碍打造了基础，它们自身也是这一障碍系统的关键部分，必须予以剔除。例如，秘书有着完美的条件，可以在工作中学习管理技能。然而目前，由于性别隔离，她们的职位被定义为一个独立的领域，因此几乎没有秘书被提拔去取代她们老板的位置。不管怎样，这不仅在技术上是可能的，而且在19世纪晚期之前甚至曾经是标准的晋升途径：当时，秘书由男性担任，他们作为学徒，在秘书职位上学习之后要承担的管理责任。

目前的女性主义运动总体来说忽略了这种职位歧视：它一直以来更强调通过现有的职业通道进入精英专业和获得管理职位。因此，女性的大学入学率迅速增长，而男性的入学率则有下降趋势。这可能有益处，但这种改变是精英主义的，对绝大部分女性的经济前景没有任何作用，特别是那些身处官僚机构中文书部门的女性。事实上，申请者为专业和管理职位的劳动市场带来了更多的教育文凭，使得这些职位的教育水平要求水涨船高并进一步专业化，从而使困在秘书这一深坑里的女性更难被提拔到这些职位上去。

从这一角度来看，要想克服劳动市场上的性别分层，更好的长期策略是改变工作本身，而不是改变教育文凭；要公开规定在职学徒训练可以作为招聘管理职位的途径之一。

对医学等势力强大的专业来说，文凭系统的重塑要如何进行？目前来看，美国的医学训练附加在漫长且昂贵的教育尽头，使得医生的供给很低，也让他们的收入和社会背景保持在很高的水平。这种正式的教育与真正的实践似乎并无关系；大部分实际训练都是在工作中非常不正式的场合里进行的，要经过若干年的实习和住院工作来完成。现存的医学结构不仅昂贵、低效，在职业通道上来说不平等，还附加在一个工作隔离的系统之上；粗活被剥离为一个单独的医学领域层级，专门分配给女性，而少数族裔则只能拿着低薪去做服务工作，看不到事业前景。

如果我们消除护士与医生之间的区隔，把他们和护工的事业序列合并，这很可能会带来更好的服务质量和效率（毫无疑问，这会引发医生对自身地位的担忧，但这至少会对他们构成挑战，让他们认真考虑自己的利他主义宣言）。所有医学事业都从同一个职位开始，第一个阶段可能是担任医师学徒。经过若干年后，成功的申请者可以离职几年去上医学院（两年时间对大部分从业者来说应该足够了；也可以在本科或研究生阶段完成，这一选项也应该存在），然后回到医院来进行高级学徒训练，也就是现在的实习生和住院医师项目。护工们的工作热情会加强，学徒训练中隐含的机会也会被摆上台面。就像现在一样，医务人员可以进一步通过在职培训来学习细化的专业技能；只有医学研究者才需要漫长的学校教育。这样一来当然会降低成本，而且能为所有人提供更好的医学护理；没有证据表明，医学医疗的技术效果会因此受损。[1]

类似地，就连明确基于教育的分层系统，例如大学中的学系，都应该通过学徒制将其职业通道向文秘人员开放。如果我们认为"学系和更高层的管理人员应该是学术专业人士"这一点很重要，那么将不同的训练序列合并，或是在它们内部轮转职位责任，这依然可以做到。学生可以在训练过

---

[1] 重复第一章和第六章中引用的相关论点：医学院的要求是人为决定的筛选机制，因为几乎没人会从医学院退学；之后的工作表现与学校成绩毫无关系；对医生来说，真正的实践训练是以十分非正式的方式进行的——很可能护工也能在他们的工作经验中学到同样的东西，特别是如果他们有足够的动力去学习的话（比起对他们目前角色的期待来说）。此外，经过改革的医疗系统将会比现在的系统在技术上更有效率。尽管美国的医疗系统经常自吹自擂，大众媒体也常赋予它光环，但实际上比起欧洲专业自治程度较低的医疗系统来说，美国的医疗效率要低得多。这一点从以下数据可以看出：尽管美国的人均国民生产总值比欧洲各国高 50%—300%，但其婴儿死亡率却比欧洲所有国家都高，人均寿命则比欧洲所有国家都低（Taylor and Hudson, 1972: 253, 314）。

程中被要求承担文秘工作，文秘人员也应该有机会作为工作的一部分来获得学术训练。这显然会改变权力结构，目前处于支配地位的人们肯定会对此感到不悦，但事实上正是这种权力差别阻碍了我们获得更高程度的收入平等。

因此，要想从根本上改变不平等的结构和现代文化的质量，就意味着要废除文凭系统。全面废除文凭系统将会消除现有不平等的一半。这并不会触及其他来源的不平等，例如物质和金融资本的分配。但是，为了克服不平等，社会主义的解决方案只攻击了问题的一半；社会主义国家的基尼系数大约是资本主义国家的一半，前者大约是 0.240，后者大约是 0.440（Stack，1976）。然而，就算较低的基尼系数也依然表明，即使资本已被社会主义化，职业不平等的结构依然存在。社会主义国家和资本主义国家都需要第二次革命。

我已经指出，把目前的社会秩序去文凭化，将会带来巨大的甚至革命化的结果。如果不对组织结构进行彻底重构，这将是不可能的。特别是因为目前存在的文凭系统在帮助我们抵挡劳动力过剩问题，因此我们必须找到其他方法来保证就业率。在一场彻底的改革中，这些方法并不一定很难找，比如制度化地建立更短的工作周，或是规定更长时间的假期。当然，在目前的条件下，这些方法实行起来要困难得多,因为它们暗含着对收入进行重新分配;事实上,在美国实行凯恩斯主义经济时,投资教育是一种政治上成本较低的方法。

文凭分层问题让我们看到了当今社会职业分层的关键特征。要想重构这一切,就意味着一场前所未有的、更加彻底的经济革命。因此,我们不可能期待这场改革会轻易完成。有可能职业和专业的分层结构会在地方行动中逐步重构。但若没有广泛存在的改革氛围和朝着这个方向的动员,就很难克服地方的抵抗势力。以下方式要简单得多:让所谓自由主义乃至激进主义运动来继续推进过去的传统,让更多人能进入文凭系统。但是,这种努力只会进一步巩固文凭系统的通货膨胀本质。在这个方向上,我们可以预见,目前关于教育成本、歧视和融合的问题将会一直延伸到无限的未来。

脚踏实地的方法是把赌注压在当前的文凭主义继续膨胀上,但这对改革者们获得他们宣称的目标来说无异于缘木求鱼。不过,这意味着阶级斗争危机的威胁将会继续存在,不仅存在于物质经济内,也存在于文化经济里。用教育系统来作为一种人为制造的统治通货,这意味着来自内部人员的有意识的反抗将会不断增长。尽管教育系统宣称自己能提高学生们的理性思维,但它自己却作为一个大型系统的一部分在运作，这个系统贬低了它自身的内容，并对它可能为系统本身提供的任何洞见视而不见。

因此，尽管短期内期待一场去文凭化的革命是不现实的，但长期内将这种可能性彻底排除也是同样不现实的。考虑到文凭系统可能会膨胀到荒唐的程度，很可能当学生群体规模与物质经济的分配过程之间出现严重的不平衡时，文凭废除主义就会浮出水面。

事实上，尽管我们可能不愿承认，但现代社会与部落社会仍然十分相似。尽管我们有着理性控制的自我形象，但我们选择机构的方式却并不比部落社会中的成年礼、秘密社团、喜怒无常的神明更理性，因此我们的教育和职业系统才与这些部落社会中的现象如此相似。我们也可以在更大规模的社会中找到类似的结构：这些力量在几个世纪的时间里将印度转变为若干彼此隔绝的职业阶层，并在中世纪的欧洲建立了垄断的行会网络，而我们也在面对着它们。这些社会在它们无法控制的力量下经历了巨变，正如新教改革运动中的变革摧毁了将中世纪的垄断权力正当化的宗教通货。长期来看，除非我们能对自己的社会机构加强理性控制，否则可以预见，这种力量仍将等待着我们。

参考文献

Adams, S.
    1957 Origins of American occupational elites, 1900-1955. *American Journal of Sociology* 62: 360-368.

Advisory Panel on the Scholastic Aptitude Test Score Decline
    1977 On further examination: Report of the Advisory Panel on the Scholastic Aptitude Test Score Decline. New York: The College Board.

Althusser, L.
    1971 Ideology and ideological state apparatus. In *Lenin and philosophy and other essays*. London: New Left Books.

Anastasi, A.
    1967 Psychology, psychologists, and psychological testing. *American Psychologist* 22: 297-306.

Arensberg, C. C., and S. T. Kimball
    1948 *Family and community in Ireland*. Cambridge, Massachusetts: Harvard Univ. Press.

Aries, P.
    1962 *Centuries of childhood*. New York: Knopf.

Armytage, W. H. G.
    1961 *A social history of engineering*. London: Faber and Faber.
    1965 *The rise of the technocrats*. London: Routledge and Kegan Paul.

Artz, F. B.

1966 *The development of higher technical education in France*. Cambridge, Massachusetts: M. I.T.Press.

Bailyn, B.
    1960 *Education in the forming of American society*. New York: Random House.

Bajema, C. J.
    1968 Interrelations among intellectual ability, educationl attainmen, and occupational achievement. *Sociology of Education* 41: 317-319.

Baller, W. R.,D. C. Charles, and E. L. Miller
    1967 Midlife attainment of the mentally retarded. *Genetic Psychology Monographs* 42: 235-327.

Baltzell, E. D.
    1958 *An American business aristocracy*. New York: Macmillan.

Banfield, E. C.
    1958 *The moral basis of a backward society*. New York: Free Press.

Banfield, E. C. and J. Q. Wilson
    1963 *City Politics*. Cambridge, Massachusetts: Harvard Univ. Press.

Barnard, C. I.
    1938 *The functions of the executive*. Cambridge, Massachusetts: Harvard Univ. Press.

Bartholomew, J.
    1954 *Physical world atlas*. New York: American Map Company.

Becker, H. S.
    1961 Schools and systems of stratification. In *Education economy, and society*, edited by A. H. Halsey, Floud, and C. A. Anderson. New York: Free Press.

Becker, H. S., B. Geer, and E. C. Hughes
    1968 *Making the grade*. New York: Wiley.

Bell, D.
    1973 *The coming of post-industrial society*. New York: Basic Books.

Bell, H. M.
    1940 *Matching youth and jobs*. Washington: American Council on

Education.

Ben-David, J.

1971 *The scientist's role in society*. Englewood Cliffs, New Jersey: Prentice-Hall.

Ben-David, J., and A. Zloczower

1962 Universities and academic systems in modem societies. *European Journal of Sociology* 3: 44-85.

1963-1964 Professions in the class systems of present-day societies. *Current Sociology* 12: 247-330.

Bendix, R.

1956 *Work and authority in industry*. New York: Wiley.

Bensman, J., and A. Vidich

1971 *The new American society*. New York: Quadrangle Books.

Bereday, G. Z. F., ed.

1969 *Essays on world education*. New York: Oxford Univ. Press.

Berg, I.

1970 *Education and jobs*. New York: Praeger.

Berlant, J. L.

1973 *Medical professionalism and monopolistic institutionalization in the United States and Britain*. Unpublished Ph. D. thesis, Univ. of California, Berkeley.

Berle, A. A., and G. C. Means

1968 *The modern corporation and private property*. New York: Harcourt.

Bernstein, B.

1971, 1973, 1975 *Class, codes, and control*. 3 volumes. London: Routledge and Kegan Paul.

Bidwell, C. E.

1965 The school as a formal organization. In *Handbook of organizations*, edited by J. G. March. Chicago: Rand McNally.

Billington, R.

1938 *The protestant crusade*. New York: Rinehart.

Blau, P. M.

1955 *The dynamics of bureaucracy*. Chicago: Univ. of Chicago Press.

Blau, P. M. and O. D. Duncan
  1967 *The American occupational structure*. New York: Wiley.
Blewett, J. E., ed.
  1965 *Higher education in postwar Japan*. Tokyo: Sophia Univ. Press.
Bloch, M.
  1964 *Feudal society*. Chicago: Univ. of Chicago Press.
Block, N. J., and G. Dworkin, eds.
  1976 *The IQ controversy*. New York: Pantheon Books.
Boudon, R.
  1973 *Education, opportunity, and social inequality*. New York: Wiley.
Bourdieu, P., L. Boltanski, and M. de Saint Martin
  1974 Les strategiés de reconversion: Les classes socials et le système d'enseignement.*Social Science Information* 12: 61-113.
Bourdieu, P., and J. C. Passeron
  1964 *Les héritiers*. Panis: Les Editions de Minuit.
  1977 *Reproduction*. Beverly Hills, California: Publications.
Bowles, S., and H. Gintis
  1976 *Schooling capitalist America*. New York: Basic Books.
Boyle, R.P.
  1969 Functional dilemmas in the development of learning. *Sociology of Education* 42: 71-91.
Braverman, H.
  1974 *Labor and monopoly capital*. New York: Monthly Review Press.
Bright, J. R.
  1958 Does automation raise skill requirement? *Harvard Business Review* 36: 85-97.
Brunschwig, H.
  1947 *La crise d'état Prussien*. Paris: Presses Universitaires de France.

Calhoun, D.
  1960 *The American civil engineer, origins and conflict*. Cambridge, Massachusetts: Harvard Univ. Press.
Callahan, R.

1962 *Education and the cult of efficiency*. Chicago: Univ. of Chicago Press.

Calvert, M. A.

1967 *The mechanical engineer in America, 1830-1910*. Baltimore: Johns Hopkins Press.

Carlin J. E.

1962 *Lawyers on their own*. New Brunswick: Rutgers Univ. Press.

Carnoy, M.

1974 *Education as cultural imperialism*. New York: David Mckay.

Carr-Saunders, A. M., and P. A. Wilson

1933 *The professions*. London: Oxford Univ. Press.

Carver, G. W.

1965 *Two centuries of medicine: A history of the school of medicine, university of Pennsylvania*. Philadelphia: Lippincott.

Chadwick, O.

1972 *The reformation*. Baltimore: Penguin Books.

Chandler, A. D.

1959 The beginnings of "big business" in American industry. *Business History Review* 33: 1-31.

1962 *Strategy and structure, chapters in the history of American business enterprise*.Cambridge, Massachusetts; M. I. T. Press.

1968 The coming of big business. In *The comparative approach to American history*,Edited by C. V. Woodward. New York: Basic Books.

Cicourel, A. V. K. H. Jennings, S. H. M. Jennings, K. C. W. Leiter, R. Mackay, H. Olehan, and D. R. Roth

1974 *Language use and school performance*. New York: Academic Press.

Clark, B. R.

1960 The "cooling-out" function in higher education. *American Journal of Sociology* 65:569-576.

1962 *Educating the expert society*. San Francisco: Chandler.

Clark, H. F., and H. S. Sloan

1966 *Classrooms on main street*. New York: Teachers College Press.

Coates, C. H. and R. J. Pelligrin

1957 Executives and supervisors: Informal factors in differential bureaucratic promotion.*Administrative Science Quarterly* 2: 200-215.

Cochran, T. C., and W. Miller

1961 *The age of enterprise*. New York: Harper and Row.

Coleman, J. S.

1961 *The adolescent society*. New York: Free Press.

1966 *Equality of educational opportunity*. U. S. Office of Education. Washington, D. C.:U. S. Government Printing Office.

Collins, O., M. Dalton, and D. Roy

1946 Restriction of output and social cleavage in industry. *Applied Anthropology* 5: 1-14.

Collins, R.

1969 *Education and employment*. Unpublished Ph. D. thesis, Univ. of California, Berkelev.

1971 A conflict theory of sexual stratification. *Social Problems* 19: 1-21.

1974 Where are educational requirements for employment highest? *Sociology of Education* 47: 419-442.

1975 *Conflict sociology: Toward an explanatory science*. New York: Academic Press.

1977 Some comparative principles of educational stratification. *Harvard Educational Review* 47: 1-27.

1978 Some principles of long-term social change: The territorial power of states. In *Research in social movements, conflicts, and change*, volume 1, edited by L. Kriesberg.Greenwich, Connecticut: JAI Press.

Cox, S. G.

1968 *Relationships between student scores on various predictor measures and vocational success*. Iowa City: Unpublished Ph. D. thesis, Univ. of Iowa.

Cremin, L. A.

1961 *The transformation of the school*. New York: Knopf.

Crozier, M.

1964 *The bureaucratic phenomenon*. Chicago: Univ. of Chicago Press.

Curoe, P. R. V.

1926 *Educational attitudes and policies of organized labor in the United*

States. New York:Teachers College Press, No. 201.

Curti, M.

1935 *The social ideas of American educators*. New York: Scribner's.

Cutler, L. N.

1939 The legislative monopolies achieved by small business. *Yale Law Journal* 48: 851-856.

Dalton, M.

1951 Informal factors in career achievement. *American Journal of Sociology* 56: 407-415.

1959 *Men who manage*. New York: Wiley.

Davis, J. A.

1965 *Undergraduate career decisions*. Chicago: Alaine.

De Charms, R., and G. H. Moeller

1962 Values expressed in American children's readers. *Journal of Abnormal and Social Psychology* 64: 136-142.

Denison, E. F.

1965 Education and economic productivity. In *Education and policy*, edited by S. Harris. Berkeley: McCutchen.

Dill, W. R., T. L. Hilton, and W. R. Reitman

1962 *The new managers*. Englewood Cliffs, New Jersey: Prentice-Hall.

Domhoff, G. W.

1967 *Who rules America?* Englewood Cliffs, New Jersey: Prentice-Hall.

Drake, L.R., H. R. Kaplan, and R. A. Stone

1972 How do employers value the interview? *Journal of College Placement* 33: 47-51.

Duncan, B.

1964 Dropouts and the unemployed. *Journal of Political Economy* 73: 121-134.

1967 Education and social background. *American Journal of Sociology* 72: 263-372.

Duncan, B., and O. D. Duncan

1968 Minorities and the process of stratification. *American Sociological*

Review 33: 356-364.

Duncan, O. D.

1965 The trend of occupational mobility in the United States. *American Sociological Review* 30: 491-498.

1966a Intelligence and achievement: Preliminary results. *Eugenics Quarterly* 13: April.

1966b Intelligence and achievement: Further calculations. *Eugenics Quarterly.* 13: July.

1968 Ability and achievement. *Eugenics Quarterly* 15: 1-11.

Duncan, O. D., and R. W. Hodge

1963 Education and occupational mobility: A regression analysis. *American Journal of Sociology* 68: 629-644.

Eckland, B. K.

1964 Social class and college graduation: Some misconceptions corrected. *American Journal of Sociology* 70: 36-50.

1965 Academic ability, higher education, and occupational mobility. *American Sociological Review* 30: 735-746.

Edwards, R. M. Reich, and D. Gordon

1975 *Labor market segmentation.* Lexington, Massachusetts: D. C. Heath.

Emmanuel, A.

1972 *Unequal exchange.* New York: Monthly Review Press.

Ensign, F. C.

1921 *Compulsory school attendance and child labor.* Iowa City: Athens Press.

Epstein, C. F.

1970 *Woman's Place.* Berkeley: Univ. of California Press.

Etzioni, A.

1961 *A comparative analysis of complex organizations.* New York: Free Press.

Farley, R., and A. I. Hermalin

1971 Family stability: A comparison of trends between blacks and whites. *American Sociological Review* 36: 1-17.

Featherman, D. L.
  1971 The socioeconomic achievement of white religio-ethnic subgroups: Social and psychological explanations. *American Sociological Review* 36: 207-222.

Finch, J. K.
  1960 *The story of engineering*. New York: Doubleday.

Fisher, B. M.
  1967 *Industrial education*. Madison: Univ. of Wisconsin Press.

Flexner, A.
  1910 *Medical education in the United States and Canada*. Bulletin No. 4: 29-36. New York: Carnegie Foundation for the Advancement of Teaching.
  1940 *An autobiography*. New York: Simon and Schuster.

Folger, J. K., and C. B. Nam
  1964 Trends in education in relation to the occupational structure. *Sociology of Education* 38: 19-33.
  1967 *Education of the American population*. U. S. Bureau of the Census, Washington,D. C.: U. S. Government Printing Office.

Franke, W.
  1960 *The reform and abolition of the traditional Chinese examination system*. Cambridge,Massachusetts: Harvard Univ. Press.

Freeman, R. B.
  1976 *The over-educated American*. New York: Academic Press.

Friedman, M., and S. S. Kuznets
  1945 *Income from independent professional practice*. New York: National Bureau of Economic Research.

Galbraith, J. K.
  1967 *The new industrial state*. Boston: Houghton Mifflin.

Gans, H. J.
  1962 *The urban villages*. New York: Free Press.

Gates, P. W.
  1960 *The farmer's age*. New York: Holt, Rinehart and Winston.

Gerstl, J. E., and S. P. Hutton
  1966 *Engineers: The anatomy of a profession*. London: Tavistock.
Getzels, J. W., and P. W. Jackson
  1962 *Creativity and intelligence*. New York: Wiley.
Giddens, A.
  1973 *The class structure of advanced societies*. New York: Barnes and Noble.
Gilb, C. L.
  1966 *Hidden hierarchies: The professions and government*. New York: Harper and Row.
Glaser, B. G., ed.
  1968 *Organizational careers: A source book for theory*. Chicago: Aldine.
Glaser, W. A.
  1963 American and foreign hospitals: Some sociological comparisons. In *The hospital in modern society*, edited by Eliot Friedson. New York: Free Press.
Glenn N., and R. Hyland
  1967 Religious preference and worldly success. *American Sociological Review* 32: 73-85.
Goode, W. J.
  1957 Community within a community: The professions. *American Sociological Review* 22:194-200.
Gooding, J.
  1971 The engineers are redesigning their own profession. *Fortune* 83: 72-75,142-146.
Gordon, M. M.
  1964 *Assimilation in American life*. New York: Oxford Univ. Press.
Gordon, M. S., and M. Thal-Lasen
  1969 *Employer policies in a changing labor market*. Berkeley: Institute of Industrial Relations, Univ. of California.
Gordon, R.A., and J. E. Howell
  1959 *Higher education for business*. New York: Columbia Univ. Press.
Goslin, D. A.

1966 *The search for ability*. New York: Russell Sage.

Gouldner, A. W.

1976 *The dialectic of ideology and technology*. New York: Seabury Press.

Granick, D.

1960 *The European executive*. New York: Doubleday.

Greeley, A. H.

1970 Religious intermarriage in a denominational society. *American Journal of Sociology* 75: 949-952.

1974 Political participation among ethnic groups in the United States. *American Journal of Sociology* 80:170-204.

Greer, C.

1972 *The great school legend: A revisionist interpretation of American public education*.New York: Basic Books.

Greer, S. A.

1959 *Last man in: Racial access to union power*. New York: Free Press.

Griswold, E. N.

1964 *Law and lawyers in the United States*. London: Stevens.

Gusfield, J. R.

1958 Equalitarianism and bureaucratic recruitment. *Administrative Science Quarterly* 2: 521-541.

1963 *Symbolic crusade: Status politics and American temperance movement*. Urbana:Univ. of Illinois Press.

Habermas, J.

1970 Technology and science as " ideology." In *Toward a rational society*. Boston: Beacon Press.

Hall, O.

1946 The informal organization of the medical profession. *Canadian Journal of Economic and Political Science* 12: 3-44.

Hamilton, R., and J. Wright

1975 Coming of age—a comparison of the United States and the Federal Republic of Germany. *Zeitscriff fur Soziologie* 4, 4: 335-349.

Harbison, F., and C. A. Myers

1964 *Education, manpower, and economic growth*. New York: McGraw-Hill.

Harding, Alan

1966 *A social history of English law*. Baltimore: Penguin Books.

Hargens, L., and W. O. Hagstrom

1967 Sponsored and contest mobility of American academic scientists. *Sociology of Education* 40: 24-38.

Harno, A. J.

1953 *Legal education in the United States*. San Francisco: Bancroft-Whitney.

Hartz, L.

1964 *The founding of new societies*. New York: Harcourt.

Havemann, E., and P. S. West

1952 *They went to college*. New York: Harcourt.

Havighurst, R. J., ed.

1968 *Comparative perspectives on education*. Boston: Little, Brown.

Hechter, M.

1974 The political economy of ethnic change. *American Journal of Sociology* 79: 1151-1178.

Hess, R. D., and J. Torney

1967 *The development of political attitudes in children*. Chicago: Aldine.

Hirsh, P. M.

1972 Processing fads and fashions: An organization-set analysis of cultural industry systems. *American Journal of Sociology* 77: 639-659.

Historical Statistics of the United States

Washington, D. C., U. S. Government Printing Office.

Hodge, R. W., P. M. Siegel, and P. Rossi

1964 Occupational prestige in the United States, 1925-1963. *American Journal of Sociology* 70: 289-302.

Hofstadter, R.

1948 *The American political tradition*. New York: Knopf.

1963 *Anti-intellectualism in American life*. New York: Random House.

Hofstadter, R., and W. Metzger

1955 *The development of academic freedom in the United States*. New York: Columbia Univ. Press.

Holland, J. L., and R. Nichols

1964 Prediction of academic and extra-curricular achievement in college. *Journal of Education Psychology* 55:55-65.

Hollingshead, A. B.

1949 *Elmtown's youth*. New York: Wiley.

Holt, J.

1964 *How children fail*. New York: Dell.

Hoselitz, B. F.

1965 Investment in education and its political impact. In *Education and political development*, edited by J. S. Coleman. Princeton, New Jersey: Princeton Univ. Press.-

Hughes, E. C.

1949 Queries concerning industry and society growing out of the study of ethnic relations in Industry. *American Sociological Review* 14: 211-220.

1958 Men and their work. New York: Free Pree.

Huntington, S. P.

1966 Political modernization: America vs. Europe. *World Politics* 18: 378-414.

Hurst. W.

1950 *The growth of American law*. Boston: Little, Brown.

Husband, R. W.

1957 What do college grades predict? *Fortune* 55: 157-158.

Husen, T., ed.

1967 *Intemational study of achievement in mathematics*. New York: Wiley.

Illich, I.

1970 *Deschooling society*. New York: Harper and Row.

Jackson, E. F., and H. J. Crockett, Jr.

1964 Occupational mobility in the United States: A point estimate and a trend comparison.*American Sociological Review* 29: 5-15.

Jackson, E. F., W. S. Fox, and H. J. Crockett, Jr.
    1970 Religion and occupational achievement. *American Sociological Review* 35: 48-63.
Jacob, P. E.
    1957 *Changing values in college.* New York: Harper.
Janowitz, M.
    1960 *The professional soldier.* New York: Free Press.
    1968 Military tactics of Promotion. In *Organizational careers*, edited by B.G. Glaser.
Jencks, C., and D. Riesman
    1968 *The academic revolution.* New York: Doubleday.
Jencks, C. M. Smith, H. Acland, M. J. Bane, D. Cohen, H. Gintis, B. Heyns, and S. Michelson
    1972 *Inequality: A reassessment of the effects of family and schooling in America.* New York: Basic Books.
Jepsen, V, L.
    1951 Scholastic proficiency and vocational success. *Education and Psychological Measurement* 11: 616-628.
Johnson, B. C.
    1968 The democratic mirage: Notes toward a theory of American politics. *Berkeley Jounal of Sociology* 13: 104-143.
    1976 Taking care of labor: The Police in American Politics. *Theory and Society* 3.
Jones, M.
    1960 *Immigration.* Chicago: Univ. of Chicago Press.

Karabel, J.
    1972 Community colleges and social stratification. *Harvard Educational Review* 42: 521-562.
Katz, M. B.
    1968 *The irony of early school reform.* Boston: Beacon Press.
    1971 *Class, bureaucracy, and schools.* New York: Praeger.
Kehoe, M.

1949 International cooperation as a human problem. *Human Relations.*

Kelley, J. L., and M. L. Perlman

1971 Social mobility in Toro. *Economic Development and Cultural Change* 19: 204-221.

Kennedy, R. J. R.

1952 Single or triple melting pot? Intermarriage in New Haven, 1870-1950. *American Journal of Sociology* 58: 56-59.

Kerr, C., J. T. Dunlop, F. H. Harbison, and C. A. Myers

1960 *Industrialism and industrial man.* Cambridge, Massachusetts: Harvard Univ. Press.

Kornhauser, W.

1962 *Scientists in industry: Conflict and accommodation.* Berkeley: Univ. of California Press.

Kotschnig, W. M.

1937 *Unemployment in the learned professions.* London: Oxford Univ. Press.

Kozol, J.

1972 *Free schools.* New York: Bantam.

Ladinsky, J.

1963 Careers of lawyers, law practice, and legal institutions. *American Sociological Review* 28: 47-54.

1967 Higher education and work achievement among lawyers. *Sociological Quarterly* 8:222-232.

Laumann, E. O.

1969 The social structure of religious and ethno-religious groups in a metropolitan community. *American Sociological Review* 34: 182-197.

1973 *The bonds of pluralism.* New York: Wiley.

Learned, W. S., and B. D. Wood

1938 *The student and his knowledge.* New York: Carnegie Foundation for the Advancement of Teaching.

Lenski, G. E.

1958 Trends in intergenerational occupational mobility in the United States.

American Sociological Review 23: 514-523.

1963 *The religious factor*. New York: Doubleday.

1966 *Power and privilege*. New York: McGraw-Hill.

1971 The religious factor: Revisited. *American Sociological Review* 36: 48-50.

Levy, B. H.

1961 *Corporation lawyer: Saint or sinner?* Philadelphia: Chilton.

Liebow, E.

1967 *Tally's Corner*. Boston: Little, Brown.

Lipset, S. M., and R. Bendix

1959 *Social mobility in industrial society*. Berkeley: Univ. of California Press.

Lombard, G. F.

1955 *Behavior in a selling group*. Cambridge, Massachusetts: Harvard Univ. Press.

Lukacs, G.

1971 *History and class consciousness*. Cambridge, Massachusetts: M.I.T. Press.

Lyman, S. M.

1972 *The black American in sociological thought*. New York: Putnam.

Lynd, R. S., and H. M. Lynd

1929 *Middletown*. New York: Harcourt.

Main, J. T.

1965 *The social structure of revolutionary America*. Princeton, New Jersey: Princeton Univ.Press.

Mann, C. R.

1918 *A study of engineering education*, Bulletin 11. New York: Carnegie Foundation for the Advancement of Teaching.

March, J. G., and H. A. Simon

1958 *Organizations*. New York: Wiley.

Marrou, H. I.

1964 *A history of education in antiquity*. New York: New American Library

Marsh, R. M.
    1963 Values, demand, and social mobility. *American Sociological Review* 28: 567-575.

Martin, N. H., and A. L. Strauss
    1968 Patterns of mobility within industrial organizations. In *Organizational careers*, edited by B. G. Glaser. Chicago: Aldine.

Mason, S. F.
    1962 *A history of the sciences*. New York: Collier.

McCarthey, J. D. ,and W. L. Yancey
    1971 Uncle Tom and Mr. Charlie: Metaphysical pathos in the study of racism and personal Disorganization. *American Journal of Sociology* 76: 648-672.

McCauly, S.
    1966 *Law and the balance of power: The automobile manufacturers and their dealers*. New York: Russell Sage Foundation.

McCurdy, C.
    1976 *Stephen Field and judicial conservatism*. Unpublished Ph. D. thesis, Univ. of California, San Diego

McEvedy, C.
    1972 *The Penguin atlas of modem history*. Baltimore: Penguin Books.

Mechanic, D.
    1968 *Medical sociology*. New York: Free Press.

Merton, R. K. A. P. Gray, B. Hockey, and H. Selvin, eds.
    1952 *Reader in bureaucracy*. New York: Free Press.

Metzger, L. P.
    1971 American sociology and black assimilation. *American Journal of Sociology* 76: 627-647.

Michels, R.
    1949 *Political parties*. New York: Free Press.

Miller, G. A.
    1967 Professionals in bureaucracy: Alienation among industrial scientists and engineers.*American Sociological Review* 32: 755-767.

Mills, C. W.

1963 *Power, politics, and people*. New York: Oxford Univ. Press.

More, D. M.

1968 Demotion. In *Organizational careers*, edited by B.G. Glaser. Chicago: Aldie.

Morgan, Edmund S.

1966 *The Puritan family*. New York: Harper and Row.

Murdock, G. P.

1959 *Africa: Its peoples and their culture history*. New York: McGraw-Hill.

National Assessment of Educational Progress.

1975 *National assessment and the teaching of English*. Urbana, Illinois: National Council of Teachers of Education.

Newcomer, M.

1955 *The big business executive*. New York: Columbia Univ. Press.

Noland, E. W., and E. W. Bakke

1949 *Workers wanted*. New York: Harper.

North, D.

1961 *The economic growth of the west, 1790-1860*. Englewood Cliffs, New Jersey:

Nosow, S.

1956 Labor distribution and the normative system. *Social Forces* 30: 25-33.

O'Connor, J.

1973 *The fiscal crisis of the state*. New York: St. Martin's Press.

Oliver, R., and .D . Fage

1962 *A short history of Africa*. New York: New York Univ. Press.

Olsen, M. E.

1970 Social and political participation of blacks. *American Sociological Review* 35: 682-697.

Orum, A. M.

1966 A reappraisal of the social and political participation of Negroes. *American Journal of Sociology* 72: 32-46.

Parsons, T.
    1939 The professions and social structure. *Social Forces* 17: 457-467.
    1966 *Societies: Comparative and evolutionary perspectives.* Englewood Cliffs, New Jersey:Prentice-Hall.

Peaslee, A. L.
    1969 Education's role in development. *Economic Development and Cultural Change* 17: 293-318.

Perrow, C.
    1963 Goals and power structure: A historical case study. In *The Hospital in Modem Society*,edited by E. Friedson. New York: Free Press.
    1965 Hospitals: Technology, structure, and goals. In *Handbook of Organizations*, edited by J. G. March. Chicago: Rand McNally.

Perrucci, C., and R. Perrucci
    1970 Social origins, educational contexts, and career mobility. *American Sociological Review* 35: 451-463.

Perrucci, R., and J. Gerstl
    1969 *Profession without community: Engineers in American society.* New York: Random House.

Pierson, F. C.
    1959 *The education of American businessmen.* New York: McGraw-Hill.

Pilcher, D. M.
    1976 *The sociology of income distribution.* Unpublished Ph. D. thesis, Univ. of California, San Diego.

Platt, A. M.
    1969 *The child savers: The invention of delinquency.* Chicago: Univ. of Chicago Press.

Plunkett, M.
    1960 School and early work experience of youth, 1952-1957. *Occupational Outlook Quarterly* 4: 22-27.

Potts, D. B.
    1977 "College enthusiasm!" as public response, 1800-1860. *Harvard Educational Review* 47: 28-42.

Price, D. K. de S.

1969 The structure of publication in science and technology. In *Factors in the transfer of technology*, edited by W. H. Gruber and D. R. Marquis. Cambridge, Massachusetts: M. I. T. Press.

Price, P. B., J. M. Richards, C. W. Taylor, and T. L., Jacobsen

1963 Measurement of physician performance. Report presented at American Association of Medical Colleges, Second Annual Conference on Research in Medical Education.

Rashdall, H.

1936 *The universities of Europe in the middle ages*, revised edition. London: Oxford Univ.Press.

Rayack, E.

1967 *Professional power and American medicine: The economics of the American Medical Association*. Cleveland: World Publishing Company.

Reader, w. J.

1966 *Professional men, the rise of the professional classes in nineteenth-century England*.New York: Basic Books.

Rehberg, R. A., W. E. Schafer, and J. Sinclair

1970 Toward a temporal sequence of adolescent achievement variables. *American Sociological Review* 35: 34-48.

Riesman, D.

1958 *Constraint and variety in American education*. New York: Doubleday.

Ripley, W. Z., ed.

1916 *Trusts, pools, and corporations*. Boston: Ginn.

Rogoff, N.

1953 *Recent trends in occupational mobility*. Glencoe: Free Press.

Rosen, G.

1963 The hospital: Historical sociology of a community institution. In *The hospital in modern society*, edited by E. Friedson. New York: Free Press.

Rosenbaum, J. E.

1976 *Making inequality: The hidden curriculum of high school tracking*. New York: Wiley.

Rosenberg, H.

1958 *Bureaucracy, aristocracy, and autocracy*. Cambridge, Massachusetts: Harvard Univ.Press.

Roy, D.

1952 Quota restriction and goldbricking in a machine shop. *American Journal of Sociology* 57: 427-442.

Rudolph, F.

1962 *The American college and university*. New York: Knopf.

1978 *Curriculum*. San Francisco: Jossey-Bass.

Schachner, N.

1962 *Medieval universities*. New York: A. S. Barnes.

Schnabel, F.

1959 *Deutsche geschichte im neunzenhnten jahrhundert*, volume 1.Freiburg: Verlag Herder.

Schultz, T. W.

1961 Investment in human capital. *American Economic Review* 51: 1-16.

Schuman, H.

1971 The religious factor in Detroit: Review, replication, and reanalysis. *American Sociological Review* 36: 30-48.

Scott, J. F.

1965 The American college sorority: Its role in class and ethnic endogamy. *American Sociological Review* 30: 514-527.

Selden, W. K.

1960 *Accreditation*. New York: Harper.

Sewell, W. H., A. O. Haller, and G. W. Ohlendorf

1970 The educational and early occupational status attainment process: Replication and Revision. *American Sociological Review* 35: 1014-1027.

Sewell, W. H., and R. M. Hauser

1975 *Education, occupation, and earnings*. New York: Academic Press.

Sexton, P. C.

1961 *Education and income*. New York: Viking Press.

Shafer, H. B.

1936 *The American medical profession, 1783 to 1850*. New York: Columbia

Univ. Press.

Sharp, L. M.

1970 *Education and employment*. Baltimore: Johns Hopkins Press.

Sherwin, C. W., and R. S. Isenson

1967 Project hindsight. *Science* 156: 1571-1577.

Shryock, R. A.

1947 *The development of modern medicine*. New York: Knopf.

1966 *Medicine in America: Historical essays*. Baltimore: Johns Hopkins Press.

Simon, H. A., Guetzkow, G, Kozmetsky, and G. Tyndall

1954 *Centralization versus decentralization in organizing the controller's department*. New York: Controllership Foundation.

Skolnick, J. H.

1966 *Justice without trial*. New York: Wiley.

Smigel, E. O

1964 *The Wall Street lawyer*. New York: Free Press.

Soderberg, C. R.

1967 The American engineer. In *The professions in America*, edited by K. S. Lynn. Boston:Beacon Press.

Solomon, B.

1956 *Ancestors and immigrants*. New York: Wiley.

Southern, R.W.

1970 *Western society and the church in the Middle Ages*. Baltimore: Penguin Books.

Spady, W. G.

1967 Educational mobility and access: Growth and paradoxes. *American Journal of Sociology* 72: 273-286.

Srinivas, M. N.

1955 Sanskritization. In *Social change in modem India*. Berkeley: Univ. of California Press.

Stack, S.

1976 *Inequality in industrial societies: Income distribution in capitalist and socialist nations*.Storrs, Connecticut: Unpublished Ph. D. thesis, Univ. of

Connecticut.

Statistical Abstract of the United States

   1966, 1971, 1972, 1976 Washington, D. C., U. S. Government Printing Office.

Stone, K.

   1975 The origins of job structure in the steel industry. In *Labor market segmentation*, edited by R. Edwards, M. Reich, and D. Gordon. Lexington, Massachusetts: D. C. Heath.

Stookey, B. R.

   1962 *A history of colonial medical education*. Springfield, Illinois: Thomas.

Strauss, G., and L. R. Sayles

   1960 *Personnel*. Englewood Cliffs, New Jersey: Prentice-Hall.

Struik, D. J.

   1962 *Yankee science in the making*. New York: Collier Books.

Swift. D. W.

   1971 *Ideology and change in the public schools: Latent functions of progressive education*.Columbus, Ohio: Charles E. Merrill.

Taussig, F. W., and C. S. Joslyn

   1932 *American business leaders*. New York: Macmillan.

Taylor, C. L., and M. Hudson

   1972 *World handbook of political and social indicators*. New Haven, Connecticut: Yale Univ. Press.

Tewksbury, D. G.

   1932 *The founding of American colleges and universities before the Civil War*. New York:Teachers College Press.

Thapar, R.

   1966 *A hishory of India*. Baltimore: Penguin Books.

Thernstrom, S.

   1964 *Poverty and progress: Social mobility in a nineteenth-century city*. Cambridge, Massachusetts: Harvard Univ. Press.

Thomas, L.

   1956 *The occupational structure and education*. Englewood Cliffs, New

Jersey: Prentice-Hall.

Thomas. W. L., and F. Znaniecki

    1981 *The Polish Peasant in Europe and America*. Chicago: Univ. of Chicago Press.

Thurow, L. C.

    1975 *Generating inequality*. New York: Basic Books.

Torrance, E. P.

    1964 Education and creativity. In *Creativity*, ed. By C. W. Taylor. New York: McGraw-Hill.

Trow, M.

    1966 The second transformation of American secondary education. In *Class, status, and Power*, second edition, edited by R. Bendix and S. M. Lipset. New York: Free Press.

Turner, R. H.

    1960 Sponsored and contest mobility and the school system. *American Sociological Review* 25: 855-867.

    1964 *The social context of ambition*. San Erancisco: Chandler.

U. S. Bureau of the Census

    1972 *Current population reports: Consumer income 1972*. Washington, D. C.: U. S. Government Printing Office.

United States Civil Service Commission

    1976 Annual report of federal civilian employment.

U. S. Department of Labor

    1967 Special Labor Force Report No. 83: Educational Attainment of Workers, March 1966.

United States Equal Employment Opportunity Commission

    1977 Equal employment opportunity report.

Useem, M., and S. M. Miller

    1975 Privilege and domination: The role of the upper class in American higher education. *Social Science Information* 14: 115-145.

Valentine, C. A.

1971 Deficit. difference, and bicultural models of Afro-American behavior. *Harvard Educational Review* 41: 137-157.

Vesey, L. R.

1965 *The emergence of the American university*. Chicago: Univ. of Chicago Press.

Waller, W.

1932 *The sociology of teaching*. New York: Russell and Russell.

Warner, W. L., and J. C. Abegglen

1955 *Occupational mobility in American business and industry 1928-1952*. Minneapolis:Univ. of Minnesota Press.

Weber, M.

1946 The Protestant sects and the spirit of capitalism. In *From Max Weber: Essays in Sociology* , edited by H. Gerth and C. W. Mills. New York: Oxford Univ. Press.

1951 *The religion of China*. New York: Free Press.

1952 *Ancient Judaism*. New York: Free Press.

1958 *The religion of India*. New York: Free Press.

1961 *General economic history*. New York: Collier.

1968 *Economy and society*. New York: Bedminster Press.

Wechsler, H.

1977 *The qualified student: A history of selective college admission*. New York: Wiley.

Wegner, E. L.

1969 Some factors in obtaining postgraduate education. *Sociology of Education* 42: 154-169.

Weinstein, A.

1943 *Pharmacy as a profession in Wisconsin*. Unpublished M. A. thesis, Univ. of Chicago.

Wesman, A. G.

1968 Intelligent testing. *American Psychologist* 23 : 267-274.

White, D. M., and R. L .Francis

1976 Title VII and the masters of reality: Eliminating credentialism in

American labor market. *Georgetown Law Journal* 64: 1213-1244.

White, H. C.

1970 *Chains of opportunity: System models of mobility in organization*, Cambridge, Massachusetts: Harvard Univ. Press.

Whyte, W. F.

1943 *Street corner society*. Chicago: Univ. of Chicago Press.

Wickenden, W. E.

1930 Report of the investigation of engineering education, 1923-1929, Volume I. *Journal of the Society for Promotion of Engineering Education*.

1934 Report of the investigation of engineering education, 1923-1929, Volume II. *Journal of the Society for Promotion of Engineering Education*.

Wiebe, R. H.

1967 *The search for order: 1877-1920*. New York: Hill and Wang.

Wilensky, H. L.

1956 *Intellectuals in labor unions*. Glencoe, Illinois: Free Press.

1961 The uneven distribution of leisure. *Social Problems* 9: 32-56.

1964 The Professionalization of everyone? *American Journal of Sociology* 70: 137-158.

1968 *Organizational intelligence*. New York: Basic Books.

Wliensky, H. L., and J. Ladinsky

1967 From religious community to occupational group: Structural assimilation among professors, lawyers, and engineers. *American Sociological Review* 32: 541-561.

Wolfle, D.

1954 *America's resources of specialized talent*. New York: Harper.

Wolfle, D., and J. G. Smith

1956 The occupational value of education for superior high-school graduates. *Journal of Higher Education* 27: 201-232.

Woodward, J.

1965 *Industrial organization*. London: Oxford Univ. Press.

Zbrowski, M.
  1969 *People in pain*. San Francisco: Jossey-Bass.
Zilboorg, G.
  1941 *A history of medical psychology*. New York: Norton.
Zola, I. K.
  1966 Culture and symptoms: An analysis of Patients presenting complaints. *American Sociological Review* 31: 615-630.

译后记

教育文凭的通货膨胀并不是一个很难理解的学术概念。当今社会大概人人都对"本科生就业难"和"研究生遍地走"有所体会：从考上大学就等于鲤鱼跃龙门，到北大毕业生卖猪肉成为新闻，再到中学教师招聘开始要求海外名校博士学历，我们似乎很快就对学历贬值和各行各业不断水涨船高的学历要求见怪不怪了。不过，将看似不言自明的社会现实理论化、系统化地表述出来，仍然是社会学者需要完成的工作。令人惊叹的是，早在1979年，兰德尔·柯林斯就在《文凭社会》初版中清晰地阐述了教育系统扩张和文凭通货膨胀的来龙去脉；这本基于美国历史写就的著作，对照近四十年后中国的社会现实来看也完全不显过时和错位，可见出色的社会学理论有着强大的生命力与普适性。

关于教育扩张和文凭贬值，一个很容易想到的解释是随着技术和产业升级，工业社会对高技术人才的需求不断增长，而教育市场则对此做出了反馈。这种基于功能主义传统的技术精英管治迷思，正是柯林斯首先需要驳倒的靶子，因此他用翔实的数据反驳了以下两个习以为常的认知：其一是教育扩张是对社会需求的回应，其二是高技能需要通过高教育获得。柯林斯一针见血地指出，教育水平的攀升事实上远远超过了工作技能升级带来的需求，也就是说存在"教育过剩"；虽然教育水平的确与人们的社会经济地位相关，但这并不是通过提升工作技能来实现的。事实上，工作技能更多是在工作岗位中通过非正式方式习得的。

回忆起大学生活，许多人可能都会对此深有同感。如果从纯粹实用主义的角度来看，在大学里学到的专业技能十分有限，许多毕业生的专业更是与最后的工作毫不相关；哪怕专业对口，也经常需要经过额外的培训才能上岗。对大部分工作来说，要想胜任它们根本不需要在大学里待上四年之久，更不必提攻读硕士和博士了。事实上，校园时光中有很大一部分都被社团活动、打工和恋爱占据，而这些与学习并不直接相关的活动早已被建构为大学生活不可或缺的一部分。学习成绩与未来的事业成就关联度也很低，往往只是在申请更高的学位时才有意义。文凭本身已经成为一种空洞的符号，它除了能够反映持有者在学校里度过了特定时间之外，并不能真正反映个体的能力。

说到这里，本书背后的理论主线也已浮出水面，那就是教育社会学里长久以来的核心问题：学校教育的社会功能究竟是什么？教育扩张究竟减弱还是加剧了社会不平等？自从1960年代的美国《科尔曼报告》发表以来，社会学者始终在探讨这一问题的答案。现代化理论学者认为，教育扩张能够提供更多向上流动的机会，从而打破阶层壁垒、促进社会平等；再生产理论学者则认为，学校教育复制了原有的经济、社会和文化资本，不仅加剧而且正当化了社会不平等。五十多年来，世界各地的调查研究为两方都提供了实证证据。本书中，柯林斯则跳脱出了两者视角，在探讨结果之前先去探索原因；他指出，教育系统的本质是一种人为强行规定价值的通货。与其说大学以及其他教育机构的主要功能是培养社会化的、具有合格工作技能的劳动者，倒不如说在科技逐渐替代中产阶级工作之时，教育扩张减少了市场上的劳动者，从而防止了失业率的攀升，同时制造了大量原本不必存在的教学与行政管理岗位。因此，教育系统的扩张实质上有助于资本主义社会在科技升级带来的失业危机面前免于崩溃。

我们不禁要问，这是不是意味着教育实际上是无用甚至有害的呢？这并不是柯林斯的本意。毕竟，工作技能只是社会需求的一部分；丰富和稳定的人类社会离不开看似无用的娱乐、艺术、文化和道德，培养"自由而无用的灵魂"也可以是大学的终极目的。柯林斯揭开的只是教育的一层虚伪的功能主义面纱；他让我们认识到，学校并不是独立于权力和阶级而存在的桃花源，也不是纯粹为追求知识和真理而存在的象牙塔；如果忽视了教育系统中的文化生产过程与权力关系，也就无法意识到它完全可能成为既得利益者维系特权和掩盖社会不平等的工具，这才是我们必须正视的危险。

柯林斯认为，"文凭凯恩斯主义"是一种比较诚实的立场，它承认教育扩张的主要功能是抵抗生产过剩和工作不足带来的经济危机，因此对资本主义社会有利。不过，柯林斯自己则倾向于一个更为激进和相反的解决方案，那就是文凭废除主义，例如禁止在雇佣过程中要求学历：这并不意味着废除学校，而是让学校回归其本质的知识生产功能，不再作为生产文凭的工具而存在。当教育歧视已经成为维持阶级壁垒的工具，废除学历要求才能为真正的平等铺平道路。

作为一名社会学博士生，我在阅读和翻译本书的过程中经历了比较痛苦的自我挣扎。在第六章中，柯林斯以医学、法学和工程学为例指出，人们敬仰和信任的专业地位并不一定是基于专业技能建立的,而很可能是一种社会和政治建构。为什么在美国,法学院和医学院必须先获得本科学位才能进入,而在其他国家则未必如此?为什么工程师在美国、法国、英国和前苏联的培养路径和地位截然不同?通过回答这些问题,柯林斯揭示了专业地位的成功建构过程中不可或缺的要素:仪式性的程序、自我理想化的论述、难以标准化的评价系统、一定程度的秘密性和神秘感。不难发现,这些要素对大部分人文和社会学科同样适用:社会学家自身的地位又何尝不是如此建构起来的呢?

柯林斯能够正视教育系统内部的社会建构、阶级冲突和权力关系,揭示一个保护着社会学者自身学术地位与物质基础的错觉,这需要强大的自我反思意识与勇气。而对读者来说,本书也许可以被视为文化社会学在教育领域的一次应用;它所带来的启示也不仅仅限于对文凭的祛魅和对文凭通胀的解释。也许很多读者并不会同意柯林斯最后提出的文凭废除主义方案,但相信通过本书,读者们可以一窥社会学家对理想社会的探索。